KB039011

통일세 도입론

정찬우

A STUDY ON PHASE-IN OF
THE REUNIFICATION TAX LEGISLATION

박영사

머리말

"대한민국은 통일을 지향한다(대한민국헌법 제4조)."

헌법은 통일을 국시로 규정하고 있습니다만 통일은 신기루와 같습니다. 손에 잡힐 듯 잡히지 않기 때문이지요. 통일이 눈 앞에 있는 상황도 아니고 장래 어느 시점에 통일이 된다는 보장도 없습니다. 또한 통일이라는 주제는 남북 모두에게 민감하고 조심스러운 주제입니다. 국민 다수는 통일에 찬성하는 입장이지만 부정적인 여론도 무시할 수 없습니다.

통일을 이루어 가는 과정에는 극복하기 쉽지 않은 난관과 고통이 수반될 것입니다. 일상을 살아가기도 벅찬 마당에 통일이라는 거대담론이 우선시되기는 쉽지 않습니다.

그럼에도 불구하고 우리는 통일을 화두로 떠올리고 준비해야 합니다. 단일 민족의 정체성을 회복해야 하는 과제가 우리에게 주어져 있기 때문입니다. 남북통일로 발생될 포괄적 비용 이상의 효과가 나타날 것으로 보는 현실적 이유도 있습니다. 궁극적으로 통일은 국가의 발전과 미래 세대의 번영을 위한 교두보가 될 것으로 믿기 때문입니다.

우리보다 앞서 통일이 된 독일의 사례에 비추어 보면, 통일과정에 상당한 재원이 소요될 것임은 자명합니다. 독일은 통일 직후 동서독 간의 재정불균형을 해소하기 위한 재원조달 목적으로 연대부가세를 도입하여 현재까지 징수하고 있습니다. 그 결과로 통일 이전 서독의 약 33% 수준이었던 동독의 경제 수준은 현재 약 75%에 근접하고 있습니다.

통일재원을 확보하는 방안으로 조세부과, 기금모집, 펀드 및 공채발행 등이 있습니다. 그중 통일세를 부과하는 방식은 안정적이며 지속적인 재원확보가 가능하다는 점 등에서 가장 적합하다고 볼 수 있습니다.

통일은 남북이 동시에 협력할 때 가장 빨리 이룰 수 있을 것입니다. 남과 북 사이에 경제적 교류가 이루어지는 공간으로 개성공단이 있습니다. 개성공단은 현재 운영이 잠정적으로 중단된 상태이지만 언제든지 재개할 여지는 있다 할 것입니다. 이러한 관점에서, 개성공단에 적용되는 세금제도와 그와 연관된 북한의 세제도 살펴보아야 합니다.

　이 책자는 통일재원의 확보방안으로 통일세 도입을 주장하는 내용을 주로 하고 남북한의 교두보 역할을 하는 개성공단의 세제, 나아가 북한의 세제가 지향해야 할 방향을 제시하는 내용을 부수적으로 담고 있습니다.

　통일세 도입에 관한 연구에 길잡이가 되어 주신 성균관대학교 법학전문대학원의 이전오 교수님과 이준봉 교수님 그리고 조언을 해 주신 박훈ㆍ황남석ㆍ허원 교수님께 감사드립니다. 독일 법령과 관련 판례 등에 도움을 주신 김무열 박사님께 특별히 감사의 마음을 전합니다.

　출판업계의 어려운 환경에도 불구하고 흔쾌히 출간을 허락해 주신 박영사의 안상준 대표이사님과 교정에 애써 준 윤혜경 님의 수고에 또한 감사드립니다.

　늘 나의 든든한 후원자가 되어 주는 가족에게 고마운 마음을 전합니다.

　오늘 저자의 작은 날갯짓이 통일의 바람 길을 여는 계기가 되길 소망해 봅니다.

2021년 여름
저자

차례

　　　　　　　　　　제3장　독일 연대부가세제의 비교법적 고찰

제4장 단계별 통일세 도입 방안

제5장 결 론

표 차례

통일세 도입론(요약)

헌법 제4조에서는 "대한민국은 통일을 지향하며, 자유민주적 기본질서에 입각한 평화적 통일정책을 수립하고 이를 추진한다."고 규정하고 있다. 공영방송의 여론조사에 따르면, 세대별로 다소간의 차이가 있으나 대다수 국민들은 언젠가는 통일이 실현되어야 한다는 데 대체로 의견이 일치한다. 또한 국민들은 통일재원 마련을 통일에 있어서 가장 중요한 준비사항으로 인식하고 있다.

통일재원은 남북협력기금, 부담금, 국채발행 혹은 차입 및 모금운동 등을 통하여 조달하는 방법도 가능하지만 통일세 도입이 법적 관점에서 가장 적합하다. 통일세는 조세로서 계속 반복적으로 부과징수가 가능하기에 안정적으로 통일재원을 확보할 수 있기 때문이다.

국회에서는 2010년 통일세 입법의안을 발의한 바 있으나 기한만료로 폐기되었다. 독일은 1991년 통일 후 급증한 재정수요를 조달하기 위하여 연대부가세를 도입하였다. 독일의 연대부가세제는 우리의 통일세 도입에 시사하는 바가 크다. 따라서 여기에서는 독일의 연대부가세제를 비교법적 관점에서 고찰하였다.

통일세법 입법의안의 근거는 헌법 제4조이며, 연대부가세법의 도입근거는 독일 기본법 제106조에 있다. 통일세법 입법의안은 조세법률주의의 주요 내용인 과세요건 법률주의에 위배되지 않는다. 다만, 동 입법의안에서 통일준비과정이라는 불명확개념을 사용하여 과세요건 명확주의에 위배될 소지가 있다. 독일의 경우 연대부가세의 위헌 여부에 대한 법적 쟁점이 끊임없이 제기되어 왔다.

통일세법 입법의안에서 개인과 법인 그리고 상속세 및 증여세에 부과하는 세율이 각각 다른 것으로 규정하였다. 하지만 그 자체로 헌법 제11조에서 규정하고 있는 평등권을 침해하지는 않는다. 납세자의 담세능력에 따른 차별에 합리적인 이유가 있다면 허용되기 때문이다. 독일의 경우 연방헌법재판소는 법인에게 주어진 면세에 연대부가세가 부과되는 점만으로는 위헌이 될 수 없다고 결정한바 있다. 개인과 법인의 법적인 지위와 조세부담률이 각각 다르기 때문이다.

통일세 입법의안과 연대부가세의 부과방식은 부가세 형식으로 동일하다. 부과방식은 입법자의 고유권한으로 독립세 방식도 가능하다. 통일세 입법의안에서는 통일세의 부과기한을 설정하지 않았다. 독일의 연대부가세는 통일 직후인 1991년 한시적으로 도입하였다가 1995년 재도입하여 현재까지 부과되고 있다. 조세의 부과기한은 사정변경에 따라 규정될 사안이며, 조세법에 부과기한에 관한 사항을 두지 않는다고 하여 곧바로 헌법에 위배되지는 않는다.

헌법 제23조, 제38조 및 제59조의 해석상, 통일세의 부과로 인하여 재산권을 침해하였다고 볼 수는 없다. 독일 기본법 제14조 규정의 해석에 따르면, 연대부가세는 재산권을 침해하였다고 볼 수 없다.

통일세 입법의안과 함께, 통일세 부과로 징수된 세수를 활용하는 방안으로 통일세관리특별회계법이 동시에 발의되었다. 독일은 연대부가세의 부과로 징수된 세금을 동서독 간의 재정적 격차를 해소하기 위한 재원으로 활용하였다.

통일세를 도입함에 있어, 양자 간의 비교를 통하여 얻은 시사점은 다음과 같다.

첫째, 통일세의 입법취지와 법적 성격을 명확히 하여야 한다. 통일 이후단계뿐만 아니라 통일 전 단계에서도 부과할 수 있는 법적 근거가 명확히 규정되어 있어야 한다.

둘째, 새로운 세제의 신설은 필연적으로 개인의 소득이나 재산의 가치를 침해하는 결과를 가져온다. 통일세를 도입할 때 재산권 침해에 관한 논쟁 여지가 있다는 점을 간과하여서는 안 된다. 과세표준과 세율의 결정은 입법권자의 입법재량에 달려 있지만 납세자의 재산권 침해를 최소화하여 조세부담액이 헌법상 과잉금지원칙에 위배되지 않도록 하여야 한다.

또한 독일이 1995년 연대부가세법을 제정 시에 제로존('NullZone')과 한계구간('Überleitungszone') 같은 규정을 두었다는 점을 참고하여, 통일세 도입 시에 납세자의 세부담이 급격하게 증가하지 않도록 입법적으로 조정하여야 한다.

셋째, 조세는 헌법상 조세법률주의에 따라 과세요건이 일의적이고 명확하여야 한다. 통일세의 경우도 헌법상 조세법률주의, 즉 과세요건 법정주의와 과세요건 명확주의에 부합되게 입법화되어야 한다.

넷째, 통일세의 신설에는 조세평등권에 대한 논쟁이 발생할 수 있으나 헌법재판소의 선결정례에 따르면 불식될 것이다.

다섯째, 독일 연대부가세는 부가세 형식으로 제정되었다. 통일세 신설 시 세금부과방식으로 부가세 혹은 독립세 방식을 선택할 수 있다. 통일세에 관한 수용 여부의 관점에서 통일 이전단계에서는 부가세 방식이, 통일 이후에는 독립세 방식이 타당하다.

여섯째, 통일세의 도입시기와 부과기한에 관한 사항들도 주요 쟁점사안이다. 통일세법의 입법취지 및 부칙에 해당 규정이 담겨야 한다. 독일의 연대부가세는 통일 직후에 도입되었다. 통일세의 경우 통일을 대비한다는 측면에서 통일 전에도 부과할 수 있다. 조세가 공공의 재정수요를 충족하기 위해 제정하는 법령이라는 점에서 통일세의 부과기한은 입법상의 목적이 달성될 때까지로 할 수 있다.

일곱째, 통일세 외 통일재원 확보 방안도 연구하여야 한다. 이 경우는 통일세의 보충적 관점에서 접근하여야 한다. 통일세 외 통일재원 확보 수단으로는 부가가치세 및 개별소비세의 인상, 남북협력기금, 통일기금, 부담금, 국채발행, 해외자본, 국제기구의 재건기금도입, 복권발행, 국유자산매각 및 전국민기부금모금운동 등도 고려할 수 있다.

이와 같은 시사점을 참조하면, 통일세는 정부의 통일론에 부합될 수 있도록 단계별로 입법화되어야 한다.

우선 화해 및 협력단계에서는 통일지원세를 신설한다. 화해 및 협력단계인 현시점에서 '통일지원세'라는 명칭을 사용하는 목적은 입법의 취지나 정당성 면에서 납세자의 수용 가능성이 높을 것이기 때문이다. 다음으로 남북연합단계에서는 통일지원세를 통일세로 전환한다. 그리고 완전통일단계에 이르러서는 통일세를 독립세로 전환하고 과세대상에 대한 범위를 확대한다.

통일세의 부과로 통일재원을 확보하는 한편, 정부는 남북 사이의 접점과 다각적 교류를 위한 노력을 기울여야 한다.

남과 북은 2000년 12월 16일 '남북 사이의 투자보장에 관한 합의서'를 작성하였다. 정부는 개성공업지구에 적용되고 있는 시행세칙의 입법절차상의 문제점을 파악하고 개선방안을 마련하기 위한 노력을 지속적으로 기울여 오고 있다.

남북한의 경제교류가 활성화되기 위해서는 개성공업지구에 적용되는 법령과 세제의 문제점을 파악하고 개선점을 찾아야 한다. 또한 북한이 일방적으로 입법화하여 제시한 개성공업지구 시행세칙 등도 향후 남북관계의 진전에 대비한 발전적 개선방안을 마련하여야 한다.

개성공업지구 세금규정 등에 대한 연구도 정부의 단계별 통일론에 맞춰 고찰한다.

구체적으로 화해 및 협력 단계에서는 남북 사이의 투자보장에 관한 합의서를 바탕으로 북한의 개성공업지구에 적용될 조세제도를 수정 및 보완하도록 제안한다.

통일을 전제로 한 남북연합단계에 이르면, 상호 간 경제교류가 원활해질 것이다. 이 시기에는 북한세제에 대한 개선방안을 직접적인 방법으로 제안할 수 있을 것이다.

북한은 최근 경제적 측면에서 개혁 및 개방하려는 의지를 보이고 있다. 정부도 개성공업지구의 운영재개를 미래지향적 관점에서 추진하고 있다.

유엔안전보장이사회의 대북제재 및 제3자 제재(Secondary boycott)가 여전히 유효한 상황이지만 남북관계는 정치적 그리고 경제적 환경변화에 따라 언제든지 변할 수 있다.

남북은 궁극적으로 화해 및 협력과 연합단계를 거쳐 통합의 과정으로 나아갈 것으로 기대된다. 경우에 따라서는, 남북연합단계를 거치지 않고 완전통일단계로 나아갈 수도 있다. 통일재원 조달은 통일의 초석을 놓는 데 필수적이다. 그런 의미에서 통일세는 가능한 한 빠른 시일 안에 도입되어야 한다. 나아가 남북투자보장합의서와 연관있는 북한세제에 대한 연구 또한 간단없이 이어져야 한다.

이 연구에 대한 보완과제로는 통일세의 활용방안에 관한 세제인 '통일세관리특별회계법안', 남북협력기금법 등의 개정 혹은 보완에 대한 연구 등을 들 수 있다.

제1장

서 론

제1절 | 개요

"대한민국의 영토는 한반도와 그 부속도서로 한다. 대한민국은 통일을 지향하며, 자유민주적 기본질서에 입각한 평화적 통일 정책을 수립하고 이를 추진한다(대한민국 헌법 제3조 및 제4조, 이하 "헌법"이라 함)."[1]

통일은 국가의 주요 정책과제이다. 통일을 이루는 과정에는 막대한 비용이 소요된다. 이 연구의 목적은 통일비용의 확보 방안을 고찰하고 헌법에 부합하는 합목적적인 통일비용의 확보 방안으로써 통일세를 제안하는 것이다. 연구를 위한 기본전제로 정부의 단계별 통일론을 차용한다.

통일세는 통일재원을 확보하기 위한 방안 중 하나로 2010년에 입법시도를 한 적이 있다. 독일은 연대부가세를 도입하거나 통일기금을 조성하는 등의 방법으로 통합비용을 조달하고 있다.

북한 또한 통일을 국가의 과제로 인식하고 있다. 조선민주주의인민공화국 사회주의헌법(이하 '북한헌법'이라 함) 서문에서 통일의 의지를 밝히는 문구를 두고 있다.[2]

남과 북이 체제를 달리하며 별도의 국가로 분열된 지 75년이 넘어서고 있다. 독일은 제2차 세계대전 이후 타의에 의해 분단되었다가 다시 합쳐졌다. 1989년 11월 9일 베를린 장벽이 붕괴된 이후 1990년 10월 3일 동독의 다섯 개 주가 서독으로 편입되었

---

1 이하 이 책자에서 대한민국은 '남', '남한', '우리 정부' 혹은 '정부', '우리나라' 등으로, 조선민주주의 인민공화국은 '북', '북한', '북한 정부' 등으로, 대한민국 국민은 '우리 국민', 북한 인민은 '북한 주민' 등으로 부르기로 한다.

2 "김일성동지와 김정일동지께서는 나라의 통일을 민족지상의 과업으로 내세우시고 그 실현을 위하여 온갖 로고와 심혈을 다 바치시였다. 김일성동지와 김정일동지께서는 공화국을 조국통일의 강유력한 보루로 다지시는 한편 조국통일의 근본원칙과 방도를 제시하시고 조국통일운동을 전민족적인 운동으로 발전시키시여 온 민족의 단합된 힘으로 조국통일위업을 성취하기 위한 길을 열어 놓으시였다."

다. 하지만 독일 경제는 준비되지 않은 통일로 1990년대에 내리막길을 걸으며 어려움에 처했다. 독일의 경우 통일 이후 현재까지 약 2조 유로(약 2,610조 원)가 통일비용으로 집행이 된 것으로 추산되고 있다.[3]

독일은 1991년 연대부가세(Solidaritätszuschlag)를 도입하고 통일기금을 조성하여 동서독 간의 재정불균형을 해소해 나가고 있다.[4]

통일에는 상당한 비용이 소요된다. 국가부채가 급속도로 늘어나고 있는 상황에서 규모를 추산하기 어려운 통일비용까지 추가된다면 국가재정이 큰 어려움에 봉착할 수 있다. 통일비용은 통일세의 도입으로 상당부분 확보할 수 있다.[5]

KBS남북교류협력단에서는 매년 전국 17개 특별시와 광역시 및 도에 거주하는 만 19세 이상의 성인 남녀를 대상으로 '국민통일의식조사'를 실시하고 있다.[6] 2020년 7월 말에 실시한 조사에 따르면, 통일에 대하여 관심이 있다고 응답한 비율이 69.4%로 매우 높은 편이다.

통일되는 것이 좋다는 의견은 44.2%, 통일 시기에 관계없이 통일이 가능할 것으로 보는 응답률은 77.2%로 나타난다. 대다수의 국민들이 전반적으로 통일에 대하여 긍정적으로 인식하고 있는 것이다. 해당 자료에 따르면, 우리 국민들은 통일과정에서 가장 우려되는 부분으로 남한 주민의 막대한 통일비용 부담(50.82%)을 든다. 통일비용의 규모에 관계없이 통일비용을 부담하는 것에는 대체로 동의(63.0%)하고 있으며 통일세는 연소득의 1% 미만(26.5%) 혹은 1~5% 미만(29.3%)이 적당하다고 응답하여 통일비용의 분담에는 크게 거부감이 없는 것으로 나타난다.

독일은 연대부가세 등의 도입으로 통일비용의 상당부분을 충당한 바 통일재원 확보가 긴요한 우리에게 시사하는 바가 적지 않다. 실제로 이명박 정부 시절인 2010년

---

3 염명배 · 유일호, "독일과 한국의 통일비용 및 통일재원 비교연구", 한국재정학회, 2011, 7면. [일반적으로 통일비용을 '연방정부 또는 서독 주정부를 통해 공공부분에서 구동독지역으로 지원된 비용'으로 정의할 때, 통일 후 1991~1999년까지 독일정부가 공식적으로 발표한 총통일비용은 8,354억 유로(연평균 약 928억 유로)에 달한다. 통일비용을 계산하는 데 있어 그 복잡성으로 인한 여러 기술적인 어려움과 정치적인 배경으로 인해 1999년 이후부터는 정부차원에서 통일비용을 공식적으로 발표하지 않고 있다.].

4 Schuster, Solidaritätszuschlag und Solidarpakt (Perspektiven für den „Aufbau Ost" nach 2019), Hamburg, Diplomica Verlag GmbH, 2015, S. 23~28.

5 박종수, "통일세 신설의 필요성과 방향에 대한 법적 검토", 『공법연구』 제39집 제2호, (사)한국공법학회, 2010. 12, 184면.

6 남북교류협력단, 『2020 국민통일의식조사』, 한국방송, 2020. 8, 1~6면.

12월 30일 국회에서 통일재원 확보를 위한 법제화 방안의 하나로 통일세 법안을 발의하기도 하였다.[7]

정부 및 관련 연구소 등에서 거시적 관점에서 통일에 대비한 다양한 연구가 이루어지고 있다. 재정학적 관점에서 통일재원에 관한 연구도 상당량의 연구보고서가 축적이 되어 있음이 확인된다. 하지만 통일재원 확보의 근거가 되는 법적 관점의 연구는 미비한 것으로 보인다.

남한과 북한의 경제적 접점은 개성공업지구에서 찾을 수 있다. 남한의 기업이 개성공업지구에 진출하기 전인 2000년, 남과 북은 남북 사이의 투자보장에 관한 합의서를 체결한바 있다. 남북의 경제교류 활성화 관점에서, 동 합의서와 그 연관세제의 수정 및 보완을 위한 과제로서 북한세제를 고찰한다.

---

7   해당 법안은 2012. 5. 29. 임기만료로 폐기되었다.

제2절 | 통일세 도입론의 전개

1. 통일세 도입론의 범위

이 연구는 통일재원을 확보하기 위한 방안으로써 통일세법을 제정하는 방안을 제시하기 위하여 수행되었다. 이를 위하여 독일의 연대부가세제를 비교법적 관점에서 고찰하였다.

각 장별 세부적인 연구 범위는 다음과 같다.

제2장에서는 국회에서 2010년에 통일세 입법의안을 마련한 경위와 그 진행경과를 검토한다. 또한 통일세 도입 시 법률적 쟁점이 될 수 있는 사안을 선제적으로 연구한다. 또한 통일세 외 통일재원 조달방안을 살펴본다.

제3장은 독일의 연대부가세제에 초점을 맞추어 고찰한다. 연대부가세제는 통일세 도입에 시사하는 바가 매우 크다. 독일의 세법 체계를 기본으로 탐색하고 연대부가세법을 도입하게 된 배경과 연혁을 살펴본다. 독일 연대부가세법의 경우 1991년에 도입된 법과 1995년에 재도입된 법이 있다. 각각의 과세요건과 세부 내용을 검토한다. 또한 2019년 말 개정된 법률의 내용과 그 시사점을 검토한다. 이어 연대부가세가 도입된 1991년부터 현재까지 법적 쟁점으로 부각된 사안과 위헌성 여부에 대한 독일 연방헌법재판소의 입장을 살펴본다.

또한 통일세 입법의안과 독일의 연대부가세제의 법률상의 쟁점을 비교 · 분석하고 통일세 도입을 위한 시사점을 얻고자 한다.

제4장에서는 통일세 도입방안을 정부의 단계별 통일론상의 단계에 부합하여 각각 화해 및 협력단계, 남북연합단계 그리고 완전통일단계에서 통일세의 법제화 방향을 제시한다.

또한 정부의 개성공업지구 세금규정 등의 개선방안 노력과 동일한 맥락에서, 남북 사이의 투자보장에 관한 합의서상의 보완과제를 기반으로 북한세제를 살핀다. 북한의 세제는 남북 사이의 투자보장에 관한 합의서의 연관 법률로 개성공업지구에 적용되고 있다. 통일세의 보완과제의 하나로 인식하고 연구범위에 포함시켰다.

제5장에서는 연구한 결과를 요약하고, 통일세와 관련하여 향후 추가로 연구되어야 할 분야와 방향을 제시한다.

2. 통일세 도입을 위한 논의 방법

본 연구를 진행함에 있어 사용한 방법은 다음과 같다.

독일세제의 경우 조세 체계 및 연대부가세와 관련된 단행본, 연대부가세 연구 논문, 연방정부에서 공시하는 공보, 주 정부 재정법원 및 연방법원 판례 그리고 연방 헌법재판소 판례 등을 검토하였다.

통일세의 경우 2010년에 입법 시도를 했던 통일세 입법의안, 대법원 판례 및 선행논문 등을 참고하였다.

북한세제의 경우 남북 사이의 투자보장에 관한 합의서를 기초로 하여 외국인투자자, 외국법인 및 외국인에 적용되는 세제와 개성공업지구를 포함한 경제특구세제에 적용되는 세제를 연구하였다. 부수적으로 중국과 홍콩의 일국양제하의 조세제도를 고찰한다.

제3절 | 논의의 전제 및 한계

1. 통일세 도입론의 전제

정부의 '민족공동체통일방안'에 따르면, 통일은 점진적이며 단계적으로 이루어 나가야 한다. 통일의 과정은 제1단계 화해 및 협력단계, 제2단계 남북연합단계 및 제3단계 통일국가 완성단계로 설정되었다.[8] 이 연구도 정부의 3단계 통일방안에 부합하도록 단계별 통일세제 도입방안을 제시하였다.

통일재원의 필요성과 정량분석은 법률적 문제라기보다는 재정학적인 연구분야에 더욱 가깝다. 따라서 이 책자의 연구범위에서 제외하였다. 여기에서는 통일세의 법제화의 관점에 초점을 두었다.

남북 사이의 경제교류의 접점이 되는 지역으로 개성공업지구가 있다. 동 지구에서는 북한의 개성공업지구 세금규정 및 남북 사이의 투자보장에 관한 합의서가 적용된다. 북한은 헌법상 우리나라 영토에 해당하지만 실효적인 지배가 이루어지지 않고 있다. 따라서 남북 사이의 투자보장에 관한 합의서를 중심으로 관련 있는 북한세제의 보완과제를 살펴본다. 현 시점에서 북한 세제에 대한 직접적인 개선방안 권고는 타당

---

[8] (https://www.unikorea.go.kr/unikorea/policy/Mplan/Pabout/), 2020. 5. 25. 검색.

1단계 '화해·협력': 남북이 적대와 불신·대립관계를 청산하고, 상호 신뢰 속에 긴장을 완화하고 화해를 정착시켜 나가면서 실질적인 교류 협력을 실시함으로써 평화공존을 추구해 나가는 단계

2단계 '남북연합': 남북 간의 합의에 따라 법적·제도적 장치가 체계화되어 남북연합 기구들이 창설·운영되게 됨

3단계 '통일국가 완성': 남북연합 단계에서 구축된 민족공동의 생활권을 바탕으로 정치공동체를 실현하여 남북 두 체제를 완전히 통합하는 것. 1민족 1국가의 단일국가를 완성하는 단계. 남북 의회 대표들이 마련한 통일헌법에 따른 민주적 선거에 의해 통일정부, 통일국회를 구성하고 두 체제의 기구와 제도를 통합함으로써 통일을 완성하는 것.

하지 않을 수 있다.[9] 다만, 남북이 통일을 기정 사실화 하는 단계에 이르면, 북한 세제에 대한 직접적인 개선권고도 가능할 것으로 본다. 이에 대해서는 제4장에서 살핀다.

2. 통일세 도입론의 한계

통일세 도입에 관한 연구는 남과 북 모두에게 민감한 사안에 해당한다. 통일 인식에 대한 공감대 형성의 문제, 비공개 자료에 대한 접근의 한계, 정치 및 군사적 환경 등을 반영하기 어려운 현실적인 문제 등이 있기 때문이다.

통일세 도입은 우리 삶에는 도움이 되지 않으면서 조세부담만 가중하는 결과를 낳는 바, 찬성하기 어렵다는 여론조사 결과도 있다.[10] 통일세는 통일재원으로 활용되어 궁극적으로 북한주민들이 그 수혜를 입게 될 것이다. 그럼에도 불구하고, 북한 정부는 북 급변사태를 염두에 둔 불순하기 짝이 없는 제안이라고 일축한 바 있다.[11]

통일세가 시기적으로 적절한가에 대한 의구심이 들 수 있다. 국회에서 이미 폐지된 전력이 있기 때문이다. 화해와 협력이 전제되지 않는다면 입법화에 상당한 진통이 발생할 수 있다.

헌법 제3조에서는 "대한민국의 영토는 한반도와 그 부속도서로 한다."고 규정하고 있다. 헌법은 북한을 별도의 독립된 국가로 인정하지 않으며 국무원 고시에 의하여 북한이라 부르고 있다.[12] 남북관계 발전에 관한 법률에 따르면, "남한과 북한의 관계는 국가 간의 관계가 아닌 통일을 지향하는 과정에서 잠정적으로 형성되는 특수관계이다. 남한과 북한 간의 거래는 국가 간의 거래가 아닌 민족내부의 거래로 본다." 동 법률은 남과 북이 1991년 합의한 남북관계기본법의 내용을 재확인한 문건으로 볼 수 있다.[13]

---

9   통일교육원, 『통일문제이해』, 통일교육원, 2019, 141면.
10   박성진·선은정, "통일세와 조세부담에 관한 연구", 『회계와 정책연구』 제16권 제4호, 한국회계정책학회, 2011. 12, 156면.
11   이재권, "통일세 도입의 적정성에 관한 연구", 한남대학교 대학원 박사학위논문, 2012. 12, 8면.
12   국무원고시 제7호, '국호 및 일부 지방명과 지도색 사용에 관한 건', 시행: 1950. 1. 16.(북쪽에 위치한 대한민국이란 의미로 줄여서 북한으로 지칭한다.).
13   남북 사이의 화해와 불가침 및 교류협력에 관한 합의서 제15조: "남과 북은 민족경제의 통일적이며 균형적인 발전과 민족전체의 복리향상을 도모하기 위하여 자원의 공동개발, 민족 내부 교류로서

이러한 점을 감안하면, 통일세 도입에 관한 연구는 거시적 관점에서 기본 전제를 바탕으로 할 수밖에 없는 한계가 있다.

의 물자교류, 합작투자 등 경제교류와 협력을 실시한다.” (해당 문건은 1991. 12. 13. 합의되었으며 1992. 2. 18. 정식으로 효력을 발생하였다.).

제4절 | 법제화 가능성에 관한 선행 논의

1. 개요

이 연구는 통일재원 확보방안의 하나로서 통일세의 법제화 가능성을 살핀다. 통일세 입법의안의 법적 쟁점과 독일의 연대부가세제의 법적 쟁점을 비교법적 관점에서 고찰한다.

독일 연대부가세의 경우, 연혁, 과거 법령 및 개정사항, 위헌성 여부에 대한 재정법원과 연방헌법재판소의 입장, 기타 법적 쟁점 및 2019년 말 개정 내용 등을 정리하였다. 이어서 통일세 입법의안과 연대부가세의 법적 쟁점을 비교·분석하고 시사점을 도출한다.

통일의 걸림돌처럼 여겨졌던 베를린 장벽이 1989년 11월 9일 제거되면서 독일은 정치, 외교, 안보, 군사, 행정, 경제, 사회, 교육, 노동, 보건 및 문화 등 국정 전반의 모든 부문에 변화가 일어났다. 통일 독일 정부는 이러한 변화를 수용하면서 통일에 따른 위기를 관리하고 양 독 간의 이질적인 제도를 통합함과 아울러 지역 간 경제 격차를 줄임으로써 동독인과 서독인 간의 소득격차를 해소하기 위한 노력을 기울여 왔다. 그 결과 동·서독 간의 경제적 격차는 통일 직전에 비하여 줄어들었으나 여전히 미흡한 것으로 평가되고 있다.[14]

통일 과정에서 독일이 투입한 비용, 이른바 통일비용은 재정학 관점에서 논의되는 사안으로 통일정책안건 중 하나이지만 그 자체로 법률적인 쟁점이 되는 것은 아니

---

14 1991년 기준 서독의 1인당 GDP를 100으로 보았을 때 동독의 1인당 GDP는 43% 수준이었다가 1995년 67% 수준으로 대폭 상승하기도 했으나 그 이후 증가 폭이 둔화되어 2017년 기준 74% 수준에 머무르고 있다.

다. 법률적인 관점에서 쟁점이 되는 사항은 통일재원 마련에 대한 절차적 정당성, 마련된 통일비용을 사용하기 전 관리방안, 그리고 통일비용을 어떻게 사용할 것인가 하는 점 등이 될 것이다.[15]

우리가 통일 독일에 관심을 가지는 이유는 우리가 처한 제반 상황에 유사점이 있어 참고할 점이 많기 때문이다. 독일은 제2차 세계대전의 종전과 함께 단일 국가에서 두 개의 독립적인 국가로 분단되었다가 1990년 통일을 이루어 향후 우리 나라가 통일을 이룬 경우에 타산지석으로 삼을 여지가 있다. 독일의 경우 통일재원 마련 시 발생할 수 있는 다양한 법적 쟁점을 어떻게 해결하여 왔는지는 우리에게 시사하는 바가 적지 않을 것이다.

통일재원을 경제적 혹은 재정적 관점에서 논문은 다수가 있으며 계속 연구가 진행 중인 것으로 확인된다. 하지만 법률적 관점에서의 연구는 미비한 바 그 필요성이 어느 때보다 요구된다 하겠다.

2. 선행 연구상의 쟁점

현재까지 법률적 관점에서 통일세의 도입 필요성과 가능성을 연구한 사례는 다음과 같다. 해당 연구들은 2010년부터 2012년간 한시적으로 진행된 이후 중단되어 더 이상의 연구논문은 확인이 되지 않는다.

유경문은 '남북 통일 대비를 위한 세제설계 방안 연구(2010년)'를, 박종수는 '통일세 신설의 필요성과 방향에 대한 법적 검토(2010년)'를, 국회입법조사처는 '한반도 통일비용의 쟁점과 과제(2010년)'를, 제성호는 '통일재원 조달의 방식과 법제화 방안(2011년)'을, 이재권·심석무는 '통일세 도입방안에 관한 고찰(2011년)'을, 이효원은 '통일비용의 법률적 쟁점(2011년)'을, 차현일은 '통일비용과 재원 마련 그리고 통일세에 관한 법적 쟁점 검토(2011년)'를, 이효원·한동훈은 공동으로 '통일재정법제연구(I): 남북협력기금(2012년)'을 그리고 박종수는 '통일재정법제연구(II): 통일재원의 조성(2012년)'을 주제로 각각 연구한 바 있다.

상기 선행 논문들은 현행 법령 체계하에서, 통일재원의 법제화 가능성을 주로 연

---

15 이효원, "통일비용의 법률적 쟁점", 한국법제연구원, 2011, 11면.

구하였다. 반면 이 책자는 통일세 입법의안과 독일의 연대부가세제를 비교법적 관점에서 고찰하고 이를 비교·분석함으로써 향후 통일세 도입을 위한 시사점을 도출하였다는 점에서 차별성이 있다.

또한 기존의 연구논문들이 통일세의 법제화의 필요성과 가능성 그리고 관련된 법적 쟁점을 주로 탐색한 반면, 이 책자에서는 정부의 공식적인 통일론에 근거하여 단계별로 통일세를 도입하여야 한다는 데까지 나아간다. 또한 2010년의 통일세 입법의안과 비교하는 형식으로 구체적인 통일세법 제정(안)까지 제시하고 있다는 점에서 차이가 있다.

또한, 남과 북의 경제적 교류의 장으로서 상호 간 접점이 되고 있는 개성공업지구에 적용되는 북한세제를 남북 사이의 투자보장에 관한 합의서를 바탕으로 보완할 과제를 연구하였다는 점에서 차별된다.

또한 이러한 보완과제를 정부의 단계별 통일론에 맞춰 화해 및 협력단계와 남북연합단계로 나누어 각각 달리 제시한다는 점에서 차별화된다.

개성공업지구에 입주했던 남한기업의 세금규정과 관련된 연구는 2005년부터 2018년까지 중단 없이 이어져 오고 있다. 중국 및 홍콩 세제는 정연부가 2016년과 2018년에 연구한 바 있다. 최근 북한세제와 관련된 연구에 관심이 그 어느 때보다 높아지고 있는 것으로 확인된다.

안창남은 '개성공업지구와 세금(2005년)' 및 '북한세법 연구: 조세조약과 개성공업지구 세금규정을 중심으로(2010년)'를, 한상국은 '개성공단과 중국 경제특구 조세법제의 비교연구(2006년)'와 '입주기업 경영활동 지원을 위한 조세제도 연구(2006년)' 및 '개성공단 투자활성화를 위한 조세제도 개선방안(2013년)'을, 오윤은 '개성공단에 대한 이중과세방지합의 적용방안(2008년)'을, 정연부는 '중국 일국양제의 법제적 특징과 한국 법제에서의 수용 가능성(2016년)' 및 '한국형 일국양제의 특징 및 북한법제에의 적용방안: 중국 일국양제와의 비교를 중심으로(2018년)'를, 안동인은 '북한의 투자보장협정 및 이중과세방지협정 연구: 남한의 조약 및 남북합의서와의 비교를 중심으로(2018년)'를 연구한바 있다. 그리고 최정욱은 '북한의 세금제도 폐지와 재도입 가능성에 관한 연구(2019년)' 및 '북한 세금관련 법제의 시기별 변화에 관한 연구(2020년)'를 수행하였다.

상기 논문들에 따르면, 남북관계의 개선 가능성에 중점을 둔 연구가 지속적으로 진행 중임을 알 수 있다. 북한세제에 관한 기존 연구는 개성공업지구 세금규정 및 북한세제의 개선방안에 대한 권고에 초점을 두고 있다.

여기에서는 정부의 단계별 통일론에 대응되는 방식으로 남북 사이의 투자보장에 관한 합의서 및 개성공업지구 세금 규정 등의 개선방안을 살핀다. 궁극적으로는 향후 남북한 간의 경제교류를 원활하게 하기 위한 방안의 하나로 북한세제가 지향해야 할 방향을 제시하고 있다는 데 차별점이 있다.

제2장
통일세에 관한 일반론

제1절 | 통일세 도입 관련 논의 경과

1. 개요

통일세는 1989년 노태우 정부가 '한민족공동체 통일 방안'을 발표하면서, 관련 세제의 도입 필요성을 거론한 것을 시발점으로 본다. 정부에서 본격적으로 통일세를 논의하자는 분위기가 조성되기 시작한 때는, 독일이 1990년에 통일이 된 직후 통일 재원을 마련하기 위한 차원에서 1991년 '연대부가세'를 도입한 시점이다.

한국개발연구원('KDI')은 1991년 공식적으로 통일비용 논의를 제기한바 있으나 본격적인 논의에 들어서지는 못했다. 그 이유는 남한으로의 흡수통일을 추진한다는 북한 측의 반발에 대한 우려와 조세부담 증가로 인한 국민적 저항이 발생할 가능성을 염려하였기 때문이다.[1]

노태우 정부에 이어 김영삼 정부에서는 1997년 권오기 당시 통일부총리가 국회에서 통일기금 설치를 추진하겠다고 발표하였다. 김대중 정부에서는 2000년에 이해찬 당시 민주당 정책위의장이 전국민이 1인당 1만 원씩 갹출하여 남북협력기금을 마련하겠다고 발표하였다. 당시 정부는 2002년 통일세 신설에 대한 세부안을 대외비로 작성하였다.[2]

노무현 정부에서는 2005년 17대 국회에서 통일세 신설을 제안하였으나 반대여론에 부딪혀 제대로 논의가 이루어지지 못하였다. 마침내 이명박 정부 때인 2010년 국회에서 통일세 징수를 위한 입법 의안을 만들 수 있었다.

---

1 이재권 · 심석무, "통일세 도입방안에 관한 고찰", 『경영연구』 제30집, 한남대학교 경영연구소, 2011. 12. 162면.
2 김은영, "통일비용 관련 기존 연구자료", 『KDI북한경제리뷰』, 2010. 8. 64~65면.

박근혜 정부에서는 2014년 1월 6일 이른바 통일대박론을 주창하면서, 점진적 통합과 궁극적 통일로 나아가야 한다고 발표하였다. 민간에서는 언론사인 조선일보에서 2015년 통일과 나눔이라는 재단법인을 설립하고 통일나눔펀드를 조성하였다.

2. 2010년 통일세 입법의안

가. 제안 이유

김충환 의원 외 12명은 2010년 12월 30일 통일세 법안(제1810502호)과 통일세관리특별회계법안(제1810504호)을 발의하였다. 통일세 입법의안이 통일세 부과를 위한 규정이라면, 통일세관리특별회계법안은 통일세의 도입으로 확보한 재원의 용처와 관리 운용에 필요한 규정을 담고 있다.

통일세 법안의 제안 이유는 다음과 같다.

"통일과정에서 소요되는 막대한 비용을 현행 조세 체계와 조세수입으로는 감당하기 어려운 측면이 있어 통일준비에 국민 개개인의 참여를 유도하고 통일과정에 필요한 재원을 확보하기 위함."

그리고 통일세관리특별회계법안의 제안 이유를 다음과 같이 제시하였다.

"통일세법에 의하여 징수·확보된 재원과 매 회계연도에 내국세 총액의 100분의 1에 해당하는 일반회계로부터 전입금의 재원의 용도를 명확히 하고 이를 보다 효율적으로 관리 및 운용하기 위함."

나. 논의 경과

해당 법안들은 2011년 1월 12일 외교통상통일위원회에 회부되어 같은 해 11월 4일부터 집중적으로 제안설명, 검토보고, 대체 토론 및 소위회부 등의 절차를 거쳤다. 해당 법안은 같은 해 12월 27일 제304회 국회(임시회) 제2차 조세소위에서 제안된 바대로 의결되었다. 하지만 해당 법안들은 2011년 국회 본회의에 상정되지 못하였고, 이듬

해인 2012년 5월 29일 임기만료로 폐기되었으며 이후 재심의 대상이 되지 못하였다.

통일세관리특별회계법은 통일세법에 의한 통일세액 및 매 회계연도에 내국세 총액의 100분의 1에 해당하는 일반회계로부터 전입금 등에 의하여 조성된 재원을 효율적으로 관리하기 위한 법안이다. 해당 법안에 따르면, 통일세관리특별회계를 설치하고 그 관리ㆍ운용에 관한 사항을 규정(안 제1조)하고 있다. 세입은 통일세법에 의한 통일세액 등을 세입재원으로 하고 세출은 북한주민의 생활 개선, 국회의 동의를 요하는 사항으로 민족공동체 회복 및 북한지역의 안정과 발전을 위하여 대통령령으로 정하는 사업 등(안 제3조)으로 하며 통일세 법안(의안번호 제10502호)의 의결을 전제로 한다. 따라서 그 법률안이 의결되지 아니하거나 수정의결되는 경우에는 이에 맞추어 조정되어야 할 것으로 규정하고 있다.

통일세 법률안 또한 통일세관리특별회계법안(의안번호 제10504호)의 의결을 전제로 하는 것이므로, 그 법률안이 의결되지 아니하거나 수정의결되는 경우에는 이에 맞추어 조정되어야 할 것이라고 명기하고 있다.

다. 주요 내용

동 법안 제1조에 따르면, "이 법은 한반도 통일과정에 필요한 재원을 확보함을 목적으로 한다."고 규정하고 있다. 본문에서는 통일과정이라는 용어를 사용하고 있다. 통일세의 부과에 시간적 제한을 둔 것이다. 다만 그 시점이 언제인지는 명확하지 않다. 통일과정의 시점과 종점을 정의하지 않았기 때문이다.

통일세의 납세의무자는 소득세, 법인세와 상속세 및 증여세의 납세의무가 있는 개인 또는 법인으로 한다(동 법안 제2조).

동 법안 제4조(비과세)에 따르면, "소득세법, 법인세법, 조세특례제한법에 따라 비과세되거나 감면받는 소득에 대하여는 통일세를 부과하지 아니한다."고 규정하고 있다. 해당 법률들에서 주어진 조세혜택이 본세의 감면에도 불구하고 그 감면액에 통일세가 부과됨으로써 조세혜택이 무의미해질 수 있음을 고려한 규정이다.

통일세의 과세표준은 소득세, 법인세, 상속세 및 증여세로 한다. 세율은 소득세의 1000분의 20(2%), 법인세의 1000분의 5(0.5%) 및 상속세 및 증여세의 1000분의 50(5%)으로 각각 다르다(동 법안 제5조). 소득세와 법인세에 부과되는 통일세의 세율을 달리한 것은 이중과세를 조정하기 위한 것이며 상속세 및 증여세는 부의 무상이전에 부과하는 세금으로 계속반복성이 적다는 점이 고려된 것으로 해석된다.

통일세의 납세지는 본 세목이 정하는 바를 준용하며(동 법안 제6조), 본 세 납부 시에 통일세를 함께 신고 및 납부하여야 한다(동 법안 제7조).

관할세무서장 또는 관할지방국세청장이 국세기본법 또는 소득세법, 법인세법, 상속세 및 증여세법에 따른 경정·결정 등에 따라 부과·고지방법으로 소득세·법인세·상속세 및 증여세를 징수하는 경우 통일세도 함께 부과·고지하여야 한다. 납세의무자가 통일세를 신고·납부하지 아니하거나 신고한 세액이 납부하여야 할 세액에 미달하는 때에는 납부하여야 할 세액에 「국세기본법」에 따른 해당 가산세를 가산하여 부과, 징수한다(동 법안 제8조).

소득세법, 법인세법에 따른 원천징수의무자는 소득세·법인세를 원천징수하는 경우에 그 세액에 상당하는 통일세액도 함께 원천징수하여야 한다. 납부하여야 할 소득세 또는 법인세를 분납하는 경우에는 그 분납액의 비율에 따라 통일세도 분납할 수 있으며 상속세 및 증여세법에 따라 상속세 및 증여세를 연부연납하는 경우에는 그 연부연납액의 비율에 따라 통일세도 연부연납할 수 있다. 이 경우 연부연납에 따른 가산금은 상속세 및 증여세법 제72조를 준용한다(동 법안 제9조).[3]

통일세를 과오납한 경우 또는 소득세, 법인세, 상속세 및 증여세를 환급하는 경우에 과오납한 통일세 또는 소득세, 법인세, 상속세 및 증여세에 부과된 통일세의 환급에 관하여는 국세기본법, 소득세법 및 법인세법의 환급규정을 준용한다(동 법안 제10조).

라. 과세요건상의 문제점

통일세 법안 제1조에서는 그 도입 목적이 통일과정에서 소요되는 비용을 마련하기 위함임을 밝히고 있다. 하지만 통일비용의 범위가 불명확하다. 또한 통일과정의 범위를 어디까지로 할 것인지 별도로 규정하고 있지 않다. 통일세의 과세요건을 확정하기 위한 관점에서 명확성이 떨어진다.

해당 법안에서 납세의무자를 개인이나 법인으로 규정하였지만 개념에 대한 정의 규정을 두지 않았다. 통일세법 내에 개인이나 법인에 대한 별도의 정의 규정을 두거

---

3 연부연납에 따른 가산금은 국세환급금의 가산이율인 연 1천분의 18을 말한다.

나, 각각 해당 법령에 있는 관련 조문이나 정의 규정을 참조하도록 규정하는 것이 필요하다.

상속세 및 증여세에 통일세를 부가하여 과세하려는 경우, 통일세법 입법의안의 비과세 규정에 상속세 및 증여세법을 포함시키는 것이 필요하다. 동 법에 따르면 공익법인에 출연하는 재산을 과세가액에 산입하지 않는 방법으로 상속세(동 법 제16조) 혹은 증여세(동 법 제48조)를 면제하기도 하고 비과세 및 면제되는 항목을 별도로 두고 있다. 이들에 대하여 통일세를 부과한다는 것은 공익성 출연금이나 기부재산에 비과세나 감면혜택을 부여하면서 한편으로는 부가세에 해당하는 통일세는 부과하게 되어 법 적용의 일관성이 떨어진다.

2010년 통일세 입법의안을 현재 기준에서 검토해 보면, 소득세의 경우 현행 최고 한계세율은 42%이고 여기에 소득세와 별도로 부과되는 지방소득세 10%를 더하면 46.2%가 되며 여기에 통일세 0.8%(42% x 2%)를 더하게 되면 47%가 되어 50%에 가까워진다. 따라서 반액과세원칙(Halbteilungsgrundsatz)을 위배하는 것은 아닌지 살펴야 한다.[4]

조세를 부과함에 있어 세율이 재산수익이나 소득의 50%를 초과하지 않아야 한다는 것이 반드시 헌법상의 과잉금지원칙에 위배되는 것은 아니다. 다만, 상속세 및 증여세의 경우 이미 최고 한계세율이 50%인 상황에서 별도의 5%를 부가시키면 52.5%를 부과하게 되어 법적 쟁점으로 부각될 가능성이 있다.[5]

해당 법안에서는 통일세의 납세지, 신고 및 납부, 부과 · 고지, 가산세, 원천징수, 분납, 연부연납, 환급 등의 경우 본 세법을 준용하도록 규정하고 있다.

위에서 열거하고 있는 규정 외의 이의신청이나 불복, 심판청구, 행정소송 등의 경우 어떻게 처리할 것인가에 관하여도 규정이 필요하다. 통일세 입법의안에 따르면, 통일세는 부가세이기 때문에 과세표준이나 소득금액에 대한 이의신청이나 불복소송을 제기하게 되면 본세의 과세표준에도 영향을 미칠 수 있다. 그러한 문제점 때문에

---

4 반액과세원칙은 독일연방헌법재판소가 재산세(Vermögensteuer)에 대한 헌법불합치결정을 내리면서 채택한 원칙이다. 다만, 해당 원칙은 상당히 많은 비판을 받았고, 그 이후 소득세 등의 위헌소송에서는 채택되지는 못하였다는 점은 유의하여야 한다. 반액과세원칙에 대한 상세내역은 제3장에서 살핀다.

5 상속재산이나 증여재산 중 대주주가 보유한 주식이 있는 경우, 경영권 프리미엄으로 인한 할증평가로 상속재산 혹은 증여재산의 50%를 초과하는 세액이 산정될 수 있다.

1995년에 제정된 독일 연대부가세의 경우 과세표준이나 소득금액에 대한 이의신청이나 불복을 허용하지 않는다.[6]

3. 보완과제

통일세 입법의안에서 규정한 통일과정이라는 용어에서 통일의 의미를 형식적(법률적) 통일로 볼 것인지 아니면 실질적 통일(공식적 통일 선포일)로 볼 것인지 여부가 법률 해석상 쟁점이 될 수도 있다. 이는 통일세 부과시점과 부과기한 등과 관련이 있다. 법률 해석상의 혼선을 줄이기 위하여 통일과정의 의미와 범위를 명확히 하여야 한다.

통일세는 부가세 형식으로 부과된다는 점에서 소득세, 법인세, 상속세 및 증여세의 납세의무자의 범위와 일치시켜야 한다. 각각 해당 법령의 납세의무자 관련 조항과 직접 연결되도록 규정하여야 한다.

소득세와 법인세는 일정기간 반복적으로 발생하는 소득이라는 유사점이 있는 반면 상속세와 증여세는 매년 반복적으로 발생하는 소득이 아니라는 점에서 차이가 있다. 통일세 재원의 안정적 확보를 위해서는 계속 반복적으로 발생하는 소득세와 법인세를 그 대상세목으로 하고 상속세와 증여세를 부과대상에서 제외하는 것이 타당하다. 상속세 및 증여세를 부과대상에 포함시키려 한다면, 소득과세 체계를 가지고 있는 소득세 및 법인세의 납세의무자와 달리 별도로 규정할 필요가 있다.

비과세규정과 관련하여 독일 연대부가세의 경우 법인세의 감면액은 소득세의 감면액과 달리 연대부가세 부과대상으로 규정하였다. 독일 연방대법원은 소득세와 법인세의 세율 차이로 인한 차등부과는 그 자체로 위헌이 되지 않는다고 결정한 바 있다.[7] 따라서 법인세 감면액에 대해서는 통일세를 부과하는 방안을 고려해 볼 수 있겠다.

과세표준과 세율에 관한 사항은 정책적으로 입법권자의 재량에 속하는 문제이다.[8] 그러나, 입법권자의 재량으로 법률이 제정 또는 개정되더라도 입법권자의 입법형성권에도 한계가 있으며, 그러한 한계(예, 비례성원칙)를 넘어서면 안 된다. 다만, 세

---

6 과세표준이나 소득금액 이외의 행정처분에 대해서는 불복이 가능하다.
7 BVerfG-Beschluss in BVerfGE 116, S. 164, DStR 2006, S. 1316.
8 헌법재판소 2008. 11. 13. 선고 2006헌바112 결정 외 다수의 결정사례.

제 규정의 단순성, 납세자의 이해도 제고 등을 고려하여 단일세율로 통일하는 것이 타당하다 하겠다.

상기 사항 외의 세부항목의 경우는 국세기본법 제3조[세법 등과의 관계] 제1항에 따른다.[9] 그러므로, 통일세가 소득세와 법인세의 산출세액에 부가하여 부과되는 경우라면, 통일세의 과세표준에 이의를 제기할 수 있는지 여부를 반드시 규정하여야 한다. 만약, 과세표준의 불복에 관한 사항을 별도로 규정하지 않는다면, 국세기본법 제3조 제1항에 따라 당연히 이의제기를 할 수 있는 것으로 해석될 수 있기 때문이다. 이에 대해서는 제4장에서 상세히 살핀다.

---

9 "국세에 관하여 세법에 별도의 규정이 있는 경우를 제외하고는 이 법에서 정하는 바에 따른다."

제2절 | 통일세 도입 관련 법적 쟁점

1. 개요

입법권자가 통일세를 도입하려는 경우, 헌법상 위헌가능성이 있는지 그리고 주요 법적 쟁점으로 어떤 사항들이 있는지 검토하여야 한다.

무엇보다도 통일세가 헌법상 통일정책의 추진 이념과 부합하는지 여부가 핵심 쟁점이다. 헌법상의 조세법률주의의 주요 내용인 과세요건 법률주의와 과세요건 명확주의를 충족하는지 여부, 조세평등권 위배 여부 및 재산권 침해 여부 또한 중요한 쟁점이다.

그 외에도 통일세의 부과방식의 문제, 도입시기의 문제 및 부과기한의 문제도 중요한 법적 쟁점이 된다. 한편, 통일세 외 통일재원을 확보하는 방안도 살펴야 한다.

2. 통일세의 위헌 여부

가. 개요

조세는 국가가 국민을 위한 공공서비스 제공을 위한 재원을 조달하여 그 역할을 수행하는 데 필요한 재정을 국민으로부터 직접적 반대급부 없이 의무적으로 징수하는 성격을 가진다.[10] 미국 대법원의 대법관도 이와 같은 해석을 내렸다.[11] 헌법재판소 또

---

10   金子 宏, 『租稅法』(第二十三版), 弘文堂, 2019, 9~10면.
11   "Taxes are what we pay for civilized society", Oliver Wendell Holmes, Jr., U.S. Supreme Court Justice: (https://www.irs.gov/newsroom/tax-quotes), 2019. 12. 9. 검색.

한 조세를 다음과 같이 정의하였다.[12]

> "헌법이 제23조 제1항에서 재산권 보장을 규정함과 아울러 제38조에서 납세의 의무를 천명하고 제59조에서 조세법률주의를 규정하고 있는데, 이는 조세의 합법률성(合法律性)의 원칙을 천명한 것으로 보아야 한다."

헌법은 제23조 제1항에서 "모든 국민의 재산권은 보장된다. 그 내용과 한계는 법률로 정한다."고 규정하여 국민의 재산권을 보장한다. 이에 대한 일반적 법률유보조항(一般的 法律留保條項)으로 헌법 제37조 제2항에서 "국민의 모든 자유와 권리는 국가안전보장 · 질서유지 또는 공공복리를 위하여 필요한 경우에 한하여 법률로서 제한할 수 있으며, 제한하는 경우에도 자유와 권리의 본질적인 내용을 침해할 수 없다."고 규정하고 있다. 헌법상 이와 같은 규정을 두는 취지는, 국민의 재산권은 원칙적으로 보장됨은 당연한 것이지만 예외적으로 공공복리 등을 위하여 법률로써 이것이 제한될 수도 있다는 것이다. 다만, 예외적 제한 사유가 발생하여 조세를 부과 및 징수하는 경우라 하더라도 비례의 원칙 내지는 과잉금지의 원칙에 위배되어서는 안 된다는 것을 명확히 하고 있다.[13]

헌법상의 조세 규정을 근거로 국세기본법은 제18조 제1항에서 "세법의 해석 · 적용에 있어서는 과세의 형평과 당해 조항의 합목적성에 비추어 납세자의 재산권이 부당히 침해되지 아니하도록 하여야 한다."고 규정함으로써 조세의 합형평성의 원칙을 명문으로 재확인하고 있다.

국가과세권의 헌법적 한계에 대한 위헌심사기준으로는 조세법률주의와 위임입법의 한계, 조세평등권, 재산권 및 소급과세의 금지 등을 들 수 있다.[14] 통일세 법안의 경우 위임입법의 한계 그리고 소급과세의 금지 등은 문제되지 않는다.

이하에서 김충환 의원 등이 발의했던 통일세 입법의안이 헌법상의 규정에 부합하는지, 조세법률주의 원칙에 배치되는 바는 없는지, 조세평등권에 부합하는지, 나아가

---

12 헌법재판소 1990. 9. 3. 선고 89헌가95 결정: "헌법이나 국세기본법에 조세의 개념정의는 없으나 조세는 국가 또는 지방자치단체가 재정수요를 충족시키거나 경제적 · 사회적 특수정책의 실현을 위하여 국민 또는 주민에 대하여 아무런 특별한 반대급부없이 강제적으로 부과징수하는 과징금을 의미하는 것이다."

13 헌법재판소 1990. 9. 3. 선고 89헌가95 결정.

14 헌법재판소 2002. 8. 29. 선고 2001헌가24 결정, 판례집 14-2, 138 [합헌].

국민의 재산권 보장을 침해하는 규제적 의미는 없는지 등을 살핀다.

나. 헌법상 통일정책 이념에의 부합 여부

헌법 제4조는 통일정책 수립의 원칙을 천명하고 있다.[15] 김충환 의원 등의 통일세 입법의안의 제안 이유 첫 문단에서는 "해방 이후 장기간 분단 상태가 지속되는 상황에서 통일에 대한 추상적 논의는 다양하게 진행되었으나, 실질적인 준비는 부족하였다."고 전제하면서 통일세법 제정을 그 준비의 일환으로 제안함을 밝히고 있다.

조세는 직접적인 반대급부 없이 국민의 부담을 전제로 희생을 요구하고 있다. 그러므로 통일세는 헌법상의 기본이념에 충실하게 제정되어야 한다. 구체적으로 통일세는 통일정책 추진과정에서 필연적으로 요구되는 재정수요를 충족한다는 차원에서 부과된다는 점을 명확히 하여야만 조세를 부담하는 국민의 입장에서 감내할 수 있다.

통일세 입법의안은 입법취지에서 헌법 제4조의 통일정책 추진의 일환으로 제정한다고 명확히 밝히고 있다는 점에서 합목적성을 가진다고 본다.

다. 조세법률주의에의 합치 여부

(1) 헌법상의 규정

조세는 국가의 공공서비스 재원을 조달하기 위하여 국민의 부(재산이나 수익)의 일부를 이전하는 것인바, 이러한 납세의무를 부여하기 위해서는 반드시 법률에 근거하여야 한다.[16] 조세법률주의의 주요 내용은 과세요건 법정주의와 과세요건 명확주의로 대별된다.

조세법률주의는 조세법 영역에서 법치주의의 틀 속에서 의미를 가질 뿐이라며 과세요건 법정주의와 과세요건 명확주의라는 것들은 헌법에 내포된 아무런 논증이 필요 없는 자명한 진리가 아니며, 조세법률주의라는 용어를 사용함으로써 법치주의와 다

---

15 "대한민국은 통일을 지향하며, 자유민주적 기본질서에 입각한 평화적 통일 정책을 수립하고 이를 추진한다."
16 金子 宏, 앞의 책, 78~80면.

른 내용을 담게 된다는 반론도 있다.[17] 하지만 법치주의 자체가 헌법상 명시된 원리가 아닐 뿐만 아니라, 또한 특정 용어의 사용이 중요한 것이 아니고 그 용어가 담고자 하는 취지가 헌법상 원리에 부합하는지 여부가 중요하다는 주장이 조세법률주의를 천명한 헌법에 더욱 합당하다.[18]

헌법재판소는 헌법 제38조는 이른바 국민개세주의를 선언하고 있으며 제59조에서 "조세의 종목과 세율은 법률로 정한다."고 규정하여 조세법률주의를 채택하고 있음을 언급하면서 조세는 국민의 재산권 보장을 침해하는 것이 되기 때문에 납세의무를 성립시키는 납세의무자, 과세물건, 과세표준, 과세기간 및 세율 등의 과세요건과 조세의 부과 및 징수절차를 모두 국민의 대표기관인 국회가 제정한 법률로 규정하여야 한다는 과세요건 법정주의와 과세요건을 법률로 규정하였다고 하더라도 그 규정 내용이 지나치게 추상적이고 불명확하면 과세관청의 자의적인 해석과 집행을 초래할 염려가 있으므로 그 규정 내용이 명확하고, 일의적(一義的)이어야 한다는 과세요건 명확주의를 들고 있다.[19]

(2) 통일세 법안의 경우

1) 과세요건 법정주의

통일세 법안의 경우 과세요건인 납세의무자와 과세물건은 통일세 법안 제2조에, 과세표준과 세율은 동 법안 제5조에 그리고 과세기간은 동 법안 제3조에 각각 규정되어 있어 과세요건 법정주의에 위배된다고 볼 여지는 없어 보인다. 통일세 법안의 과세요건에 대한 세부 사항은 헌법상 위임 근거 규정인 헌법 제75조 및 제95조에 따라 법률 시행령이나 시행규칙에서 보완할 수 있다.

2) 과세요건 명확주의

통일세 입법의안은 과세요건인 납세의무자, 과세물건, 과세표준, 세율 및 과세기간을 규정하면서 다의적(多義的)이거나 불명확한 개념을 사용하지 않았다. 따라서 과

---

17   이창희, 『세법강의』, 박영사, 2020, 16~30면.
18   이준봉, 『조세법총론』, 삼일인포마인, 2020, 83~84면.
19   헌법재판소 1989. 7. 21. 선고 89헌마38 결정.

세요건 명확주의에 위배된다고 볼 여지는 없어 보인다.

다만, 동 법안 제1조(목적)에 사용한 '통일과정'이라는 용어는 불명확 개념으로 쟁점이 될 소지가 있어 보인다. '통일'이란 추상성을 가진 개념으로 남과 북의 형식적 통합을 의미할 수도 있고 실질적 통합을 의미할 수도 있다. 남북 전체 국민이 선거를 통하여 인준한 헌법 체계상 하나의 국가로 된 날을 형식적 통합으로 본다면 남과 북이 하나의 국가로 선언한 날은 실질적 통합의 날로 볼 수도 있을 것이다. '과정'이라는 단어 또한 광범위한 의미를 지니고 있음을 유의하여야 할 것이다. 통일과정이라는 것이 형식적으로 명확히 구분된 단계를 가진 것이 아니기 때문에 추상성을 가진 단어로 볼 수 있다.

이러한 불명확 개념은 세금 부과시점과 부과기한에 대한 혼선을 일으킬 여지가 다분해 보인다. 통일과정의 의미는 어떻게 해석하느냐에 따라 혹은 누가 해석하느냐에 따라 다의적(多義的)으로 해석될 수 있다.

통일세 법안 제1조(목적) 조항은 1975년 7월 16일 제정되었고 1991년 1월 1일자로 폐지된 구 방위세법 제1조(목적) 조항을 참조하여 만든 것으로 보인다.[20] 하지만 구 방위세법의 목적조항은 통일세 법안과 달리 부과기한과 관련하여 혼선을 야기하지 않았다. 왜냐하면, '국토방위를 위한 국방력 증강'은 적의 침략으로부터 국가를 방위하는 데 상시적으로 필요하기 때문이다.[21] 거기에 더하여 구 방위세법 부칙에서는 일몰기한을 규정하여 부과기한에 대한 혼선을 사전에 차단하였다.[22]

그러므로 통일세 법안에서 규정한 '통일과정'이라는 용어에 대한 정의 규정을 별도로 두어야 한다. 정부의 단계별 통일론에서 규정하는 화해 및 협력단계, 남북연합단계 그리고 완전통일단계라는 용어를 차용할 수 있을 것으로 본다.[23]

---

20 구 방위세법 [시행 1975. 7. 16.] [법률 제2768호, 1975. 7. 16, 제정] 제1조 (목적) 이 법은 국토방위를 위하여 국방력을 증강하는 데 필요한 재원을 확보함을 목적으로 한다.

21 구 방위세법 [시행 1991. 1. 1.] [법률 제4280호, 1990. 12. 31, 폐지] 【제정·개정이유】 [폐지] 방위세법은 자주국방에 소요되는 재원을 마련하기 위하여 1975년도에 한시적인 법률로 제정되어 그동안 국방력 증강에 필요한 재원조달에 크게 기여하여 왔으나, 최근 국내외 여건이 방위세법의 제정 당시와는 달리 크게 변화하여 1990년 12월 31일로 규정된 시한만료와 함께 방위세법을 폐지하려는 것이다.

22 구 방위세법 부칙 〈법률 제2768호, 1975. 7. 16.〉 제2조 (유효기간) 이 법은 1990. 12. 31까지 효력을 가진다. 〈개정 1979. 12. 28., 1985. 12. 23.〉.

23 통일부는 「민족공동체통일방안」에서 통일은 하나의 민족공동체를 건설하는 방향에서 점진적·단계적으로 이루어 나가야 한다는 기조하에 통일의 과정을 화해·협력단계 → 남북연합단계 → 통일국

라. 조세평등권 위반 여부

헌법상 조세평등주의에 대한 헌법재판소의 판단은 다음과 같다.[24]

  "헌법은 제11조 제1항에서 "모든 국민은 법 앞에 평등하다. 누구든지 성별·
종교 또는 사회적 신분에 의하여 정치적·경제적·사회적·문화적 생활의 모든
영역에 있어서 차별을 받지 아니한다."고 규정하고 있다.

  조세평등권은 상기 헌법규정에 의한 평등의 원칙 또는 차별금지의 원칙의 조
세법적 표현이다. 따라서 국가는 조세 입법을 함에 있어서 조세의 부담이 공평하
게 국민들 사이에 배분되도록 법을 제정하여야 할 뿐만 아니라, 조세법의 해석·
적용에 있어서도 모든 국민을 평등하게 취급하여야 할 의무를 진다.

  조세평등주의는 정의의 이념에 따라 "평등한 것은 평등하게", 그리고 "불평등
한 것은 불평등하게" 취급함으로써 조세법의 입법과정이나 집행과정에서 조세정
의를 실현하려는 원칙이라고 할 수 있다.[25] 조세평등주의가 요구하는 이러한 담세
능력에 따른 과세의 원칙은 한편으로 동일한 소득은 원칙적으로 동일하게 과세될
것을 요청하며(이른바 '수평적 조세정의'), 다른 한편으로 소득이 다른 사람들 간의 공
평한 조세부담의 배분을 요청한다(이른바 '수직적 조세정의'). 그러나 이러한 담세능
력에 따른 과세의 원칙이라 하여 예외 없이 절대적으로 관철되어야 한다고 할 수
없고, 합리적 이유가 있는 경우라면 납세자간의 차별 취급도 예외적으로 허용된
다. 세법의 내용을 어떻게 정할 것인가에 관하여 입법자에게는 광범위한 형성의
자유가 인정되며, 더욱이 오늘날 조세입법자는 조세의 부과를 통하여 재정수입의
확보라는 목적 이외에도 국민경제적·재정정책적·사회정책적 목적달성을 위하
여 여러 가지 관점을 고려할 수 있기 때문이다."[26]

요약하면, 납세자 간 담세능력에 따른 과세원칙은 헌법상 지켜져야 하며 합리적

가 완성단계의 3단계로 설정하고 있다. 1단계인 '화해·협력단계'는 남북이 적대와 불신·대립관계
를 청산하고, 상호 신뢰 속에 긴장을 완화하고 화해를 정착시켜 나가면서 실질적인 교류 협력을 실
시함으로써 평화공존을 추구해 나가는 단계이다. 2단계 「민족공동체통일방안」은 남북 간의 공존을
제도화하는 중간과정으로서 과도적 통일체제인 '남북연합'이다. 마지막은 '통일국가 완성' 단계이다.

24 헌법재판소 2002. 8. 29. 선고 2001헌가24 결정, 판례집 14-2, 138 [합헌].
25 헌법재판소 1989. 7. 21. 선고 89헌마38 결정, 판례집 1, 131, 141-142.
26 헌법재판소 1999. 11. 25. 선고 98헌마55 결정, 판례집 11-2, 593, 608.

인 이유가 없는 차별은 허용되지 않는다.

통일세 법안 제5조(과세표준과 세율)에 따르면, 독일의 연대부가세가 법인과 개인의 연대부가세율을 동일하게 납부하여야 할 세액의 5.5%로 유지하고 있는 점과 달리 개인에 부과되는 소득세의 경우에는 납부하여야 할 세액의 2%, 법인에 대한 법인세의 경우에는 납부하여야 할 세액의 0.5% 그리고 상속세 및 증여세액의 경우 5%로 각각 다른 세율을 적용하고 있다.

상속이나 증여와 같이 우발적인 거래 발생 시에만 부과되는 상속세나 증여세를 별론으로 하더라도, 개인과 법인의 세부담률을 일치시켜야 한다.[27]

마. 재산권 보장 위반 여부

헌법 제23조 제1항에 따르면 모든 국민의 재산권은 보장되며 그 내용과 한계는 법률로 정하도록 하면서, 헌법 제38조에서는 모든 국민은 법률이 정하는 바에 의하여 납세의 의무를 지도록 하고, 제59조에서 조세의 종목과 세율은 법률로 정하도록 규정하고 있다. 해당 규정들은 상충되는 측면이 있는 것처럼 보이지만 동일한 가치를 가지고 있다.[28]

헌법재판소에 따르면, "조세 관련 법률이 헌법 제38조 및 제59조에서 선언하고 있는 조세법률주의의 원칙에 따라 과세요건을 명확히 규정하고 있다 하더라도, 그 법률의 목적이나 내용이 기본권 보장의 헌법이념과 이를 뒷받침하는 과잉금지의 원칙 등 헌법상의 제반 원칙에도 합치되어야 하므로(헌법재판소 1992. 2. 25. 선고 90헌가69 결정 등, 판례집 4, 114, 120-121; 헌법재판소 1997. 6. 26. 선고 94헌바38 결정 등, 판례집 9-1, 611, 621-622 참조), 조세 관련 법률이 과잉금지원칙 등에 어긋나 국민의 재산권을 침해하는 때에는 헌법 제38조에 의한 국민의 납세의무에도 불구하고 헌법상 허용되지 아니한다(헌법재판소 2003. 7. 24. 선고 2000헌바28 결정, 판례집 15-2상, 38, 49-50; 헌법재판소 2008. 11. 13. 선고 2006헌바112 결정 등, 판례집 20-2하, 1, 63 참조)."고 하여 조세법률주의 등에 따른 과세일지라도 과잉금지의 원칙에 따를 것을 주문하고 있다. 특히 헌법재판소는 "국가재정 수요의 충당에서 더 나아가 부동산 가격안정 등의 적극적인 목적을 추

---

27 2010사업연도에 적용된 법인세율 및 소득세율의 최고세율은 각각 22% 및 36%이었다.
28 이동식, 『조세법과 헌법』, 준커뮤니케이션즈, 2012. 8, 168~169면.

구하는 유도적 · 형성적 기능을 지닌 정책적 조세에 있어서는 당해 조세가 추구하는 특별한 정책 목적과의 관계에서 그 수단인 조세의 부과가 정책 목적 달성에 적합하고 필요한 한도 내에 그쳐야 할 뿐만 아니라 그 정책 목적에 의하여 보호하고자 하는 공익과 침해되는 사익 사이에도 비례관계를 유지하여 과잉금지의 원칙에 어긋나지 않도록 하여야 하는 것이다(헌법재판소 2008. 11. 13. 선고 2006헌바112 결정 등, 판례집 20-2하, 1, 64 참조)."라고 하여 공익성을 지닌 조세부과와 사익침해 간의 균형을 맞출 것을 주문하고 있다.[29] 해당 결정에서는 별개의견으로 납세의무를 부과하는 법령의 위헌심사 기준으로 '부과목적의 공공성, 부과내용의 합리성 및 부과방식의 공평성'을 충족한다면 재산권에 대한 비례심사를 거칠 것 없이 합헌이라고 보기도 한다.[30]

헌법상 과잉금지규정의 위배 여부를 판단함에 있어서는 '반액과세원칙', 즉 조세의 부담이 재산에서 발생한 수익 또는 소득의 절반을 초과할 수 없다는 원칙을 참고할 만하다.[31]

조세의 성격을 공익목적을 위한 사익의 침해 용인으로 본다면 헌법상의 재산권 보장에 대한 합목적적인 조세부과가 곧바로 재산권 침해로 이어진다고 해석할 수는 없다. 통일세는 통일과정에서 소요되는 재원을 확보할 목적으로 부과될 것인데, 이는 조세의 본질인 국가운영의 재원조달과 다르지 않은 바, 부과 목적의 공공성과 부과 내용의 합리성에 부합한다.

헌법재판소가 재원조달 목적의 조세는 말할 것도 없고 정책적 목적의 조세에 관한 위헌청구소송에서 대부분 합헌이라는 입장을 가지고 있는 점[32]을 고려하면 재산권 침해를 근거로 헌법적합성에 대한 문제를 제기하기는 어려울 것으로 판단된다.

그러나, 통일세 법안을 제안한 2010년 당시와 달리 2020년의 경우 개인소득세의 법정 최고세율이 42%이며 여기에 지방소득세 4.2%를 합하면 46.2%가 되며 42%의 2%에 해당하는 통일세 0.84%를 추가하면 총합계 47.04%가 되어 거의 절반에 육박하게 된다.[33] 거기에 더하여 국민연금부담액, 건강보험료, 실업보험료 등을 합산한다

---

29 헌법재판소 2010. 10. 28. 선고 2009헌바67 결정, 판례집 22-2하, 101 [합헌].

30 상동.

31 BVerfG, Beschluss vom 22. Juni 1995 – 2 BvL 37/91.

32 헌법재판소 2003. 7. 24. 선고 2000헌바28 결정; 헌법재판소 2008. 11. 13. 선고 2006헌자112 결정; 헌법재판소 2011. 10. 25. 선고 2010헌바57 결정 등 다수.

33 인적공제, 비과세 및 감면 등을 고려하면 실효세율은 이보다 낮은 수준에서 결정될 수 있다.

면 최고 한계세율이 적용되는 구간에 속한 소득자들은 본인 소득의 절반을 초과하는 금액을 조세와 국민연금 등으로 납부하게 되어 이른바 반액과세원칙을 무너뜨리는 결과에 이르게 되는 것이다. 향후 통일세 도입 시에는 이러한 부분이 고려되어야 위헌 가능성을 줄일 수 있을 것이다.

3. 그 외의 법적 쟁점

가. 통일세 부과방식의 선택 문제

통일세 부과방식으로는 독일의 연대부가세와 같이 기존 세목에 부가하여 과세하는 방안과 별도의 세목을 독립적으로 신설하는 방안이 있다. 기존의 세목에 부가하여 과세하였던 방식으로는 1975년 제정되고 1990년 폐지된 구 방위세 및 한시적으로 법인의 부동산 거래에 대하여 법인세 외 추가로 과세된 구 특별부가세 등이 있다.[34] 현행 국세 중 부가세 방식을 취하고 있는 세목으로는 교육세와 농어촌특별세가 있으며 지방세 중 그러한 방식을 취하고 있는 세목으로는 지방교육세 및 지방소비세 등이 있다.

부동산의 양도차익에 대하여 법인세에 부가하여 특별부가세를 과세한 사안(이하 "해당 사건")에서 헌법재판소는 입법목적의 정당성과 수단의 적절성, 침해의 최소성 및 법익의 균형성을 갖춘 것으로 볼 수 있어 합헌이라고 판시한 바 있다.[35]

해당 사건에 대한 헌법재판소 결정에 따르면, 이중과세가 그 자체로 위헌이라고 할 수는 없다고 본다. 다만 이중과세 상황이 헌법적으로 용인될 수 있는지 여부를 살펴보아야 한다고 설시했다.

해당 사건에 대하여 헌법재판소는 부동산 투기 가능성을 억제하고 법인과 개인 사

---

[34] (1) 방위세는 관세, 소득세, 법인세, 상속세 또는 증여세, 특별소비세, 주세, 전화세, 균등할주민세, 재산세, 승용자동차·소형승용자동차 및 기타 소형승용자동차로서 비영업용의 것(官用車를 제외한다)에 대한 자동차세, 등록세 및 마권세의 납세의무자 등에 부과되었다.
(2) 법인의 특별부가세는 2001. 12. 31자로 폐지되었다. 하지만 동법의 폐지 시에 부동산 투기 방지 및 부동산 가격 안정 명목으로 '토지 등 양도소득에 대한 법인세'를 신설하여 각 사업연도에 대한 법인세에 추가하여 납부하도록 하였다. 이어 2003. 12. 30에는 주택양도소득을, 2005. 12. 31에는 법인이 소유한 비사업용 토지의 양도소득도 과세대상에 포함하였다.

[35] 헌법재판소 2009. 3. 26. 선고 2006헌바102 결정, 판례집 21-1상, 381 [합헌].

이의 양도소득에 대한 조세형평을 도모한다는 차원에서 입법목적의 정당성과 수단의 적절성이 인정되고, 입법자가 동일한 담세력에 대하여 법형식상 두 개의 세목으로 나누어 조세를 부과할 것인지, 아니면 단일한 세목으로 부과할 것인지는 입법재량의 영역에 속하며(헌법재판소 2001. 12. 20. 선고 2000헌바54 결정, 판례집 13-2, 819, 829), 조세입법에 있어서 그 입법목적의 정당성과 수단 내지 방법의 적절성이 인정된다면 입법자의 판단을 존중하여 소유권의 과도한 침해를 야기하는 사유가 없는 한 위헌이라고 볼 수는 없다(헌법재판소 2003. 12. 18. 선고 2002헌바16 결정, 판례집 15-2하, 487, 499~500)고 결정하였다.

이어 해당 사건 법률조항은 그 입법목적의 달성에 비례하는 제한 수단을 취한 것으로 최소침해성 요건에 부합할 뿐만 아니라, 중복과세로 인한 법인의 전체 조세부담의 정도가 법인의 재산 처분의 자유를 중대하게 제한하는 정도에 이르지 않고 또한 개인의 양도소득세의 부담 정도에 비하여도 별다른 차이가 없다고 보았다.

나아가, 해당 법률조항을 통하여 추구하는 공익은 개인과 법인 사이의 양도소득에 대한 과세상의 불균형을 시정함으로써 과세형평을 도모하고 토지 등의 투기를 방지하기 위한 것으로서 그 중대성을 인정할 수 있으므로, 해당 법률조항은 침해되는 사익과 추구하는 공익 사이의 법익균형성 요건도 충족한다고 판단하였다.

이를 통일세의 경우에 대비해 보면, 통일세의 입법목적에 정당성이 있고 통일세를 부가세 형식으로 부과하더라도 조세의 부과방식의 결정은 입법권자의 재량에 달린 것으로 쟁점이 될 수 없을 뿐만 아니라 통일세 부과로 인한 재산권의 침해가 최소한에 그치며 공익추구에 부합한다면 통일세를 부가세 형식으로 부과한다고 하여 그 자체로 위헌이라고 볼 수는 없다는 결론에 이른다.[36]

나. 도입시기의 적합성에 관한 문제

(1) 개요

통일세는 통일재원 마련이라는 재정적 수요에 부합하여 법제화된다는 관점에서 정당성이 있다. 통일세 도입이 헌법상 정당하다면 통일세 도입 시기에 관한 문제도

---

36 박종수, "통일세 신설의 필요성과 방향에 대한 법적 검토", 『공법연구』 제39권 제2호, (사)한국공법학회, 2010. 12, 190~191면.

쟁점이 된다.

통일세 입법의안 발의 시에 통일세 도입시점에 관한 논의는 제대로 이루어지지 못했다. 특히 1990년 서독이 동독을 흡수·통합하면서 통일비용에 대한 논의가 본격화되는 가운데 1991년 연대부가세가 신설되자 우리도 도입을 앞당겨야 한다는 공감대가 형성되기도 하였다.

그러나 당장 통일이 된다는 보장도 없고 무리한 통일세 도입 주장은 자칫 북한을 자극할 수 있다는 정치적인 부담이 있다. 통일세 도입은 국민들의 조세저항을 초래할 수 있어 정부차원의 정책과제로 이어지지 못한 바 있다.[37] 통일세 대신 1990년 12월 31일자로 폐지하였던 방위세를 부활하여야 한다는 주장도 있는데 이는 폐지되었던 세제를 부활하는 것이 새로운 세제를 신설하는 것에 비하여 기존의 조세 체계를 흐트리지 않기 때문에 상대적으로 조세저항이 덜할 것이라 여겨졌기 때문이다.[38] 다만, 통일을 전제로 통일세를 부과하자고 하면서 국토방위를 위한 세제를 신설하자는 주장은 상호모순이 되어 세목으로 적합하지 않다고 본다.

이하에서 통일 이전 도입과 통일 이후 도입에 관한 쟁점을 각각 살펴본다.

(2) 통일 이전 도입

통일비용이 통일 이후에만 발생하는 것이 아니라는 측면에서 통일 이전 단계에도 통일세를 도입할 필요가 있다. 이 경우 독일의 연대부가세가 통일 이후에 신설된 조세라는 점에 비추어 볼 때에 국민의 공감을 얻기 어려울 수 있다는 점은 과제로 남는다.

독일의 연대부가세의 기원은 1967년 12월 21일 제정되어 1968년부터 부과된 보충부담금에 있다.[39] 보충부담금은 기한의 제한 없이 징수됨으로써 거래세를 증가하지 않을 수 있었으며, 자본 적정성 과세의 원칙을 지켰고 특히 고소득층에 소득세 또는 법인세의 3% 수준으로 부과된 바가 있다.[40]

---

37 이재권, 앞의 논문, 6면.

38 이재권·심석무, "통일세 도입방안에 관한 고찰", 『경영연구』 제30집, 한남대학교 경영연구소, 2011. 12, 179면.

39 Kube, Verfassungsrechtliche Problematik der fortgesetzten Erhebung des Solidaritätszuschlags, DStR 2017, S. 1793.

40 Bundestags-Drucksache ("BT-Drs.") 5/2087, S. 8.

독일의 보충부담금 사례에 비추어 보면 우리의 경우도 통일 이전에 통일세와 유사한 법률적 형식의 기금이나 부담금을 부과할 수도 있다. '통일세'라는 세목의 명칭에서 주어지는 상징성 때문에 통일 이전 신설에 부정적인 여론이 생길 여지가 많은 것이 아닌가 생각된다. 사실상 통일 이전에도 통일연구단체 지원, 북한주민 지원 및 국제단체의 남북통일 후원 지원 등 다방면에서 통일비용이 발생하기 마련이다. 따라서 통일 이전단계에서는 '통일지원세'라는 세목으로 신설하는 방안을 고려해 볼 수 있다.

또한 장래의 어느 시점에 통일이 되었다고 가정하였을 때, 해당 시점의 정부와 국민들은 재정적으로 준비되지 못한 통일로 인하여 일시적으로 과도한 재정부담을 지게 된다. 통일이 당장 실현되는 것은 아니라 할지라도 통일재원을 미리 확보하지 못하게 되면, 결과적으로 미래세대에 통일비용이라는 과도한 재정적 부담을 전가하는 것과 같다.[41] 국가와 미래세대의 성장과 발전을 위하여 투자되어야 할 국가재정이 온전히 통일재원으로 활용될 수밖에 없다면 국가적으로 큰 손실이 될 수 있다. 그러므로 통일 이전에 통일세를 도입하는 방안을 적극적으로 강구하여야 한다.

(3) 통일 이후 도입

김충환 의원 등이 발의한 법안에서 '통일과정'이라는 용어를 사용함으로써 통일의 시기를 사실상 통일 전 단계로 가정한 것으로 해석된다. 이는 동 법안의 입법취지와 제1조에서 확인된다. 해당 법안은 수차례의 심의와 토론을 거쳤으나 끝내 국회를 통과하지 못한 채 기한만료로 폐지되었다.

통일세라는 새로운 세제의 도입으로 위헌성 논쟁이 부각될 수 있는 법적 쟁점들이 발생할 수 있다는 점이 고려된 것으로 보인다. 통일 필요성에 대한 국민적 공감대가 형성되지 않았고 통일이 될 것이란 예측만으로 새로운 조세를 도입할 수는 없다는 결론에 이른 것이다.

그러한 연유로 통일세라는 세목의 신설은 통일이 이루어진 직후 도입하는 것이 합목적적이다. 독일의 연대부가세처럼 통일 후에 급증한 재정수요를 조달한다는 목적을

---

41 헌법 제3조와 제4조에 근거하여, 정부는 통일을 주요정책 과제로 인식하고 있고 국민들 또한 대부분이 시점의 문제일 뿐 통일을 이루어야 한다는 데에 동의하고 있다는 점을 감안하면, 통일 이전의 통일세 도입은 통일재원 확보차원에서 필수불가결하다고 하겠다.

제시하면 부과의 필요성과 정당성을 확보할 수 있기 때문이다.

다. 부과기한규정의 필요성 여부

(1) 조세의 일반적 성격과 부과기한과의 관계

통일세는 통일재원이라는 재정수요의 충족을 목적으로 하는 정책적 조세이다. 그러므로 조세감면 혜택을 부여하거나 규제적 성격을 가진 조세와 달리 부과기한을 설정하지 않는다 하여 곧바로 위헌이 될 가능성은 낮다.

통일세는 법인세 혹은 소득세와 같은 보통세 성격의 조세와 달리 도입시점부터 통일과 관련된 특정 경비에 충당할 목적을 가진 목적세 성격을 가지고 있다. 목적세는 정책 목적을 수행하는 데 유용한 수단이 될 수 있지만, 재정운용의 일관된 운용을 방해하게 되고 재정 경직화를 초래할 우려가 있다.[42] 따라서 목적세인 통일세는 당초 설정한 목적이 달성된 경우까지 부과한다는 한정된 성격의 예외적 조세로 볼 수도 있다. 따라서 특정 시점까지만 부과하여야 한다고 규정하는 것이 필요하다고 볼 수도 있다.[43]

독일의 경우, 한시법으로 제정된 1991년 연대부가세(1991년 7월 시행되어 1992년 6월까지 1년간 한시적으로 유지)와 달리, 1995년 연대부가세(당초 한시적으로 적용될 것으로 추정)는 현재까지 부과되고 있다. 독일에서는 개별납세자와 납세자연맹 등이 일시적 재정수요를 충족하기 위하여 도입된 연대부가세가 부과기한이 없는 성격의 세금으로 변경되었다며 위헌소송을 제기하였으나 받아들여지지 않았다.[44]

영구적인 재정수요는 한시적으로 부과되는 세금이 아닌 영구적으로 부과되는 세금으로 충당되어야 한다. 연대부가세 징수액은 연방 예산의 수요 최고점을 충당하기에 부족하다는 것이 입증되고 있기에 보충부담금의 본질과 모순되지 않는다고 보고 있다.

---

42 임승순, 『조세법』, 박영사, 2020, 10면.
43 金子 宏, 앞의 책, 20면.
44 BVerfG–Beschluss v. 19. 11. 1999, 2 BvR 1167/96, NJW 2000, S. 797. (Die Verfassungsbeschwerde wird nicht zur Entscheidung angenommen.).

(2) 통일세의 경우

헌법재판소는 조세를 다음과 같이 규정한다.

"조세는 국가 또는 지방자치단체가 재정수요를 충족시키거나 경제적·사회적
특수정책의 실현을 위하여 국민 또는 주민에 대하여 아무런 특별한 반대급부없이
강제적으로 부과징수하는 과징금을 의미하는 것이다."

또한 "국가의 활동영역이나 기능이 방대하여짐에 따라 그에 소요되는 재정수요도
막대하게 팽창되었으며, 그 재정자금의 대종인 조세의 문제야말로 국민과 가장 밀접
하게 이해관계가 상충되는 문제"라고 하여 재정수요에 대한 충족을 조세라고 개념을
정의하면서, 조세부과를 통하여 재정수요를 충족하면서도 국민의 재산권 침해를 최소
화하여 이해충돌을 방지하여야 한다고 판시하고 있다.[45]

구 방위세의 경우처럼 도입시점부터 일몰기한을 규정하여 재산권 침해를 최소화
한 점을 통일세에도 그대로 적용하는 것이 필요한가에 대하여 살펴볼 필요가 있다.[46]
구 방위세는 군사력 증강을 위한 입법정책의 일환으로 한시적으로 제정된 조세인 바,
제정 당시 상황을 기준으로 해당 법률의 적용시점을 미리 밝혔지만, 결과적으로 이후
의 사정 변경에 따라 유효기간을 두 차례에 걸쳐 연장한 점에 비추어 보면 유효기간
자체가 절대적 의미를 갖는 것은 아니다.[47]

조세특례제한법, 농어촌특별세법, 교육세법 및 교통세법 등 목적세 내지 준목적
세 성격을 가진 세목들의 경우 원칙적으로 한시법이 사용되고 있다. 그러나, 그 적용
시한을 계속 연장함으로써 사실상 영구법으로 운영되는 경우가 많아 조세입법 재량권
남용, 조세형평성 시비 혹은 마찰을 무마 및 완화시킬 목적으로 한시적 형식을 취한
것이라는 비판을 받을 소지를 안고 있다.[48] 하지만 통일세는 규제적 조세가 아니기 때
문에 행정규제기본법상 일몰규정을 준수할 필요는 없다.[49]

---

45 헌법재판소 1990. 9. 3. 선고 89헌가95 결정, 판례집 2, 245 [위헌].
46 1975년 방위세 제정 시 부칙 제2조에서 일몰기한을 1980. 12. 31까지로 하였다가 1986년 말까지
    연장하였으며 1990. 12. 31. 폐지한 바 있다.
47 조정찬, "한시법에 관한 연구", 『법제연구』 제15호, 법제처, 1998. 12, 265면.
48 조정찬, 위의 논문, 266면.
49 행정규제기본법 제8조【규제의 존속기한 및 재검토기한 명시】
    ① 중앙행정기관의 장은 규제를 신설하거나 강화하려는 경우에 존속시켜야 할 명백한 사유가 없는

헌법재판소에 따르면, 특정 법률조항에 의한 조세감면 시한에 이르렀다 하더라도 개선 입법을 요구할 만한 상황 변화가 아직 없었다고 볼 수 있거나, 비록 시한의 도래 전에 이미 개선 입법을 해야 할 만한 상황 변화가 나타나기 시작하였다고 하더라도, 입법자가 그러한 변화를 법률에 반영함에 있어서는 어느 정도 적응기간이 요구되는 점을 감안하여 일몰 여부를 판단하여야 한다고 결정하였다.[50]

요약하면, 통일세는 일몰 규정을 반드시 두어야 하는 규제적 조세라기보다는 통일재정 수요를 목적으로 제정되어야 하기에 해당 목적이 충족된 경우에 이르러서야 비로소 부과의 정당성을 상실한다. 또한 부과기한에 관한 사항도 결국은 입법재량의 소관이며 부과기한을 별도로 정하지 않았다거나 별도로 정하였다 하여 사정 변경을 고려치 아니하고 폐지해야만 하는 것은 아니다. 궁극적으로 통일세 부과기한에 관한 사항은 사정변경에 따를 사안이며, 부과기한에 관한 규정을 두지 않는다 하여 곧바로 위헌이 되지는 않는다.

4. 통일세 법안 외 부수 법안의 제정

김충환 의원 등이 통일세법을 입안할 당시 '통일세관리특별회계법안'과 함께 논의가 진행된바, 동 법은 통일세법에 의하여 징수 · 확보된 재원과 매 회계연도에 내국세 총액의 100분의 1에 해당하는 일반회계로부터 전입된 재원의 사용용도를 명확히 하기 위해 제정하였던 입법안이었다. 통일세를 효율적으로 관리 · 운용하기 위한 목적으로 통일세와 연계하여 제정하려 했었다.

통일세법이 어느 시점(통일 이전 혹은 통일 이후)에 도입되든지 간에, 통일세의 부과 및 징수로 확보된 재원을 관리할 법안은 필요하다. 따라서, 통일세관리특별회계법안도 통일세 법안과 함께 제정되어야 한다.

규제는 존속기한 또는 재검토기한(일정기간마다 그 규제의 시행상황에 관한 점검결과에 따라 폐지 또는 완화 등의 조치를 할 필요성이 인정되는 규제에 한정하여 적용되는 기한을 말한다. 이하 같다)을 설정하여 그 법령등에 규정하여야 한다. (2013. 7. 16. 개정)
② 규제의 존속기한 또는 재검토기한은 규제의 목적을 달성하기 위하여 필요한 최소한의 기간 내에서 설정되어야 하며, 그 기간은 원칙적으로 5년을 초과할 수 없다.
50　헌법재판소 2004. 10. 28. 선고 2002헌바70 결정, 판례집 16-2하, 159 [합헌].

1. 개요

통일재원을 마련하는 방안으로 통일세 도입 외에도 다양한 방안이 가능하다. 예 컨대 개별소비세를 인상하거나 부가가치세율을 인상하는 방안을 생각할 수 있다. 독 일의 경우 연대부가세를 도입할 때 이와 별개로 다양한 소비세율을 인상한 바가 있다. 또한 독일은 현재 OECD 평균 이상의 부가가치세율을 유지하고 있다.

통일재원 마련 방안으로 통일세를 도입하거나 소비세를 인상하는 방안 외에 남북 협력기금, 부담금, 국채발행 및 차입, 국제기구의 재건기금도입, 국유자산매각, 통일 카드 발급 및 전국민기부금모금운동 등 다양한 방안이 가능하다.[51]

다음에서 차례대로 살펴본다.

2. 소비세 인상

통일세 법안이나 독일의 연대부가세가 기존 세목에 신설 세목을 부가하는 방식이 라면, 소비세 인상은 기존 세목의 세율을 인상 혹은 비과세를 없애거나 면제 항목을 줄이는 방식으로 재원을 확보하는 방식이다.

소비세의 대표적 세목은 부가가치세로, 재화나 용역이 제공되는 단계마다 창출된 부가가치를 과세표준으로 하여 10%의 세율로 과세되고 있다.[52] 부가가치세는 사업을

---

51 박종수, "통일재정법제연구(II)", 『재정법제연구』 제12권 제18호, 한국법제연구원, 2012. 6. 66~90면.
52 부가가치세법은 법률 제2934호로 1976. 12. 22. 제정되어 1977. 7. 1부터 시행되었으며 기본세율

영위하는 사업자가 납세의무자이지만, 조세의 부담은 각 단계마다 거래상대방에게 전가하여 궁극적으로는 최종소비자가 부담하도록 설계되어 있는 일반소비세이다. 부가가치세는 수출하는 재화 등에는 영세율이 적용되도록 하고 생필품이나 농축수산물 등에는 면세 제도를 두어 서민생활 안정에 기여하는 측면이 있는 반면, 간접세로서 소비하는 사람의 소득수준에 관계없이 일률적으로 동일한 세율을 적용하기 때문에 역진성 문제가 지적되고 있어 이를 보완하는 차원에서 개별소비세 제도를 함께 시행하고 있다.[53] 소비세는 내국세의 약 27% 수준을 상회하고 있는데, 이는 모든 국세 항목 중 가장 큰 비중을 차지하고 있다.[54]

독일의 경우 1991년 연대부가세 도입 당시 보험세를 기존의 7%에서 10%로 인상하고 광물유류세와 담배세를 동시에 인상한 바 있다. 부가가치세율은 현재 19% 수준으로 OECD 평균인 17%를 상회하고 있다.[55]

부가가치세 혹은 개별소비세의 인상을 통일세 부과의 대안으로 혹은 동시에 고려해 볼 수는 있겠으나, 물가연동성과 역진성을 감안한다면 곧바로 담세자인 국민의 생활에 타격을 주고 조세저항으로 이어질 수 있다는 점에서 바람직하지 않아 보인다.[56] 이러한 연유로 독일에서도 연대부가세 도입 시에는 일부 개별소비세와 보험세 등을 인상한 바 있지만 부가가치세를 인상하지는 않았다.[57] 또한 부가가치세 비과세 혹은 면세 제도를 줄이는 것은 각각 그것들이 수출재화나 생필품에 대부분 연계되어 있다는 점에서 더욱 쟁점화될 가능성이 커 고려의 대상에서 제외하여야 할 것이다.

독일과 한국의 부가가치세율에 적용되는 세율의 크기를 단순히 비교해 보면, 한국의 부가가치세율을 인상할 여지가 있다. OECD 국가의 부가가치세 평균 세율과 독일의 부가가치세율이 각각 17% 및 19%인 반면 우리나라의 부가가치세율이 10%이기

10%에 탄력세율을 적용하도록 하였으나 제정 당시부터 현재까지 10%를 유지하고 있다.

53 임승순, 앞의 책, 1011면.

54 (https://stats.nts.go.kr/national/major_detail.asp?year=2019&catecode=A02001#), 2017. 기준, 2019. 12. 17. 검색.

55 pwc, Worldwide tax summaries Corporate taxes 2018/19. (서민생활의 안정과 문화예술분야를 지원한다는 취지에서 식품류와 책자 등의 경우 7% 세율이 적용되고 있다.).

56 이효원·한동훈, 앞의 논문, 47면; 전상진·강지원·원진실, "통일에 대비한 한국의 통일비용 재원조달방안에 관한 논의-독일의 통일비용의 재원조달과 문제점을 중심으로-", 『한·독 사회과학논총』 제17권 제3호, 한독사회화학회, 2007. 겨울, 20면.

57 박종수, 앞의 논문, 195면.

때문이다. 하지만 부가가치세율을 인상하려는 경우 물가안정정책 기조 유지 및 역진성 관점에서 심도 있는 접근이 이루어져야 한다.[58]

3. 기타방안

가. 남북협력기금

정부는 대북정책의 법률적 근거를 마련하기 위한 목적으로 1990년 8월 1일 '남북교류협력에 관한 법률(법률 제4239호)'과 '남북협력기금법(법률 제4240호)'을 제정하였다. 남북협력기금법은 제정 후 2010년까지 12차례에 걸쳐 개정된 바 있다. 동법은 2010년 이후에도 개정안이 수차례 발의되었으나 현재까지 통과된 바는 없다.[59]

남북협력기금법은 남북교류협력에 관한 법률에 따른 남북 간의 상호교류와 협력을 지원하기 위한 목적으로 설립되었다.[60] 남북협력기금법에 따라 조성된 기금의 관리자는 통일부장관이다.[61] 다만 실질적인 운용은 한국수출입은행이 위탁받아 수행한다.[62]

남북협력기금의 재원은 정부 및 정부 외의 자의 출연금, 통일부장관이 다른 기금이나 금융기관 등으로부터 차입한 장기차입금, '공공자금관리기금법'에 따른 공공자금관리기금으로부터의 예수금, 기금의 운용수익금, 남북협력기금의 운용·관리과정에서 징수되는 수입금 및 남북교류·협력사업 시행과정에서 징수되는 수입금 등으로 구성된다.[63]

남북협력기금은 남북한 주민의 왕래에 필요한 비용, 문화·학술·체육 분야 협력사업에 필요한 자금, 교역 및 경제 분야 협력사업 촉진, 남북교류·협력의 촉진 등

---

58 이효원, "통일비용의 법률적 쟁점", 『재정법제 이슈페이퍼』 제11권 제15호, 한국법제연구원, 2011, 21면.

59 홍종현, "남북협력기금법의 주요 쟁점 및 개정소요 분석", 『통일법제 이슈페이퍼』 제5호, 한국법제연구원, 2020. 9. 30, 12~14면.

60 남북협력기금법 제1조.

61 남북협력기금법 제7조.

62 남북협력기금법 시행세칙 제3조.

63 남북협력기금법 제4조 및 동법 시행령 제2조.

의 용도로 사용한다.[64]

남북협력기금은 운영상 여러 가지 문제점이 드러나고 있다.[65] 남북협력기금의 운용은 대북관계가 악화되면 남북교류사업의 대부분이 중단된다. 남북협력기금의 사용 내역에 따르면, 남북관계가 경색되면 최소한의 인도적 지원으로 축소되고 남북관계가 활발해지면 남북경제협력의 비중이 확대된다.[66]

정부의 내부평가 및 국회심사에 따르면, 개성공업지구 조성사업에 대한 지원, 경제협력기반 조성사업, 남북사회문화교류 및 인도적 지원 사업 그리고 이산가족교류지원 및 한반도 통일미래센터지원 등은 낮은 평가를 받았다.[67]

남북협력기금의 운용이 낮은 평가를 받은 배경에는 남북관계의 악화와 같은 정치적 영향이 크며 기금이 정부재정에 의존하여 확보되기 때문이다. 결론적으로 남북협력기금의 경우 남북한의 관계 변화에 지나치게 연동되거나 기금 조성에 정부재정에 의존하는 문제 등 운영상의 문제점으로 인하여 통일재원 마련방안으로 적합하지 않다.[68]

남북협력기금이 통일재원으로서의 역할을 제대로 하려면 기금의 재원을 정부에 지나치게 의존하지 말고 다각화할 필요가 있다. 또한 장기적 관점에서 동 기금이 남북 관계의 변화에 따라 민감하게 운용되는 점을 감안하여 이를 시스템적으로 안정적으로 운용될 수 있도록 개선하여야 할 것이다.

독일의 통일기금의 경우, 동독을 지원하기 위한 임시적인 지원역할을 하고 있고 기본법상 예외적인 재원이기 때문에 폐지되어야 한다는 의견도 있다.[69] 독일의 통일 기금에 대해서는 뒤에서 살핀다.

나. 부담금

부담금이란 특정 목적의 공익사업을 위해 국민 또는 기업으로부터 조세 이외에 부

---

64 남북협력기금법 제8조.
65 홍종현, 앞의 논문, 73~81면.
66 홍종현, 위의 논문, 86면.
67 기획재정부, "2019 회계연도 기금운용평가보고서", 2020. 5, 193면.
68 이효원·한동훈, "통일재정법제연구(I)", 『재정법제연구』 제12권 제18호, 한국법제연구원, 2012. 6, 67~72면.
69 이효원·한동훈, 위의 논문, 45면.

과징수하는 것을 일컫는다.[70] 법률상 부담금의 부과요건은 엄격하다.[71] 조세와 부담금의 차이는 반대급부가 있는지 여부에 있다. 조세는 특별한 반대급부 없이 부과되는 반면 부담금은 특정 국민이나 기업이 수혜를 받은 대가로 부과된다.

이론상으로는 부담금을 통일재원으로 활용할 수 있다는 견해도 있다.[72] 그러한 견해의 근거로는 한정된 대상자에게 한시적으로 부과할 수 있으며 확보된 재원의 용도를 통일분야로 지정할 수 있고 부과징수에 행정편의가 있는 점 등을 들 수 있다.

부담금이 통일재원이라는 조달 목적을 가지게 되면, 이는 목적세와 유사한 성격을 가지게 된다. 조세는 헌법에 근거한 조세법률주의에 따라, 과세요건 법률주의와 과세요건 명확주의의 요건에 대한 충족 여부를 검토한다. 부담금을 목적세 형식으로 부과하려는 경우 헌법상의 조세법률주의 원칙을 지키고 있는지 여부를 살펴야 하는 것이다.

헌법재판소에 따르면, 부담금이 재정조달 목적을 가지는 것으로 정당화되려면 다음과 같이 엄격한 요건을 갖추어야 한다.[73]

"재정조달목적 부담금은 특정한 반대급부 없이 부과될 수 있다는 점에서 조세와 매우 유사하므로 헌법 제38조가 정한 조세법률주의, 헌법 제11조 제1항이 정한 법 앞의 평등원칙에서 파생되는 공과금 부담의 형평성, 헌법 제54조 제1항이 정한 국회의 예산심의·확정권에 의한 재정감독권과의 관계에서 오는 한계를 고려하여, 그 부과가 헌법적으로 정당화되기 위하여는 ① 조세에 대한 관계에서 예외적으로만 인정되어야 하며 국가의 일반적 과제를 수행하는 데에 부담금 형식을 남용하여서는 아니 되고, ② 부담금 납부의무자는 일반 국민에 비해 부담금을 통해 추구하고자 하는 공적 과제에 대하여 특별히 밀접한 관련성을 가져야 하며, ③ 부

---

70 부담금관리 기본법 제2조: 이 법에서 "부담금"이란 중앙행정기관의 장, 지방자치단체의 장, 행정권한을 위탁받은 공공단체 또는 법인의 장 등 법률에 따라 금전적 부담의 부과권한을 부여받은 자(이하 "부과권자"라 한다)가 분담금, 부과금, 기여금, 그 밖의 명칭에도 불구하고 재화 또는 용역의 제공과 관계 없이 특정 공익사업과 관련하여 법률에서 정하는 바에 따라 부과하는 조세 외의 금전지급의무(특정한 의무이행을 담보하기 위한 예치금 또는 보증금의 성격을 가진 것은 제외한다)를 말한다.

71 부담금관리 기본법 제7조: 부담금 부과의 근거가 되는 법률에는 부담금의 부과 및 징수주체, 설치목적, 부과요건, 산정기준, 산정방법, 부과요율 등(이하 "부과요건 등"이라 한다)이 구체적이고 명확하게 규정되어야 한다.

72 박종수, 앞의 논문, 68면.

73 헌법재판소 2008. 11. 27. 선고 2007헌마860 전원재판부.

담금이 장기적으로 유지되는 경우 그 징수의 타당성이나 적정성이 입법자에 의해 지속적으로 심사되어야 한다(헌법재판소 1998. 12. 24. 선고 98헌가1 결정, 판례집 10-2, 819, 830-831; 헌법재판소 2004. 7. 15. 선고 2002헌바42 결정, 판례집 16-2상, 14, 26-28; 헌법재판소 2005. 3. 31. 선고2003헌가20 결정, 판례집 17-1, 294, 302; 헌법재판소 2007. 12. 27. 선고 2006헌바25 결정, 공보 135, 80, 84; 헌법재판소 2008. 2. 28. 선고 2006헌바70 결정, 공보 137, 85, 92 등 참조)."

상기 헌법재판소의 입장을 종합해 보면, 재정조달 목적의 부담금은 예외적으로만 인정되어야 한다. 입법자의 자유로운 선택권을 제한 없이 허용하여서는 안 되는 것이다. 또한 부담금 납부의무자는 공적 과제에 대하여 '밀접한 관련성'을 가져야 하며 한시적으로 유지되어야 한다. 부담금을 장기적으로 유지하려면 징수의 타당성이나 적정성이 입법자에 의해 지속적으로 심사되어야 한다.[74]

부담금의 특성은 조세와 크게 구분된다. 조세의 경우 밀접한 관련성을 요구하지 않으며 시간상의 제약도 원칙적으로 두지 않는다. 만약 통일재원이 특정 수혜집단에만 운용된다면 해당 집단에게 부담금이 부과징수되어야 한다. 이는 반대급부가 된다는 측면에서 결국 부담금의 성격을 벗어나기 어렵게 된다.

그러므로 부담금의 경우 일응 조세와 유사한 성격을 가져 통일재원 마련방안으로 활용할 수 있다. 하지만 부과대상의 제한, 부과기한의 한시적 적용 등의 문제점으로 통일재원 조달목적으로는 부족하다고 본다.[75]

독일은 연대부가세의 전신격인 1968년 보충부담금을 한시적으로 부과한 바 있다. 이에 대해서는 뒤에서 다시 살핀다.

다. 국채발행 등의 방안

남북협력기금이나 부담금 이외에 통일재원을 마련하는 방안으로는 국채발행 및 차입 등 국가채무를 활용하는 방안도 있다. 또한 국제기구의 기금도입, 국유자산매각, 통일카드 발급 및 전국민기부금모금운동도 생각해 볼 수 있다. 그 외에 기확보된

---

74 헌법재판소 2004. 7. 15. 선고 2002헌바42 결정, 판례집 16-2상, 14 [합헌].
75 박종수, 앞의 논문, 73면.

통일재원을 활용하는 방안의 하나로 특별회계를 설치할 수도 있다.

국채와 차입금은 국가채무의 주된 구성요소이다. 차입 이전 단계부터 상환계획이 설립되어야 한다. 그러므로 국채발행이나 차입금으로 통일재원을 조달하는 방안은 한시적이며 선별적으로만 활용될 수 있다. 국가채무의 증가는 결국 국민의 부담을 가중시킨다. 그러므로 통일재원 확보수단으로 합목적적이지 않다.[76] 국제기구의 기금도입이나 국유자산매각 등의 방법 또한 임시방편에 불과할 뿐 궁극적인 통일재원 확보방안으로 보기에는 미흡하다.

4. 소결

통일재원은 현재 부과되고 있는 소비세를 인상하는 방식으로도 확보할 수 있다. 소비세의 대표적 세목인 부가가치세의 세율을 인상하거나 비과세 혹은 감면을 줄이는 방식이 그것이다. 하지만 부가가치세는 간접세로서 생활필수품의 구입가격을 올림으로써 상대적으로 저소득층에게 부담이 가중되는 역진성의 문제가 있다.

독일의 경우 1991년 연대부가세 도입 당시 보험세를 기존의 7%에서 10%로 인상하고 광물유류세와 담배세를 동시에 인상한 바 있다. 하지만 당시에는 부가가치세율을 인상하지 않았다.

OECD 국가의 부가가치세 평균 세율이 17% 수준이며 현재 독일의 부가가치세율이 19%인 반면, 우리나라 부가가치세율은 10%이다. 따라서, 부가가치세율 인상을 통하여 통일재원을 확보하는 방안도 고려해 볼 여지가 있다. 다만, 이 경우 현재의 경제환경, 물가수준, 역진성, 소비동결효과 등에 대한 심도 있는 검토가 이루어져야 한다.

남북협력기금은 정부의 재정을 활용할 수밖에 없는 한계가 있다. 부담금은 부담해야 할 특정 국민이나 기업을 지정해야 하는 문제가 쟁점이 된다. 국채발행이나 차입금은 국가채무를 늘려 국민부담을 가중시킨다. 그외 방안들은 통일재원으로 확보할만한 수준의 금액으로서 가치가 있을지 불분명하다.

남북협력기금 등은 각각 문제점들을 가지고 있지만 통일세의 보완방안으로서의 가치는 가지고 있다. 이 경우에도 법적 쟁점 그리고 그것을 부담하는 주체의 순응 여

76　박종수, 앞의 논문, 89면.

부에 관한 문제는 별도로 살펴야 한다.

통일재원은 국민들의 부담을 최소화하면서 보편적이고 안정적이며 지속적으로 확보하여야 한다. 독일의 사례를 참고하면, 통일비용은 임시방편의 방식으로 확보하기에는 무리가 있다. 통일재원의 운용이 장기간에 걸쳐 발생할 것인바 해당 재원의 확보 또한 장기간에 걸쳐 확보하면 된다. 그러한 점에서 통일재원은 조세제도를 통하여 확보하는 것이 최선이라는 결론에 도달한다.

제3장
독일 연대부가세제의 비교법적 고찰

제1절 | 개요

독일은 통일 직후 정치, 외교, 안보, 군사, 행정, 경제, 사회, 교육, 노동, 보건 및 문화 등 국정 전반의 모든 부문에 변화가 생겼다. 통일독일 정부는 이러한 변화를 수용하고 통일에 따른 위기를 관리하면서 동서독 간의 이질적인 제도를 통합하기 시작하였다. 아울러 지역 간 경제 격차와 동독인과 서독인 간의 소득격차를 해소하기 위한 노력을 기울여 왔다. 그 결과 동서독 간의 경제적 격차는 통일 직전에 비하여 상당 부분 줄어들었다.[1]

통일 과정에서 독일이 투입한 비용, 이른바 통일비용은 재정학 관점에서 논의되는 사안으로 통일정책 안건 중 하나이지만 그 자체로 법률적인 쟁점이 되는 것은 아니다. 법률적인 관점에서 쟁점이 되는 사항은 통일재원 마련에 대한 절차적 정당성, 마련된 통일비용을 사용하기 전 관리방안, 그리고 통일비용을 어떻게 사용할 것인가 하는 점 등이다.[2]

독일 연대부가세제에 관심을 가지는 이유는 우리가 처한 제반 환경이 독일과 유사점이 많기 때문이다. 독일은 제2차 세계대전의 종전과 함께 단일 국가에서 두 개의 독립적인 국가로 분단되었다가 1990년 통일을 이루었다. 독일의 경우 통일재원 마련 시 발생할 수 있는 다양한 법적 쟁점을 어떻게 해결하여 왔는지는 우리에게 시사하는 바가 적지 않다.

이 장에서는 독일 통일 직후부터 현재까지 부과 및 징수되고 있는 독일의 연대부가세제를 법적인 관점에서 살펴본다.

---

1   고상두, "통일 25주년 동서독 사회통합에 대한 경제적 평가", 『국가안보와 전략』 제15권 제4호, 국가안보전략연구원, 2015, 88~90면.(서독과 동독 간의 1인당 생산량 차이는 통일 직후인 1991년 33%, 1996년 62% 및 2013년 67%이었다.).
2   이효원, "통일비용의 법률적 쟁점", 한국법제연구원, 2011, 11면.

독일의 경우 연대부가세를 통일 직후인 1991년 한시적으로 도입하여 1992년 상반기까지 부과한 후 폐지하였다가 1995년부터 재도입하여 현재까지 유지하고 있다.[3]

우선 독일의 세법 체계와 우리의 세법 체계의 차이점과 유사점을 간략히 비교·분석하여 향후 통일세의 도입 가능성을 탐색한다. 이어서 연대부가세의 도입배경과 연혁, 1991년 연대부가세법과 1995년 연대부가세법의 차이점, 2019년 개정 연대부가세법의 주요 쟁점, 연대부가세법의 헌법적합성(또는 위헌 가능성)을 살핀다. 이를 기반으로 우리나라의 통일세 입법의안과 연대부가세제의 법적 쟁점 비교를 통하여 통일세 도입에 대한 시사점을 얻는다.

---

3 독일 연대부가세의 공식 명칭은 'Solidaritätszuschlag'이며, 우리말로는 연대세, 연대부가세, 연대가산금 혹은 연대추가징수금 등으로 번역되고 있다. 여기에서는 '연대부가세'로 번역하며 독일세법에서 달리 표현하고 있거나 논의의 필요성이 있는 경우 보충부담금, 추가부담금, 부가가산금 등의 용어를 혼용하여 사용하기로 한다.

1. 조세 법령의 법적 지위

독일 세법은 조세에 관한 기본 사항 및 공통 사항을 규율하고 있는 조세기본법(Abgabenordnung, 'AO')이 가장 중요한 지위를 차지하고 있다.[4] 조세기본법은 총 9장 415개 조로 구성되어 있다. 구체적으로는, 제1장 총칙, 제2장 조세채무법, 제3장 절차규정 통칙, 제4장 과세의 부과 실시, 제5장 징수절차, 제6장 강제집행, 제7장 행정적 권리구제절차, 제8장 형사법적 규정 및 과태료벌금규정, 형사절차 및 과태료벌금절차 그리고 제9장 기타규정('Schlussvorschriften')이다.

독일의 성문법적인 규범체계는 헌법('Verfassung'), 일반법('Foermliche Gesetze'), 시행령('Rechtsverordnungen'), 그리고 조례('Satzung')이다. 헌법은 최상위 단계의 기본적인 규범('Grundnorm')으로서 지도적인 상부구조('Geistiger Ueberbau')를 이룬다. 이하에서는 독일의 헌법을 기본법(Grundgesetz für die Bundesrepublik Deutschland, 'GG')으로 통일하여 칭한다.

다음으로는 일반법이 있고 시행령은 일반법인 세법의 위임을 받은 사항을 행정부처(연방재무성)가 제정하고 보완하는데 세법 분야의 시행령(우리나라의 시행규칙 포함) 제정은 연방상원의 동의를 전제로 한다. 그러므로 행정부처의 시행령 혹은 시행규칙의 제정에는 입법부의 일정한 견제를 받는다고 보아야 한다. 조례는 국가기관에 속하는 공법상의 법인이 그에게 허용된 자율성의 범위 내에서 규정할 수 있는 법규범이다. 따라서 지방자치단체가 조례를 통하여 세법 분야의 규범을 창설할 능력은 매

---

4 Tipke · Lang, Steuerrecht, Ottoschmidt, 2018, § 1 Rz. 52.

우 제한적이다.[5]

통상적인 법원성의 단계에 포함되지 않으면서 법규범으로 보는 것으로 관습법 (Gewohnheitsrecht), 국제법(Voelkerrecht) 및 EU법이 있는데 관습법과 국제법 규범은 세법분야에서 인정을 받는다. EU법은 국내법에 우선한다.

법규범에 속하지 않는 행정규칙(Verwaltungsvorschriften)은 우리나라 국세청의 훈령처럼 행정부서에만 구속적 기능을 가진다. 행정규칙은 연방정부가 발령하는데 그 중 연방상원의 동의를 얻어야 하는 경우도 있다. 이는 연방세법의 행정사항이 주와 기초자치단체와 연관되는 일이 많기 때문이다.

2. 조세입법권한과 귀속권 등

기본법은 연방의 독점적 조세입법권과 연방과 주간의 경쟁적 조세입법권 ('Steuergesetzgebungshoheit')을 구분하고 있는데 주(州)는 연방이 조세입법권을 행사하지 않는 경우에 한하여 조세입법권을 행사할 수 있다.[6] 연방은 기본법 제105조 제2항 및 제72조 제2항에 의하여 연방에 세수입이 귀속되는 세목뿐만 아니라 연방 지역 내의 균등한 수준의 생활 여건의 조성, 법적인 통일성의 유지, 경제적 통일성의 유지를 위하여 필요한 경우에는 조세입법권을 행사할 수 있다.[7]

---

5   기본법 제105조에 따르면, 연방은 관세 및 재정독점에 관한 배타적 입법권을 가지며 연방은 조세수입의 전부 또는 일부가 연방에 귀속하는 경우 또는 제72조 제2항의 조건이 존재하는 경우 그 외의 조세에 관하여 경합적 입법권을 가진다. 또한 전부 또는 일부가 주 또는 지방자치단체(자치단체 연합체)의 수입으로 귀속되는 조세에 관한 연방 법률은 연방상원의 동의를 요한다. 기본법 제106조 제6항에서는 "토지세와 영업세의 수입은 지방자치단체에 귀속되며, 지역 소비세와 사치세는 지방자치단체 또는 주법이 정하는 바에 따라 지방자치단체연합체에 귀속된다. 지방자치단체는 그 법률의 범위 내에서 토지세와 영업세의 징수율을 확정할 권한이 있다. 주에 어떤 지방자치단체도 없는 경우에는 토지세와 영업세 및 지역 소비세와 사치세의 수입은 주에 귀속된다. 연방 및 주는 할당금에 의하여 영업세의 수입에 참여할 수 있다. 할당금에 관한 자세한 사항은 연방상원의 동의를 요하는 연방 법률로 정한다. 주법이 정하는 비율에 따라 토지세와 영업세 및 지역 소득세와 판매세 수입의 지방자치단체 지분은 할당금을 위한 산정기준으로 삼을 수 있다."고 규정하고 있다.

6   Artikel 72 Absatz 1 GG. (경합적 입법영역에 있어서 주는 연방이 입법권을 행사하지 않는 경우, 그리고 입법권을 행사하지 않는 사항에 대해서 입법권을 갖는다.).

7   Artikel 72 Absatz 2 GG. (연방은 제74조 제1항 제4호, 제7호, 제11호, 제13호, 제15호, 제19a호, 제20호, 제22호, 제25호 및 제26호의 영역에서 균등한 생활관계의 형성이나 전체 국가적 이

세수가 주와 기초자치단체에 전체적 또는 부분적으로 귀속되는 조세에 대한 연방의 조세입법권의 행사는 연방상원의 동의를 필요로 한다.[8]

기본법 제106조 제1항에 따르면, 연방정부에 귀속되는 조세로는 재정독점의 수익, 관세, 지방자치단체에 귀속하지 않는 소비세, 도로 화물운송세, 자본 유통세, 보험세, 어음세, 1회적인 재산 공과금 및 부담조정을 실시하기 위하여 징수되는 조정 공과금, 소득세 및 법인세에 더한 보충부담금(연대부가세를 포함한다) 및 유럽공동체와 관련된 공과금 등이 포함된다.

주에 귀속하는 조세로는 재산세, 상속세, 자동차세, 통행세, 맥주세 및 도박장의 공과금이 있다.[9]

소득세, 법인세 및 판매세의 수입은(같은 조 제5항에 의하여 소득세의 수입이, 제5a항에 의하여 판매세의 수입이)[10] 지방자치단체에 배당되지 않는 한 연방 및 주에 공동으로 귀속한다(공동조세). 소득세 및 법인세의 수입은 연방 및 주가 각각 반씩 나누어 가진다. 판매세에 대한 연방 및 주의 배당액은 연방참사원의 동의를 요하는 연방 법률에 의하여 확정된다.

해당 배당액의 확정은 다음의 원칙을 따라야 한다.[11]

첫째, 통상의 수입의 범위 내에서 연방 및 주는 그들이 필요로 하는 지출을 충당할 동일한 청구권을 가진다. 이때 지출의 범위는 여러 해에 걸친 재정계획을 고려하여 산출하여야 한다.

둘째, 연방 및 주의 수요 충당은 공정한 조정을 달성하고, 납세의무자의 과도한 부담을 회피하고, 또한 연방영역에서 생활수준의 균형이 보장되도록 상호 조정되어야 한다.

익 면에서 법적 통일과 경제적 통일의 유지를 위하여 연방 법률이 필요한 경우, 그 범위에서 입법권을 갖는다.).

8 　Artikel 105 Absatz 3 GG. (전부 또는 일부가 주 또는 지방자치단체(자치단체 연합체)의 수입으로 귀속되는 조세에 관한 연방 법률은 연방상원의 동의를 요한다.).

9 　Artikel 106 Absatz 2 GG.

10 　Absatz 5. (지방자치단체는 주로부터 지방자치단체 주민의 소득세 납부에 근거하여 비례하여 확정되는 소득세의 수 입에서 지분을 받는다. 자세한 사항은 연방상원의 동의를 요하는 연방 법률로 정한다. 법률은 지방자치단체가 지방자치단체의 지분에 대하여 징세율을 확정하도록 정할 수 있다.); Absatz 5a. (1998년 1월 1일부터 지방자치단체는 판매세의 수입에서 지분을 받는다. 지분은 주가 지역 및 경제에 관련한 기준에 근거하여 그 주의 지방자치단체에 전달한다. 자세한 사항은 연방상원의 동의를 요하는 연방 법률로 정한다.).

11 　Artikel 106 Absatz 3 GG.

토지세와 영업세의 수입은 지방자치단체에 귀속되며, 지역 소비세와 사치세는 지방자치단체 또는 주법이 정하는 바에 따라 지방자치단체연합체에 귀속된다. 지방자치단체는 해당 법률의 범위 내에서 토지세와 영업세의 징수율을 확정할 권한이 있다.[12]

조세수입은 정부의 각 단계별로 1차적으로 세수가 귀속된 후, 수직적 및 수평적 재정조정제도와 역교부세를 통하여 각 단계별 정부 간 2차적으로 배분된다.[13]

독일의 조세법을 조세의 부과로 징수된 세금 수입의 귀속주체별로 구분하면 다음 표와 같다.[14]

표 3-1 세입귀속주체에 따른 독일 조세법 분류표[15]

구분	세 목
공동세	소득세, 법인세, 부가가치세(수입부가가치세 포함)
연방세	관세일정분, 맥주세를 제외한 소비세 대부분, **연대부가세**
주세	재산세, 상속증여세, 자동차세, 경주복권세, 소방세, 맥주세, 부동산취득세
자치단체세	영업세, 재산세, 부동산세, 음료수세, 유흥세, 견세, 수렵어업세, 주점허용세, 제2주택세
EU재정 목적세	관세, 부가가치세 일정분

위 표에서 보는 바와 같이, 연대부가세는 연방의 조세수입으로 분류된다.

조세징수권과 관련하여, 연방에 귀속되는 조세의 징수는 연방과세당국(Bundesfinanzbehoerde)에서 수행하며 연방과 주에 공동으로 귀속되는 공동조세의 경우 연방의 위임으로 주 과세당국('Landesfinanzbehoerde')에서 수행한다.[16]

독일의 조세불복제도는 행정심 단계에 해당하는 이의신청과 사법심에 해당하는

---

12 Artikel 106 Absatz 6 GG.
13 Tipke · Lang, 앞의 책, § 1 Rz. 64-72.
14 Bundesministerium der Finanzen, Finanzbericht 2003, Bonn, 2002. 재인용.
15 독일은 1세목 1세법주의를 채택하고 있다. 여기에서는 세입의 귀속주체별로 구분하였다.
16 Tipke · Lang, 앞의 책, § 1 Rz. 55-63.

조세소송으로 되어 있다. 조세소송은 행정불복전치주의를 채택하고 있다.[17] 이의신청에 대한 심리 및 재결기관은 처분청이며 관할 세무서가 여기에 해당한다. 해당 조세사건에 대하여 다른 세무서가 관할을 가지게 된 경우에는 다른 과세관청이 재결기관이 된다.[18]

독일의 경우에는 처분청이 고유권한으로 심리 및 결정하며 외부 심의기관이나 위원회를 두고 있지 않다.[19]

조세소송에 관한 사항은 조세법원법(Finanzgerichtsordnung, 'FGO')에 규정되어 있다.[20] 조세를 포함한 재정에 관한 재판관할권은 행정관청으로부터 분리된 특별 행정법원에 의하여 행사된다.[21] 재정재판관할권을 가진 법원에는 주에서는 주 고등법원으로서의 조세법원(Finanzgericht, 'FG'), 연방에서는 연방재정법원(Bundesfinanzhof, 'BFH')이 있다.[22]

따라서 조세소송의 제1심은 각 주에 설치된 주 조세법원이 관할하며, 그에 대한 상소심은 연방에 설치된 연방재정법원이 관할한다. 이와 같이 조세사건은 2심제를 채택하고 있다. 연방재정법원은 뮌헨에 있으며, 주의 조세법원은 주의 고등법원에 해당하며 각 주별로 1개(바이에른주 2개, 노르드라인-베스트팔렌주 3개)씩 모두 19개가 있다.[23]

3. 대한민국 세법 체계와의 비교

위에서 간략히 언급한 독일의 세법 체계와 우리나라의 세법 체계를 도표로 구분하여 나타내면 다음과 같다.

---

17 김영조, "독일의 조세불복제도", 『사회과학연구』 제21권, 상명대학교 사회과학연구소, 2005. 12, 16면.
18 Artikel 367 Absatz 1 AO.
19 김영조, 앞의 논문, 11면.
20 김영조, 위의 논문, 15면.
21 Artikel 1 FGO. (Die Finanzgerichtsbarkeit wird durch unabhängige, von den Verwaltungsbehörden getrennte, besondere Verwaltungsgerichte ausgeübt.).
22 Artikel 2 FGO. (Gerichte der Finanzgerichtsbarkeit sind in den Ländern die Finanzgerichte als obere Landesgerichte, im Bund der Bundesfinanzhof mit dem Sitz in München.).
23 김영조, 위의 논문, 15면.

표 3-2 독일과 대한민국의 조세 체계 비교표

구 분	독 일	대한민국	비 고
법원	기본법-법률 (조세기본법-개별세법)	헌법-법률 (국세기본법/지방세기본법- 개별세법)	우리나라의 경우 국세와 지방세의 기본법이 각각 존재
조세 입법권	연방의회는 독점적, 연방의회와 주의회 간에는 경쟁적 조세입법권	국회와 국회의 위임에 따른 정부소관부처	세수가 주와 지자체에 귀속되는 경우 연방의 입법권은 연방상원의 동의 필요
조세분류	공동세(연방/주), 연방세, 주세 및 자치단체세	국세, 지방세 및 관세	연대부가세는 연방세
행정해석	연방정부가 행정규칙 제정	정부는 해석, 국세청은 집행에 관한 훈령제정	행정부서에 구속적 기능 가짐
조세불복	행정심과 사법심(2심제)	행정심과 사법심(3심제)	독일은 주 재정법원이 1심이며 연방재정법원이 최종심임
기타	관습법 인정, 국제법과 EU법	관습법 인정, 조세조약	양국 모두 국제법 우선의 원칙 적용됨

위 표에서 보는 바와 같이, 독일의 조세법 체계와 대한민국의 조세법 체계는 큰 틀에서 차이를 보이지 않는다. 이러한 연유로 향후 통일세 도입 시에 독일의 연대부가세제 시행에 따라 부각되었던 법률적 쟁점이 우리에게도 유사하게 발생할 개연성이 있음을 추론할 수 있다.

4. 통일세 도입에 주는 시사점

조세입법권 측면에서 독일의 경우 원칙적으로 연방의회가 입법권을 가진다. 연대부가세는 연방세에 해당하여 연방의회에서 입법권을 행사한다. 우리나라의 경우 조세입법권은 원칙적으로 국회가 가지지만 국회의 위임이 있거나 정부부처의 소관업무의 경우 정부도 입법발의를 할 수 있다.[24] 통일세를 입안하려는 경우, 원칙적으로 국회에서 발의를 하여야 하지만 국회의 위임에 따라 소관부처인 정부에서도 입법발의를 할 수 있다.

통일세는 소득세와 법인세의 납부세액에 부가하여 부과되는 부가세 형식으로 입법화를 시도한 바 있다. 연대부가세가 연방세로 분류되는바와 같이 통일세는 국세로 도입되어야 할 것이다. 통일재원은 국가적 차원에서 다루어져야 할 사안이기 때문이다.

행정해석의 측면에서 독일과 우리나라의 체계는 차이가 거의 없다. 조세불복의 경우 사법심에서 독일은 2심제이며 우리나라는 3심제로 차이가 있다. 독일은 연대부가세의 과세표준과 과세소득에 대하여 이의제기를 허용하지 않고 있다. 연대부가세의 과세표준과 과세소득에 이의제기를 하게 되면 본세의 과세표준 산정에도 영향을 미치게 되기 때문이다.

통일세의 과세표준에 대하여서도 이의제기를 허용하지 않는 방향으로 입법화하는 것이 타당하다. 과세표준 외의 행정처분에 대해서는 불복이 가능한 것으로 해석된다.

---

24 대한민국 헌법 제40조에 따르면, '입법권은 국회에 속한다.'라고 규정하여 국회입법원칙을 천명하고 있다. 헌법 제75조는 '대통령은 법률에서 구체적으로 범위를 정하여 위임받은 사항과 법률을 집행하기 위하여 필요한 사항에 관하여 대통령령을 발할 수 있다.'는 규정을, 헌법 제95조는 '국무총리 또는 행정각 부의 장은 소관 사무에 관하여 법률이나 대통령령의 위임 또는 직권으로 총리령 또는 부령을 발할 수 있다.'라고 규정하고 있다.

제3절 | 연대부가세법 개관

1. 도입 배경

통일을 준비하는 과정은 물론 통일 후 통합을 위한 노력에도 필수적으로 재원이 요구된다. 통일재원을 마련하기 위한 방편으로는 통일세를 신설하거나 통일기금을 조성하는 방법, 채권을 발행하는 방법 및 국가재산을 매각하는 방법 등 여러 가지가 있을 수 있다.

독일의 경우 통일 초기에 상대적으로 서독지역에 비하여 낙후된 동독지역에 대한 재정지원은 독일통일기금('Fonds Deutsche Einheit')이 담당하였다. 독일통일기금은 통일조약에 근거하여 조성되었는데 채권발행과 연방예산지원으로 이루어졌지만 1991년부터 적자가 누적되면서 부채를 떠안게 되었다.[25]

통일기금은 1994년까지 한시적으로 운영되었으며 1995년부터는 기본법('GG') 제106조 제3항 및 제107조 제2항에 근거하여 연대협약('Solidaripakts')의 일환으로 주재정조정제도('Länderfinanzausgleich')[26]를 시행하여 동독지역의 주를 지원하고 있다.[27]

---

25 하연섭, "독일통일과 재정개혁: 통일비용, 예산제도 및 지방재정제도 개편을 중심으로", 『사회과학논집』 제29집, 연세대학교 사회과학연구소, 1998, 164면.

26 Finanzausgleich는 일반적으로 재정조정으로 번역된다. 연방과 주 그리고 지방자치단체 간의 재정을 분배하는 기준을 담은 법률로 재정조정법(Finanzausgleichgesetz)이 있다.

27 Artikel 106 Absatz 3 GG. (소득세, 법인세 및 판매세의 수입은 제5항에 의하여 소득세의 수입이, 제5a항에 의하여 판매세의 수입이 지방자치단체에 배당되지 않는 한 연방 및 주에 공동으로 귀속한다(공동조세). 소득세 및 법인세의 수입은 연방과 주가 각각 반씩 나누어 가진다. 판매세에 대한 연방 및 주의 배당액은 연방상원의 동의를 요하는 연방 법률에 의하여 확정된다.); Artikel 107 Absatz 2 GG. [법률에 의하여 주의 상이한 재정능력이 적절히 조정되도록 하여야 한다. 이때 지방자치단체(지방자치단체연합체)의 재정능력 및 재정수요가 고려되어야 한다. 조정권한이 있는 주의 조정청구권 및 조정의무를 부담하는 주의 조정 채무의 조건 및 조정급부한도의 기준은 법률에 정한다. 법률은 연방이 재정으로부터 재정능력이 약한 주에게 일반적 재정수요를 보충적으로 충당하기 위한 교부금(보충교부금)을 제공한다고 법률로 정할 수 있다.].

주재정조정이란 연방정부와 주정부 간 또는 주정부 상호 간에 조세수입배분과 연방정부의 교부금 지원을 통하여 각 주의 1인당 조세수입이 균등을 이루도록 하는 제도이다. 통일 후 재정적어려움을 타개하기 위하여 도입한 주재정조정제도는 1995년부터 2004년까지 시행한 제1차 연대협약('Solidarpakt I')의 일환으로 약 950억 유로가 새로운 연방주와 그 지역 사회에 동독건설에 자금을 지원했으며 2005년부터 2019년까지 제2차 연대협약('Solidarpakt II')을 체결하여 약 150억 유로 규모로 책정한 것은 지속적인 재정적 지원이 필요하다는 것을 뜻함이 명확하다는 것이다.[28]

독일통일 이후인 1991년부터 동독에 소득세와 법인세 등을 포함한 서독의 조세제도가 전면적으로 도입되면서 세수입이 발생하였지만 조세행정의 뒷받침이 되지 않았을 뿐만 아니라 세무인력의 부족으로 징수권을 행사하기에 어려움이 많았다.

독일정부는 통일재원을 과소 평가하여 재원부족에 직면하게 되었고 이에 임시방편으로 1991년 7월 1일부터 1992년 6월 30일까지 한시적으로 연대부가세를 도입하였다. 연대부가세는 법인세와 소득세에 부가하여 7.5% 세율로 부과하였으며 각종 유류와 에너지 사용에 대하여 평균 35% 세율인상을 단행하였다. 하지만 이러한 노력에도 불구하고 재정적자가 계속되자 독일정부는 1993년 담배소비세와 부가가치세 세율을 인상하고 이자소득에 대하여 30%의 세금을 부과하였다.

독일 정부는 1995년 연대부가세를 다시 도입하여 법인세와 소득세에 대하여 당초 7.5% 수준으로 부과하였다. 이후 납세자들의 조세저항에 부딪히자 1998년부터 5.5%로 조정하여 현재에 이르고 있다. 연대부가세 외에 보험세율을 인상하였다.

연대부가세는 1995년부터 기본법 제106조 제1항 제6호에 근거하여 과세되었으며, 그 이후로 소득세 및 법인세에 대한 보충적 징수로 연방 정부의 세금 수익에 기여하게 되었던 것이다. 연대부가세 징수는 전통적 재정 수단으로는 통합비용을 확보할 수 없었던 바 역사적으로 초래된 독일통일에 대비한다는 차원에서 의심의 여지없이 정당화되었다. 연대협약의 합법성에 대한 문제는 20년이 지난 후에도 시민과 연방 재정배분 구조상 상당한 부가세가 계속 부과된다는 점에서 시간이 지남에 따라 점점 더 쟁점화되었다.[29]

---

28 Kube, 앞의 논문, S. 1792.
29 Kube, 앞의 논문, S. 1793.

2. 도입 및 개정 연혁

연대부가세는 1968년에 도입되어 1976년까지 부과된 보충부담금에 그 기원을 두고 있다. 보충부담금 및 연대부가세의 연혁을 표로 요약하면 다음 표와 같다.

표 3-3 연대부가세 부과 연혁

구분	부과기간	과세물건	세율	비고
보충부담금	1968년 ~ 1976년	소득세/법인세	3%	1975년 임시폐지 1977년 이후 영구폐지
연대부가세	1991년 7월 ~ 1992년 6월	소득세/법인세	7.5%	보험세, 광물유류세 및 담배세 각각 인상
	1992년 7월 ~ 1994년 12월	폐지		
	1995년 1월 ~ 1997년 12월	소득세/법인세	7.5%	
	1998년 1월 ~ 현재	소득세/법인세	5.5%	

현재 독일의 법인세는 15% 단일세율로 부과되며 동 세액에 5.5%의 연대부가세가 부과되면 총납부세율은 15.825%가 된다.[30]

개인소득세는 구간별로 누진세율이 적용되는데 과세소득금액이 9,408유로까지는 소득세가 부과되지 않으며, 57,051유로까지는 14%, 270,500유로까지는 42% 그리고 270,500유로를 초과하는 금액에 대해서는 45%가 적용된다.[31] 개인소득세의 납부세액에 5.5%의 연대부가세가 부과된다.[32] 총납부세율은 14.77%~47.475%가 된다.[33]

---

30 (https://taxsummaries.pwc.com/ID/Germany-Corporate-Taxes-on-corporate-income), 2020. 1. 29. 검색.

31 부부합산과세방식을 선택하는 경우 과세소득금액 기준이 해당 금액의 2배가 된다.

32 (https://taxsummaries.pwc.com/ID/Germany-Individual-Taxes-on-personal-income), 2020. 1. 29. 검색.

33 2019. 12. 10. 연대부가세법의 개정으로 면세점이 대폭 상향조정되어 2021. 하반기부터 납부대상

가. 1968년 보충부담금

독일 연대부가세는 기본법 제106조 제1항 제6호(구 기본법 제106조 제1항 제7호)와 관련하여 동 법 제105조 제2항(구 기본법 제105조 제2항 제2호)에 근거하여 1967년 12월 21일 제정되었다.[34]

보충부담금의 징수로 인하여 소비세를 인상하지 않을 수 있었다. 특히 고소득층에 대한 직접 부담을 증가시켰다.[35] 보충부담금은 소득세 또는 법인세의 3 % 수준이었다. 보충부담금은 1968년 소득세 및 법인세 개혁 과정에서 폐지론이 대두되었으며 1975년 1월 1일 폐지되었다. 이후 다시 부과되다가 1977년 1월 1일에 완전히 폐지되었다. 보충부담금은 1991년에 제정된 연대부가세의 기원으로 본다.

나. 1991년 연대부가세[36]

연방의회는 1991년, 1991년 7월부터 1992년 6월까지를 부과기간으로 하는 임시적인 부가금으로 연대부가세를 도입하는 법안을 제출하였다.[37]

해당 법안에 대한 제안설명자료에 따르면 "걸프만의 갈등으로 인한 추가 비용", "시장 경제와 민주주의로 가는 중남부 유럽 국가 지원"과 더불어 "새로운 주에서 예측할 수 없었던 추가 작업 과제비용, 특히 동구상호경제 원조회의(CMEA)시장의 붕괴로 인한 외부 개발 비용" 등이라고 주장하였다.[38] 또한 단기 소득세와 법인 소득세 부가금은 "일시적으로 긴급한 재정 문제를 해결하는 데 특히 적합하며, 1990년 세제개편법에 따른 유의적인 구제 후에도 허용된다."고 언급하였다.[39]

1991년 연대부가세는 소득세 또는 법인세의 7.5 %를 납부하는 것으로 하였으며

자가 전체 소득세 납부대상자의 10% 수준으로 줄어들었다.

34　Kube, 앞의 논문, S. 1793.

35　Bundestags-Drucksache ("BT-Drs.") 5/2087, S. 8.

36　이하 1995년 연대부가세와 구분하기 위하여 1991년 연대부가세라 한다. 연도를 붙이지 않은 연대부가세는 1995년 연대부가세를 의미하는 것으로 한다.

37　Gesetz zur Einführung eines befristeten SolZ und zur Änderung von Verbrauchsteuer- und anderen Gesetzen (Solidaritätsgesetz) v. 24.6.1991, BGBl. I 1991, S. 1318.

38　CMEA: Council for Mutual Economic Assistance.

39　Rohde · Geschwandtner, Ist das Solidaritätszuschlaggesetz 1995 verfassungswidrig?, NJW 2006, S. 3333, BT-Drs. 12/220, S. 6.

처음 계획대로, 1991년 7월 1일부터 1992년 6월 30일까지 1년간 유지되었다.

다. 1995년 연대부가세

독일 상원('Bundestag')에서는 통일 이후 장기적이고 지속 가능한 재원 조달을 위해 1993년 6월에 연방 통합 프로그램을 채택했다.[40] 이 프로그램의 핵심 요소로서 1995년 부과기간부터 연대부가세가 재도입되었다. 연대부가세의 가산율은 연대부가세법 제3조 및 제4조에 근거하여, 1995년부터 1997년까지 소득세 또는 법인소득세의 7.5%로 부과되다가 1998년부터 5.5%로 줄어들었다.[41]

연대부가세법의 정당성을 설명하는 자료에 따르면, 연방 통합 프로그램은 새로운 국가를 도우며 동서 독일의 생활 조건 균형에 도달할 수 있는 충분한 시간과 재정적 자원을 지역 사회에 영구적으로 제공하도록 설계되었다.[42] 특히 연대부가세는 다음과 같은 맥락에서 새롭게 도입된 것을 정당화하기 위해 다음과 같이 설명한다.

"독일 통일의 완성을 위한 재정(지원)을 위해서는 인구의 모든 부문에 대한 단호한 재정적 희생이 불가피하다. 연방 정부는 1995년 1월 1일 발효됨에 따라 중기적으로 모든 납세자에 대하여 임금, 개인소득 및 법인 소득에 대한 부가금을 제안한다. 모든 납세자에 대하여 법인세가 부과되며, 이는 조세 정의의 관점에서 볼 때 올바른 해결책이기도 하다. 소득이 없는 부가금은 모든 납세자의 효율성에 따라 제한된다."[43]

1995년 연대부가세법은 2020년 12월까지 지속적으로 개정되어 왔다. 연대부가세의 과세소득에 해당하는 개인소득세액 또는 법인 소득세액의 산출항목이 개정되거나 연대부가세 가산율이 조정되는 경우 이를 반영하여 개정되어 왔다.

라. 2019년 개정 연대부가세

독일 연대부가세는 도입시점부터 계속하여 소득수준에 비하여 과도한 증세라는

---

40   BGBl. I 1993, S. 944.

41   Gesetz zur Senkung des SolZ v. 21.11.1997, BGBl. I 1997, S. 2743.

42   BT-Drs. 12/4401, S. 45.

43   BT-Drs. 12/4401, S. 51.

주장과 위헌 여부에 관한 논쟁이 이어져 왔다. 연방과 주의 재정법원과 연방대법원은 물론 각종 조세 관련 연구단체와 학계 등에서는 이 문제를 검토해 왔다.[44]

독일 재정위원회는 2018년 6월 27일, 연대부가세법의 존치와 폐지에 대한 공개토론회를 가졌다.[45] 해당 토론회에서 전직 연방헌법재판소장은 연대부가세는 연대협약(II)이 종료됨에 따라 더 이상 기본법적으로 정당화될 수 없다면서 다음과 같이 주장하였다.[46]

"연대부가세는 기본법 제106조 제1항 제6호의 해석상 '소득세와 법인세에 대한 부가세'로 부과된다. 그러한 연대부가세를 부과하기 위해서는 기본법상 정당성을 갖추어야 한다. 연방의회는 해당 규정에 따라, 연방정부와 주 사이에 소득세와 법인세의 수입배분액 이외에 자체 재량으로 소득세와 법인세로부터 상당한 세수를 추가로 확보할 수도 있었다. 이는 기본법상의 규제, 보호 및 제한 기능의 적용을 받지 않는다. 연대부가세는 소득세와 법인세의 일반적인 근거와 목적을 벗어나는 특별한 사유로 합법화되어야 하며 그렇지 않으면 기본법상의 세수분배 시스템과 연방 재정조정제도를 훼손시킬 수 있는 심각한 위험을 초래한다. 이러한 연방정부의 추가적인 재정 수요에 대응하여 반드시 부과에 시간적 제한을 둘 필요는 없으나 그렇다고 영구적으로 적용되는 것도 아니다."

재정수요의 충족 여부를 기준으로 입법자의 입법재량에 따라 연대부가세의 부과를 시간적으로 조정할 수 있다는 것이다.

결론적으로 그는 "연대부가세는 연방정부에 실제로 존재하는 추가적인 재정수요에서 그 정당성을 발견할 수 있지만 특별한 재정상황은 이미 종료되었다고 볼 수 있다. 그럼에도 불구하고 연대부가세를 계속 존치하는 것은 법치주의와 기본법에 대한 신뢰이익을 상실할 수 있다."며 폐지하여야 한다고 말했다.

해당 재정위원회에서는 연대부가세를 폐지하거나 혹은 존치하는 경우라도 기본

---

44 Höppner · Schewe, Die Folgen des Gesetzesvorhabens zur Rückführung des Solidaritätszuschlags — eine betriebswirtschaftliche Steuerwirkungsanalyse, LSK 2019, 41812987, S. 1; Wernsmann, Teilabschaffung des Solidaritätszuschlags verfassungsmäßig?, NJW 2018, S. 916~918.

45 (https://www.bundestag.de/dokumente/textarchiv/2018/kw26-pa-finanzen-solidaritaetszuschlag-561076).

46 Papier, Solidaritätszuschlag abschaffen?, Zeitschrift für rechtspolitik (ZRP, Journal of legal policy), 2018, S. 186.

법상 허용되는 한도 내에서 면세점을 상향하여야 한다는 주장이 존치를 주장하는 의견을 압도하였다. 해당 재정위원회의 토론결과를 반영하여, 입법부는 2019년 12월에 연대부가세를 초고소득자에게만 부과하는 것으로 개정하였다.

3. 1991년 연대부가세법: 한시법으로 제정

가. 개요

1991년 연대부가세법 도입에 관한 법률은 소비세 및 기타 법령을 포함하여 1991년 6월 24일부터 연방의회에서 통과되어 같은 달 28일 발효되었고 7월 1일부터 1992년 6월 30일까지 한시적으로 적용이 되었다.[47] 동 법은 1992년 2월 25일 독일개정세법 제19조에 의해 일부가 개정되기도 했다.[48]

1991년 임시 개정세법에서 1991년 연대부가세법은 총 5개의 법령으로 제정하고 여타 법령을 개정하고 있다. 동 개정세법은 제1조 연대부가세 제정, 제2조 보험세법의 개정, 제3조 광물유류세법의 개정, 제4조 도로건설재정법의 개정 및 제5조 담배세법의 개정으로 구성되어 있다.[49]

나. 1991년 임시 연대부가세법의 제정

(1) 임시 연대부가세법

1) 제1조[연대부가세의 징수]

연대부가세는 소득세액 및 법인세액에 대하여 일정비율로 부과되는 부가세이다. 소득세액 혹은 법인세액의 크기에 연동하여 부과되는 관계로 독립세와는 구별된다. 우리나라의 경우 과거 구 방위세 및 법인세와 소득세에 부가되었던 소득할주민세 등

---

47   BGBI. I 1991, S. 1318.

48   BGBI. I 1992, S. 1319.

49   독일은 개정하고자 하는 세목과 신설하려는 세목을 하나의 법률로 묶어 개정안으로 의회에 상정한다. 우리나라가 각 세목별로 개정안을 국회에 상정하는 것과 차이가 있다.

이 부가세로 부과가 되었다.[50] 소비세인 부가가치세는 독립세이며 부가세와는 명확히 구분된다.

2) 제2조[납세의무자]

소득세법 제1조에 따라 소득세를 부과받는 자연인과 법인세의 대상이 되는 조합, 협회 그리고 법인세법 제1조 또는 제2조에 따라 법인세가 부과되는 자산이 연대부가세의 납세의무가 있다.

3) 제3조[과세표준]

소득세에 부가되어 부과되는 부가세액의 결정과 징수에 관한 규정은 연대부가세에는 적용되지 않는다.[51] 과세관청은 베를린 진흥법 제21조 및 제26조에 따라 부과기준(과세기준)을 감소시킬 수 없다. 이러한 사항을 고려하여 연대부가세의 부과기준(과세표준)은 다음과 같다.

(a) 소득세

(b) 법인세

(c) 선급소득세 혹은 법인세

(d) 월 급여원천세(recurring payroll tax)

(e) 연 상여금(payroll annual compensation tax)

(f) 양도소득세

(g) 제한적납세의무자에 대하여 소득세법 제50조의a에 따라 부과되는 세금공제액[52]

4) 제4조 [세율]

연대부가세의 세율은 다음과 같다.

(a) 위 3)의 가, 나 및 마의 경우: 3.75%[53]

---

50 구 방위세는 1975년 제정되었다가 1990년 말 폐지되었다.

51 Artikel 51a Einkommensteuerrecht.

52 Artikel 3 Absatz 1 Nr. 7 SolZG. (소득세 납세의무자가 소득세법 제50조의a[제한적 납세의무자에 대한 감면]에 따른 세액감면을 받는 경우에는 1991년 7월 1일부터 1992년 6월 30일까지의 기간에 대한 세금 공제를 한 후의 순액에 대하여 연대부가세가 적용된다.).

53 1991. 7. 1부터 12. 31까지 6개월 동안 적용될 세율로 연 환산 시 7.5%가 된다.

(b) 위 3)의 다, 라, 바 및 사의 경우: 7.5%

5) 제5조[이중과세방지협정]

동 조항은 다음과 같이 규정하고 있다.

"이 법률들의 효력범위 내에서 징수되는 소득세(소득관련 세금을 말함)가 이중과세방지협정에 따라 감면된다면, 이러한 감면은 연대부가세에 우선적으로 적용되어야 한다."[54]

연대부가세는 부가세로서 본세에 우선하여 면제됨을 명확히 하고 있다.[55]

(2) 기타 세금의 인상

1991년 연대부가세법과 같이 기존의 보험료의 7%로 부과되던 보험세를 10%로 인상하였다. 또한 담배세와 광물 및 유류에 부과되던 세율을 인상하였다.

4. 1995년 연대부가세법: 주재정조정목적으로 재도입

가. 개요

1995년 연대부가세법은 연방상원의원이 주도한 연방통합프로그램의 일환으로 1993년 6월 23일 개정법률로 채택되었다. 동 법률은 1995년부터 시행되었으며 수차례 개정을 거쳐 2019년 12월 최종 개정 이후 현재까지 유지되고 있다.[56]

1995년 연대부가세의 경우, 1991년 연대부가세와 달리 부과기준금액을 결정할 때 제로존('NullZone')과 한계구간('Überleitungszone')과 같은 혁신적인 규정을 두고 있다는 점이다. 제로존은 과세표준이 법정 금액보다 적은 경우 과세에서 면제하는 규정이

---

54 Werden auf Grund eines Abkommens zur Vermeidung der Doppelbesteuerung im Geltungsbereich dieses Gesetzes erhobene Steuern vom Einkommen ermäßigt, so ist diese Ermäßigung zuerst auf den Solidaritätszuschlag zu beziehen.

55 예를 들어 이자소득 1,000유로에 10% 세율로 원천징수하는 경우 연대부가세 5.5유로(1,000x10%x 5.5%)를 부가하여 합계 105.5유로를 납부한다. 이때 타국과의 이중과세방지협약에 따라 원천징수 세율이 10%로 제한된다면 연대부가세를 우선적으로 면제하여 본세 100유로만 납부하게 된다.

56 BGBl. I 16, S. 3000.; Klaus Lindberg&Blümich, "Solidaritätszuschlags", EL Juni 2018, S. 142.

다. 한계구간이란 과세표준액이 법정구역에 도달할 때까지 점진적으로 부과액을 줄여 연대부가세 부담이 체증적으로 증가하지 않도록 설계한 것을 말한다.[57] 이들 규정은 기업으로부터 받은 배당에 대하여 연대부가세가 이중으로 부과되지 않도록 조정하는 역할을 한다.[58]

해당 법률의 도입 당시 일부 학자들은 연대부가세의 도입은 재정학적인 관점에서 공평과 효율의 경제원칙을 위배할 가능성이 높으며 연대부가세 과세대상이 되는 소득을 미래로 이동시키거나 그 반대로 연대부가세 과세대상이 되지 않는 소득을 미래로부터 앞당겨 인식하려는 시도가 있을 수 있어 조세정의에 반하는 왜곡이 발생할 수도 있음을 상기시키기도 했다.[59]

연대부가세의 재도입 시 법률적·합목적적 관점에서 4가지 목적을 내세운 바 그 내용은 다음과 같다.[60]

첫째, 동독의 경제가 서독의 경제수준으로 올라서기 위한 영구적인 재정조달, 둘째, 동독 시절 사회주의 통치 시의 만연한 부채 부담 극복, 셋째, 공공부문 가계에 대한 재정부담의 공평한 분배 및 넷째, 건전한 경제 전반 발전을 위한 기반으로서의 공공예산 통합 등이다.

상기 목적을 달성하기 위해, 입법권자는 모든 인구 집단의 확고한 재정적 희생을 통해 연대 가산금 형태로 부과하는 것으로 결정하였다.[61]

1995년 연대부가세는 1991년 연대부가세법와 달리 별도의 부과기한규정을 두지 않음에 따라 법인세의 경우 이중부과문제가 발생할 여지가 있음을 고려하여 환급세액

---

57   BT-Drucks. 12/4801, S. 149.

58   BT-Drucks. 12/4401, S. 104; Schult · Eberhard · Hundsdoerfer · Jochen, Solidaritätszuschlag 1995 – Nur teilweise geglückte 'mittelbare Anrechnung' beim Dividendenempfänger, DB 1994, 285 ff.

59   Rüter · Reinhardt, Die Belastungswirkungen des Solidaritätszuschlages 1995, DStR 1994, S. 1026.

60   BT-Drs 12/4401 S. 45:
      die dauerhafte Finanzierung des Aufholprozesses in Ost-Deutschland,
      die Bewältigung der Erblastschulden der sozialistischen Herrschaft in der ehemaligen DDR,
      die gerechte Verteilung der daraus resultierenden Finanzierungslasten auf die öffentl. Haushalte und
      die Konsolidierung der öffentl. Haushalte als Grundlage einer gesunden gesamtwirtschaftl. Entwicklung.

61   BT-Drs. 12/4401 S. 51.

을 과세표준에서 차감하는 규정을 두었다.[62]

독일기독교민주연합(CDU), 바이에른기독교사회연합(CSU)과 독일사회민주당(SPD) 간에 2018년 맺은 연합 협정에 따르면, 연대부가세는 2021년부터 점차적으로 폐지될 것으로 예상되고 있다.[63] 이에 대해서는 2019년 개정 연대부가세법편에서 다시 살핀다.

동 법령은 총 6개의 조문으로 제1조[연대부가세의 징수], 제2조[납세의무자], 제3조[과세표준 및 임시적용], 제4조[부가세율], 제5조[이중과세방지협정] 및 제6조[적용지침]로 구성되어 있는데 1991년 연대부가세법 제1조의 세부 항목들을 법 조문으로 승격한 바 과세요건에 관하여 세부적으로 규정하였다.

나. 조문별 내용과 주요 쟁점[64]

(1) 제1조[연대부가세의 징수]

1995년 연대부가세도 1991년 연대부가세와 마찬가지로 소득세와 법인세에 부가하여 과세되며 결정과 징수의 방법은 각각 소득세법과 법인세법의 규정에 따르도록 한다(제1항 및 제2항).

원천징수세 대상 소득에 대한 법인세 또는 법인세가 공제되는 경우 또는 소득세 또는 법인세 또는 소득세의 재정조정제도에 의해 보상되지 않는 경우, 이에 상응하는 연대가산세에 적용한다(제3항).[65] 즉, 원천징수세액 순액 또는 납부할 법인세 혹은 소

---

62 Dötsch, Solidaritätszuschlag zur Körperschaftsteuer ab 1995, Verlag Dr. Otto Schmidt, Köln, GmbHR 1994, S. 592~593.

63 Lindberg in Blümlich, Solidaritätszuschlaggesetz 1995 (SolZG 1995), 142. EL Juni 2018, §1 SolZG Rn. 1-15; Broer, Die Besteuerung von gewerblichen und nicht gewerblichen Personenunternehmen im Lichte der Reform des Solidaritätszuschlags, dfv Mediengruppe, Frankfurt am Main, BB 2020, S. 284.

64 1995년 연대부가세는 본 법 및 참조하고 있는 관련 법령의 개정 시마다 이를 반영하여 개정되고 있다. 여기서는 2002. 10. 15. 시행되는 법률을 기준으로 정리하였다.

65 Artikel 106 und 107 GG. [법인세와 소득세의 재정조정제도는 다음과 같이 운영된다. 먼저 소득세, 법인세 및 부가가치세 등 공동세가 연방정부와 전체 주정부 간에 배분되고 연방세, 주세, 지자체세는 각급 정부에 귀속된다(1단계). 그 다음 전체 주정부 몫이 다시 (각) 주정부에 배분되고(2단계), 이어 재정능력이 강한 주와 취약한 주간에 조정이 이루어진다(3단계). 마지막으로 특히 취약한 주에 연방정부의 추가지원이 이루어진다(4단계).].

득세액에 대하여 연대부가세를 결정 및 징수한다.[66]

선급 연대부가세는 소득세 또는 법인세의 선급세액 확정과 동시에 납부해야 하며 이 경우 선급금 정산제한규정은 적용되지 않는다.[67] 연대부가세의 선급금 결정이 내려질 때까지 연대부가세의 규정에 따라 특별한 요청 없이 선급금을 지급한다. 납부기한이 지난 후 3일까지 연체할증료(이자)를 부과하지 않는다는 규정은 적용하지 않으며, 연체금 및 이자를 연대가산세(세금)와 함께 징수할 경우 집행비용에 대한 급부명령이 요구되지 않는다(제4항).[68]

연대부가세의 부과기준(과세표준) 또는 과세소득금액에 대하여 이의를 제기할 수 없다.[69] 부과기준이 변경되면 그에 따라 연대부가세도 바뀐다(제5항). 1991년 연대부가세와 달리 1995년 연대부가세의 경우 과세소득금액이나 과세표준에 이의제기를 할 수 없도록 규정하고 있다.

연대부가세는 조세기본법 제169조에 따른 부과권의 제척기간 규정의 적용을 받는다.[70]

(2) 제2조[납세의무자]

연대부가세의 납세의무자는 소득세법 제1조에 따라 소득세 납세의무가 있는 자연인, 대외조세법[71] 제2조에 따라 제한납세의무가 있는 자연인 및 법인세법 제1조 또는 제2조에 따라 법인세의 대상이 되는 법인, 개인 및 자산의 단체가 된다. 1991년 연대부가세 납세의무자의 범위에 없었던 제한적 납세의무자가 1995년 연대부가세법에서는 포함되었다.[72] 즉, 1995년 연대부가세는 부가가치세가 부과되는 자연인과 무제

---

66 Plenker · Jürgen, The charging of the solidarity surcharge in the wage tax deduction process, BB 1995, 74 ff; Hartmann · Rainer, Solidarity surcharge: survey of wages, INF 1995, 36 ff.

67 Artikel 37 Absatz 5 Einkommensteuergesetzes.

68 Artikel 240 Absatz 1 Nr. 3 AO und Artikel 254 Absatz 2 AO.

69 BFH XR 51/06 v. 11. 2. 09.

70 Lindberg in Blümlich, 앞의 책, §1 Rn. 1–15; Artikel 169 AO.

71 Auβensteuergesetzes. (외국인에게 적용되는 세목으로 일반적으로 대외조세법으로 번역된다.).

72 Tipke · Lang, 앞의 책, § 8 Rz. 27 ff. (자연인으로서 국내에 주소와 일상적 거소를 갖고 있지 않으며, 소득세법 제1조 제2항과 제3항에 의거하여 무제한 납세의무자가 아닌 사람은 이중과세방지

한 및 제한적 과세가 적용되는 모든 기업, 개인 및 자산에 의해 부과되는 것으로 규정하였다.[73]

(3) 제3조[과세표준 및 임시적용]

(a) 연대부가세는 아래 (b)~(e)에 근거하여 소득세 또는 법인세의 순납부금액을 기준으로 소득세의 경우 상시 임금과 기타 보수를 합한 금액으로 하며 연말정산이 수행되어야 한다. 연대부가세는 제한적 납세의무를 가진 특정기업(Artikel 43b Einkommensteuergesetzes)의 경우를 제외하고는 양도소득세 또는 이자공제금액에 부과된다.[74] 제한적 납세의무자의 경우, 제한적 납세의무자에게만 적용되는 세액공제액을 적용한 후 부과한다.[75]

(b) 소득세의 경우, 연대부가세의 부과기준은 아동수당(Artikel 32 Absatz 6 Einkommensteuergesetzes)에 따른 면제금액을 고려하여 산정된 소득세를 과세표준으로 한다.[76] 근로소득의 경우 급여원천세를 공제한다.

상시 임금 및 연간 보상에서 세액을 공제하는 경우는 각 소득구간별로 아동 1명당 결정된다.[77]

(c) 연대부가세는 소득세 부과기준금액이 다음 금액을 초과하는 경우에만 과세된다.

협정에서 다른 규정이 없는 한, 소득세법 제49조에서 열거된 국내에서 획득한 소득 및 확장된 의미의 국내소득에 대해서 제한적 납세의무를 진다.).

73 Dötsch, 앞의 논문, S. 593.

74 Artikel 43b Absatz 1 Einkommensteuergesetzes.

75 Artikel 50a Einkommensteuergesetzes.

76 Artikel 32 Absatz 6; Artikel 2 Absatz 6 Einkommensteuergesetzes.

77 Tipke · Lang, 앞의 책, § 8 Rz. 800−850; Artikel 32a Absatz 1 Nr. 2 Einkommensteuergesetzes. [소득세율은 선형누진구조 체계를 가지고 있다. 소득세의 과세는 과세표준이 되는 소득의 수준에 따라 다음과 같이 다섯 가지의 구간으로 나눈다(괄호 속은 2020. 기준); (https://www.bundesfinanzministerium.de/Content/DE/Glossareintraege/E/024_Einkommensteuertarif.html?view=renderHelp&nn=e537fc8c-9e05-4840-90c8-53f93fac9cf8), 2020. 11. 25. 검색].
Ⅰ 단계 − 7,834(9,408)유로의 기본공제구간
Ⅱ 단계 − 7,835(9,409)유로~13,139(14,532)유로까지 경과구간
Ⅲ 단계 − 13,140(14,533)유로~52,551(57,051)유로까지 선형누진적(linear progressive) 구간
Ⅳ 단계 − 52,552(57,052)유로~250,400(270,500)유로까지 높은 비례세율 구간, 및
Ⅴ 단계 − 250,401(270,501)유로부터 부자세(Reichensteuer) 구간.

- 부부합산과세방식의 경우:[78] 1,944유로

  - 그 외의 경우: 972유로

(d) 상시 급여의 경우: 연대부가세는 각 급여 기간에 다음에서 적시하는 소득세 부
    과기준이 있는 경우에만 부과한다.

    (aa) 월급의 경우

       - 구간 III: 162유로 초과

       - 구간 I, II, IV to VI: 81유로 초과

    (ab) 주급의 경우

       - 구간 III: 37.80 유로 초과

       - 구간 I, II, IV to VI: 18.90유로 초과

    (ac) 일당 급여의 경우

       - 구간 III: 5.40유로 초과

       - 구간 I, II, IV to VI: 2.70유로 초과

(e) 연간 소득세 보상의 경우: 연대부가세는 III단계의 경우 과세표준이 1,944유
    로보다 큰 경우, I, II 또는 IV의 경우 과세표준이 972유로를 초과하는 경우
    에만 산정한다.

(4) 제4조[부가세율]

연대부가세는 과세소득금액의 5.5%이다. 다만, 동 법 제3조 제3항~제5항에 따
른 부과기준금액과 면제한도(freigrenze) 간 차이의 20%를 초과해서는 안 된다.[79] 연대

---

78   Artikel 32a Absatz 5 und 6 Einkommensteuergesetzes.

79   Lindberg in Blümlich, 앞의 책, §4 Rn. 1–3.:
    부부합산 소득세과세방식을 선택한 부부: 소득세납부세액이 2,344유로인 경우, 연대부가세법 제3
    조 제3항에 근거한 면제한도(freigrenze) 1,944유로를 고려하여 실제 연대부가세는 다음 (a)와 (b)
    중 적은 금액을 한도로 하여 산출한(128유로가 아닌) 80유로를 징수한다.
    2,344유로 x 5.5% = 128유로
    [2,344 - 1,944유로 = 400유로] x 20% = 80유로
    개인별 (부부별산) 소득세과세방식을 선택한 경우: 소득세 부과기준금액이 1,250유로라면 연대부
    가세는 동 금액의 5.5%인 68.75유로이며 면제한도금액인 972유로와 1,250유로와의 차액인 278유
    로의 20%는 55.60유로가 된다. 따라서 납부할 연대부가세는 68.75유로와 55.60유로 중 적은 금
    액인 55.65유로가 된다. 이를 정리하면 다음과 같다.

부가세를 면제받는 구간에 있는 납세자와 연대부가세를 부과받는 납세자 간의 세금부담이 급격하게 차이가 발생하는 것을 조정하기 위한 조치이다.

감면된 연대부가세를 결정하는 경우, 소득세법 제32조의d 제3항 및 제4항에 따른 양도소득에 대한 연대가산세율은 위 규정에 관계없이 5.5%를 적용한다.[80]

(5) 제5조[이중과세방지협정]

이중과세방지협정에 근거하여, 소득세가 줄어든다면 연대부가세와 관련되는 것으로 본다. 즉, 연대부가세가 먼저 줄어드는 것으로 본다.

국제법에 관한 규정에 따르면, 소득의 원천지국에서 발생한 소득에 대하여 세금을 부과할 권리를 가지며 이러한 세금은 보통 원천징수를 통하여 부과된다. 독일과 소득에 관한 이중과세방지협정을 맺은 많은 나라의 경우, 제한세율 규정을 두고 있다. 예컨대 배당소득의 경우 15%의 제한세율이 적용된다. 배당소득금액 또한 소득에 대한 세금이므로 연대부가세가 적용되는데 제한세율이 적용되는 경우 연대부가세가 우선 영향을 받아 줄어들게 되고 이어 배당소득에 대한 원천징수세액이 줄어들게 된다.[81] 이는 자본에 대한 양도소득세의 경우에도 적용이 된다.[82]

(6) 제6조[적용지침]

1993년부터 최근까지 개정된 각 조문의 적용시점에 대하여 규정하고 있다. 우리나라 세법의 경우, 부칙에 관련 지침을 규정하고 있다.

1,250유로 x 5.5% = 68.75유로
[1,250유로 - 972유로 = 278유로] x 20% = 55.60유로.

80　Artikel 32d Einkommensteuergesetzes.

81　예를 들어, 독일에 원천을 둔 배당소득금액이 1,000유로이고 소득세법상 원천징수세율이 20%라면, 200유로는 소득세로 11유로(200유로 x 5.5%)는 연대부가세로 하여 합계 211유로를 징수하여야 한다. 하지만 독일과 상대방 국가와의 조세조약에 근거하여 해당 배당소득에 대한 15% 제한원천징수세율을 적용하게 되면 150유로만을 원천징수할 수 있다. 그렇다면 연대부가세 원천징수 금액은 없는 것으로 보는 것이다. 왜냐하면 연대부가세가 먼저 줄어드는 것으로 보기 때문이다.

82　Lindberg in Blümlich, 앞의 책, §5 Rn. 1-3.

5. 2019년 개정 연대부가세법: 부분 존치

가. 개요

연방의회는 2019년 11월 29일 연대부가세 반환에 관한 법률을 통과시켰다.[83] 또한, 연대부가세법을 2019년 12월 10일 개정하여 2021년 하반기부터 적용하도록 하였다.[84]

연대부가세는 2021년부터 면세점을 대폭 인상함으로써 임금과 소득세 납세자의 약 90%는 부과되지 않도록 하였다. 예비적으로 추정한 바에 따르면, 연간 총소득이 73,874유로 이하인 독신사회보험적용 직원들은 2021년부터 더 이상 연대부가세를 내지 않아도 된다. 소득구간 III에 있는 독신 소득자는 연간 총 임금 151,990유로까지 연대부가세를 내지 않아도 된다.[85]

상기 연대부가세 개정법률에 따르면, 2020년 세액공제의 경우 변경된 사항은 없다. 그러나 연방의회는 이미 내년도 최저생계소득을 보장하고 이른바 누진세율동결 (kalten Progression) 효과를 고려하여 기본수당을 인상하고 임금과 소득세 세율의 기본 구간을 높이는 등 연대부가세 완화효과를 볼 수 있도록 결정하였다.[86]

나. 주요 개정내용

(1) 면세점 인상

기존에 연대부가세는 배우자합산과세방식을 선택한 경우 연간세금이 1,944유로를 초과할 경우 그리고 독신자, 이혼자 또는 배우자별산제를 선택한 경우 연간 세금이 972유로를 초과하는 경우에 한하여 부과되었는데 해당 금액을 각각 연간 33,912유로

---

83 (https://www.haufe.de/personal/entgelt/entwurf-zur-teilweisen-abschaffung-des-sol idaritaetszuschlags_78_497972.html), 2020. 1. 29. 검색.

84 BGBl. I 2019, S. 2115.

85 (https://www.haufe.de/personal/entgelt/entwurf-zur-teilweisen-abschaffung-des-sol idaritaetszuschlags_78_497972.html), 2020. 1. 29. 검색.

86 Steuern, Stuttgart, erfassungskonformität und Zukunft des Solidaritätszuschlags-auch unter Berücksichtigung der Diskussion um den Abbau der kalten Progression, DStR 2014, S. 1309.

및 16,956유로로 면세점을 대폭 상향조정하는 것으로 개정되었다.[87]

상시 급여를 기준으로 연대부가세 부과 여부를 결정할 시에는, 각 급여 기간에 다음에서 적시하는 금액을 초과하는 소득세 납부세액이 있는 경우에만 부과한다.[88]

A. 연봉의 경우
 - 구간 III: 33,912(1,944)유로 초과
 - 구간 I, II, IV to VI: 16,956(972)유로 초과
B. 월급의 경우
 - 구간 III: 2,862(162)유로 초과
 - 구간 I, II, IV to VI: 1,413(81)유로 초과
C. 주급의 경우
 - 구간 III: 659.40(37.80)유로 초과
 - 구간 I, II, IV to VI: 329.70(18.90)유로 초과
D. 일당 급여의 경우
 - 구간 III: 94.20(5.40)유로 초과
 - 구간 I, II, IV to VI: 47.10(2.70)유로 초과

그 외에 2021년부터는 아동수당충당금이나 양육비 등 각종 수당공제를 고려하여 납부할 세액이 다음과 같이 일정 금액을 초과하는 경우에 한하여 연대부가세를 부과하는데 이는 고용주가 한 해 동안 저소득 또는 평균 소득 근로자에 대해 연대부가세를 원천징수하지 않도록 하기 위한 것이다.[89]

 - 구간 III: 33,912유로 초과
 - 구간 I, II, IV to VI: 16,956유로 초과

---

87 Gesetz zur Rückfürung des Solidaritätszuschlags 1995 Vom 10. Dezember 2019 Artikel 3 Absatz 3.

88 Gesetz zur Rückfürung des Solidaritätszuschlags 1995 Vom 10. Dezember 2019 Artikel 3 Absatz 4.

89 Gesetz zur Rückfürung des Solidaritätszuschlags 1995 Vom 10. Dezember 2019 Artikel 3 Absatz 4a.

(2) 면제한도의 조정

연대부가세는 과세소득금액(과세표준)의 5.5%이며 연대부가세법('SolZG') 제3조 제
3항~제5항에 따른 부과기준금액과 면제한도(freigrenze) 간 차이의 20%를 초과해서
는 안 된다.[90] 동 비율을 금번 개정법률에서는 11.9%로 인하하였다. 연대부가세 부과
금액을 축소한 것이다. 감면된 연대부가세를 결정하는 경우, 소득세법 제32조의d 제
3항 및 제4항에 따른 양도소득에 대한 연대가산세율은 위 규정에 관계없이 5.5%를
적용한다.[91]

(3) 개인정보보호 규정 신설

독일 연방의회는 2019년 11월 20일 연대부가세법 제1조 제2항 후단에 다음과 같
은 규정을 신설하였다.[92]

"소득세나 법인세가 원천징수되는 경우에 원천징수를 위해서 처리된 개인정
보는 연대부가세를 원천징수할 때에도 이용될 수 있다."

해당 규정은 2018년 11월 29일 가족 관련 세부담경감에 관한 법률(Familienent-
lastungsgesetz) 제5조 제2항에 따라 연대부가세법 제3조 제2a항(근로소득세 원천징수관
련)이 개정되면서 도입되었다.[93] 이는 2019년 11월 25일 개정법률 제72조(1668면)를
보면 2018년 11월 29일 법률이 개정되면서 연대부가세법 제1조 제2항에 해당 문구가
추가된 것으로 확인된다.

연대부가세법 제3조(과세표준) 제2a항을 보면, 해당 규정에 따라 과세표준을 산정
할 때 인적 공제를 고려해야 하므로 개인정보가 필요하다. 따라서 근로소득세를 원천
징수하면서 처리된 개인정보가 연대부가세 과세표준을 산정할 때도 그 개인정보도 이

---

90 연대부가세를 면제받는 구간에 있는 납세자와 연대부가세를 부과받는 납세자 간의 세금부담 차이
    를 줄여주기 위한 조치이다.
91 Gesetz zur Rückfürung des Solidaritätszuschlags 1995 Vom 10. Dezember 2019 Artikel 4.
92 BGBl. I S., 2019, S. 1626.; Artikel 72 des Gesetzes vom 20. November 2019.
93 Gesetz zur steuerlichen Entlastung der Familien sowie zur Anpassung weiterer steuerlicher
    Regelungen (Familienentlastungsgesetz – FamEntlastG) vom 29. November 2018.

용할 수 있도록 한 것이다.

기존에도 개인정보를 활용하여 소득세나 연대부가세를 원천징수한 바 있으나 궁극적으로 해당 규정을 신설한 취지는 개인정보보호 강화 또는 개인정보이용에 대한 협력의무 등을 규정한 것으로 해석된다.

다. 시사점

독일은 2019년 11월과 12월에 연대부가세법 개정을 통하여 연대부가세 부과대상 납세자의 범위를 대폭 축소하기로 결정하였다. 지속적으로 이어진 조세 저항운동과 위헌소송에 따른 갈등을 해소하기 위한 조치로 볼 수 있다.

또한 독일 정부에서 연대부가세를 폐지 혹은 축소를 할 수 있게 된 배경에는 통일 직후 서독경제규모의 33%선이던 동독 경제 규모가 최근 70% 이상으로 이른 점을 들 수 있다.[94]

다만, 완전 폐지에 이르지 못하고 전체 납세자의 약 90%에 대하여 면제를 하고 약 10%에 해당하는 고소득자에 대해서는 선별적으로 부과를 하게 되는 부분적 폐지를 선택한 결과는 또 다른 위헌소송 제기 가능성을 내포하고 있다.[95] 모든 국민은 세금을 납부하여야 한다는 이른바 국민개세주의에 어긋나며 연대부가세가 사실상 부유세화된 측면을 문제삼고 있다. 다른 한편으로는 2019년 연대부가세법 개정법률의 영향으로 상업기업과 비상업기업 간의 세금부담차이가 줄어들게 되는 긍정적 측면이 있음을 주장한다.[96]

연대부가세법에 개인정보제공 협력의무를 규정한 것은 연대부가세를 부과하려면 개인정보가 필요한 바 자칫 엄격한 개인정보보호규정으로 인한 납세자와의 마찰을 사전에 방지하기 위한 입법으로 보인다.

---

94 Artikel 106 Absatz 3 und Artikel 107 Absatz 2 GG. (1995년부터 연대협약(Solidaripakts)의 일환으로 주재정조정제도(Länderfinanzausgleich)를 시행하여 동독지역의 주를 지속적으로 지원하였다.).

95 Höppner · Schewe, Die Folgen des Gesetzesvorhabens zur Rückführung des Solidaritätszuschlags – eine betriebswirtschaftliche Steuerwirkungsanalyse, Verlag Dr. Otto Schmidt, Köln, FR 2019, S. 881–892.

96 Broer, 앞의 논문, S. 283; Tipke · Lang, 앞의 책, § 5 Rechtsanwendung im Steuerrecht, Rn. 54.

제4절 | 연대부가세의 법적 쟁점

1. 개요

독일 연대부가세는 통일비용을 충당하기 위한 필요성에 따라 도입되었으며 모든 인구집단의 연대 재정 희생이라는 대전제하에 정당화되어 왔다. 하지만 1991년 연대부가세가 한시적으로 도입되어 1992년 6월 말로 일몰(폐지)된 반면 1995년 연대부가세는 기한 없이 징수되어 개인납세자들이 개별적으로 각 주의 재정법원에 위헌소송을 제기하는 경우가 발생하였으며 납세자연맹(Bund der Steuerzahler, 'BdSt')을 포함한 시민단체 등은 지속적으로 연대부가세 부과의 부당성에 대하여 이의제기를 해 왔다.

납세자연맹은 2006년 한시적으로 도입된 연대부가세를 계속적으로 징수하는 것은 기본법에 규정된 재산권 보장 등의 규정에 위반된다고 하면서 연방헌법재판소에 '연대부가세 위헌소송'을 제기했다. 이에 대하여 연방헌법재판소는 본안 심사 전 각하 결정을 내린 바 있다.[97]

하지만 이후 각 주의 재정법원들은 연대부가세의 위헌과 합헌에 대하여 각각 다른 판결을 내려 혼선을 일으켜 왔다. 예컨대 니더작센주 재정법원은 "일시적 성격의 연대부가세가 부과기한이 없는 세금으로 성격이 바뀌었다면 장기적 추가부담을 금지하고 있

---

[97] BVerfG v. 11.02.2008 - 2 BvR 1708/06. (3명의 헌법재판관이 본안 심사 전에 청구내용을 보고 헌법적으로 의미가 없다고 판단하여 각하 결정을 내렸다. 이 결정은 다음과 같은 후속 판결에 참조가 되었다.): FG Nürnberg 25. 9. 2014 - 4 K 273/12; FG Niedersachsen 21. 8. 2013 - 7 K 143/08; BFH 21. 7. 2011 - II R 52/10; BFH 21. 7. 2011 - II R 50/09; FG Niedersachsen 27. 5. 2010 - 12 V 58/10; FG Köln 14. 1. 2010 - 13 K 1287/09; FG Niedersachsen 25. 11. 2009 - 7 K 143/08; FG Saarland 20. 10. 2009 - 2 K 1260/07 BFH 24. 7. 2008 - II B 38/08; BFH 28.6.2006 - VII B 324/05.

는 기본법에 위배된다. 재정의 일시적인 최고수준의 수요를 충족하기 위한 부담금만 허용된다. 또한 소득세율이 2000년부터 2005년까지 53%에서 42%로 인하되었음에도 불구하고 연대부가세는 그대로 유지되었다는 점은 받아들일 수 없다."는 판결을 내렸다.[98]

반면 쾰른 및 뮌스터 재정법원에서는 연대부가세는 그 목적이 재정수요에 있는 것이라며 합헌판결을 내려 니더작센주 재정법원과 다른 견해를 보였다.[99] 이렇듯 각 주의 재정법원들이 제각각의 결정을 내리면서 국민들은 혼란스러워 했으나 세금부과에는 불만을 터뜨리면서도 동서독 간의 연대감에 따른 납세의무 자체에는 대체로 수긍하는 분위기를 유지했다.

니더작센주 재정법원은 위에 언급한 바와 같은 논리에 기반하여 연방헌법재판소에 위헌심판청구(2 BVL 3/10)를 제기하였다. 연방헌법재판소는 해당 사안에 대한 니더작센주의 청구를 기각했다.[100] 니더작센주 재정법원 결정의 위헌판단 근거를 보면, "연대부가세는 통일 비용을 충당하기 위한 보완세임에도 불구하고 실제로는 1995년 이후 계속하여 부과하고 있어 장기적인 세금으로 변질됐기 때문에 위헌"이며 1954년 연방헌법재판소 판례에 따르면 연대부가세와 같은 보완세는 일시적 예산 수요가 있을 때만 도입할 수 있다는 주장에 대하여 연방헌법재판소는 1972년 결정에서 보완세에 시한을 정할 필요는 없다는 입장을 분명히 했다면서 이에 따라 위헌심판청구를 받아들이지 않는다고 밝혔다.

독일 하원 금융위원회는 2018년 6월 27일 납세자들로부터 지속적으로 연대부가세를 계속 유지하는 경우의 합헌성 여부 및 지속적인 징수는 그 자체로 위헌성을 띄고 있다는 주장이 제기되고 있는 점을 들어 의회단체들이 요청한 공청회를 개최하였다.[101] 해당 공청회에서는 "연대부가세의 기본법적 문제, 완전폐지, 축소 내지 제한 여부"를 주요 의제로 정하고 공청회에 참여한 납세자, 시민 및 정당관계인 등의 의견을

---

98   FG Niedersachsen, 25. 11. 2009 – 7 K 143/08, FG Niedersachen v. 21.8.2013 – 7 K 143/08, DStRE 2014, S. 534; 이영대, "사유화(privatization)를 넘어서 안정화(stabilization)로 – 통독 법제통합 과정에서 발생한 분쟁 판례를 중심으로 –", 남북법제연구소, 2011, 302~303면.

99   FG Köln v. 14. 1. 2010, 13 K 1287/09, DStRE 2010, S. 1061; FG Münster v. 8. 12. 2009, 1 K 4077/08 E, DStRE 2011, S. 92; 이승헌 · 김갑식, 『한반도 통일비용의 쟁점과 과제』, NARS 현안보고서 제105호, 국회입법조사처, 2010. 12, 8면.

100 BVerfG, Beschluss der 1. Kammer des Zweiten Senats vom 8. September 2010 – 2 BvL 3/10 – Rn. (1–20); (http://www.bverfg.de/e/lk20100908_2bvl000310.html); BUNDESVERFASSUNGS GERICHT – 2 BVL 3/10 – / In dem Verfahren zur verfassungsrechtlichen Prüfung.

101 Hoch, Verfassungsrechtliche Fragen des Solidaritätszuschlags: Abschaffen, abschmelzen oder beibehalten?, DStR 2018, S. 2410.

청취하고 토론을 벌였다.

또한 연대부가세가 연방과 주 간의 연대협약에 따른 주재정조정을 위한 목적으로 도입이 되었고 그러한 재정수요를 상당부분 달성하였음에도 불구하고, 계속하여 연대부가세를 징수하는 것은 조세의 일반원칙에 부합하지 않아 위헌 가능성이 있으며 그에 따라 1991년 연대부가세는 한시적으로 도입되었다는 점을 부각시켰다. 그런가 하면 연대부가세의 성격이 1968년 도입된 보충적 부담금과 유사한 법적 성격을 가진 것으로 보면서 1972년 연방헌법재판소에서 결정한 보충적 부담금을 헌법에 적합한 것으로 결정[102]한 내용을 상기시키기도 하였다.

연대부가세의 헌법적합성 논쟁이 거듭 제기되는 가운데 독일 정부는 2019년 8월 21일 연방각료회의에서 연대부가세를 징수하는 목적을 상당부분 달성한 바 2021년 하반기부터 연대부가세를 폐지(혹은 대폭 축소)하는 것으로 결정하였다. 연방상원의 인준을 받아 확정된 안건에 따르면, 납세자의 90%는 연대부가세가 전면 면제되고 추가로 6.5%는 경감 혜택을 받게 되지만 고소득자는 계속해서 납부하여야 한다. 향후 연대부가세는 고소득자에게만 부과되는 부유세와 유사한 성격을 가지게 되는데 이 또한 재산권에 부여된 의무를 일부의 국민에게만 부과하는 결과에 이르게 되어 형평에 어긋난다는 법적 논쟁을 불러올 개연성이 생겼다.[103]

이하에서는 연대부가세의 법적 근거와 성격, 주요 논쟁 사항, 연대부가세의 위헌성 논쟁으로 부각된 주요의제, 연대부가세의 장기적 부과에 관한 각 주의 재정법원과 연방재정법원 그리고 연방헌법재판소의 결정과 공식견해 및 기타 법률적 쟁점 등에 대하여 살펴본다.

2. 연대부가세 일반론

가. 연대부가세의 정의

연방헌법재판소에 따르면, 보충부담금은 금융개혁법에 근거하여 부과되는 소득에

---

102   BVerfG v. 9.2.1972 – 1 BvL 16/69, BVerfGE 32, S. 333 (335), NJW 1972, S. 757.
103   Artikel 3 Absatz 1 AO; Artikel 14 Absatz 2 GG.

대한 세금이다. 연방은 소득, 재산, 상속 및 기부금 등에 대한 세금을 부과할 수 있는 조세의 입법권을 가지고 있다.[104]

연대부가세가 "소득세 및 법인세의 보충 공과금"의 성격을 가지고 있음을 밝히는 규정은 기본법 제106조 제1항 제6호이다.[105] 보충부담금 형태의 연대부가세는 연방 단계에서 통일 후 필요한 재원조달을 하기 위한 목적을 가진다. 이러한 이유로 보충 공과금 수익은 기본법 체계상 연방의 권한이자 의무로 볼 수 있다.[106]

기본법에서 보충부담금이란 용어를 사용하고 있음에도 불구하고, 동 법에서 보충 공과금의 정의규정을 두고 있지 않다. 보충부담금의 본래 정의는 연방예산의 수요 최고점을 충족시키기 위한 추가 자금조달로 엄격한 보조적 세금부과로 인식될 뿐 장기적 자금조달 수단으로서의 기능을 가지지 않고 있는바 역사적 관점에서 보충 공과금은 조세 입법자가 사용할 수 있는 보조적 수단으로만 분류되어야 하며 소비세 증가를 피하기 위한 도구로써 활용할 수 있다.[107]

요약하면, 연대부가세는 전통적인 의미의 세금이 아니라 기본법적으로 내재된 예외적인 성격을 지닌 보충적 부담금이며 원래 장기적으로 안정된 재정확보를 위한 수단은 아니다. 그러므로 보충 공과금으로서 연대부가세 부과의 요건은 엄격히 해석되어야 한다고 보는 것이다.[108]

나. 연대부가세의 성격

일반적으로 세금은 특정 효익의 대가로 지급되지 않는, 즉 반대급부가 없는 현금지급으로, 법이 납부해야 할 의무를 지는 상황에 있는 모든 사람에게 공공 혜택을 부

---

104 BVerfG-Beschluss v. 9. 2. 1972, 1 BvL 16/69; BVerfGE 32, 333, BStBl II 1972, S. 408; NJW 1972, 757 i. S. des Artikel 105 Abs. 2 Nr. 2 GG i. d. F. vor der Änderung durch das Finanzreformgesetz (FRefG) v. 12. 5. 1969 (BGBl I 1969, S. 359).

105 Art. 106 (1) Der Ertrag der Finanzmonopole und das Aufkommen der folgenden Steuern stehen dem Bund zu: 6. die Ergänzungsabgabe zur Einkommensteuer und zur Körperschaftsteuer.

106 Hoch, 앞의 논문, S. 2410.

107 BVerfG v 9.2.1972 – 1 BvL 16/69, BVerfGE 32, 333(340), NJW 1972, S. 757.

108 Seiler in Maunz · Dürig (Fn. 12), GG, Stand Jan. 2018, Artikel 106 Rn. 117.

여하기 위하여 법률적 공동체가 부과하는 것이다.[109] 수익을 얻는 것은 부차적인 것이 될 수 있다는 맥락에서 조세의 필수적인 특성은 무차별적 적용이며 이것은 국가의 일반적인 재정적 수요를 감당하기 위해 부과되고 원칙적으로 특정 목적을 두지 않고 부과된다.

그럼에도 불구하고 연대부가세는 구체적인 자금조달 요건에 기술되어 있는 바와 같이 명시적인 정당성을 요구하고 있다. 그러한 연유로 보충 공과금으로서 연대부가세를 세금으로 분류하는 것은 문제가 있다고 볼 수도 있다. 하지만 정당성 있는 목적세가 예산을 편성하는 의원들의 재량적 자유를 부당하게 제한한다고 볼 수 없다면 특별목적세도 허용된다.[110] 연대부가세를 특정 재정요건과 연결시키는 것만으로도 조세 개념 내의 기본법적 가치에 부합한다고 볼 수 있다.[111]

연대부가세는 소득세와 법인세에 부가되는 세금이다. 물적세금에 대비되는 개념으로 인적세금의 형태를 가진다. 연대부가세는 소득세와 법인세를 인상시키는 효과를 가지고 소득세나 법인세의 특별징수의 형태를 가지지만 이들 세금의 일부분은 아니다.[112]

다. 연대부가세 부과의 법적 근거

보충부담금 혹은 연대부가세가 법률적 의미에서 세금이라는 근거는 연대부가세법 제1조 제1호와 함께 기본법 제106조 제1항에서 "재정독점의 수익 및 다음 조세의 수입은 연방에 귀속한다."고 규정하면서 제6호에서 "소득세 및 법인세에 더한 보충부담금"을 명시하고 있는 데에서 찾을 수 있다. 이에 터잡아 연대부가세법 제1조 제2호에서는 "연대부가세의 결정 및 징수에는 소득세법 및 법인세법의 규정을 따른다."고 규정하여 부과 근거를 명확히 하고 있다.[113] 연방헌법재판소는 연대부가세를 세금

---

109   Artikel 3 Absatz 1 AO; Drenseck, in: Schmidt, EStG, 26. Aufl. 2007, § 51a Rz. 5.; Rekow, in: Ernst & Young, KStG mit Nebenbestimmungen, Std. Dez. 2007, SolZG 1995, Rz. 3.

110   Müller-Franken in Friauf · Höfling, Berliner Kommentar zum GG, Stand Febr. 2008, Artikel 105 Rn. 66; Pieroth (Fn. 18), Artikel 105 Rn. 6.

111   Hoch, 앞의 논문, S. 2411.

112   Lindberg, (Fn. 36), § 1 SolZG, Rz. 1; Rekow, (Fn. 41), SolZG 1995 Rz. 3.

113   Rohde · Geschwandtner, 앞의 논문, S. 3333.

으로 분류하고 있다.[114]

3. 연대부가세법의 위헌성 논쟁

가. 1968년 보충부담금의 위헌성 여부

연대부가세의 기원은 1968년 보충공과금에 있다고 본다. 당시 도입 배경은 개인의 소득세 부담을 증가시킴으로써 부가가치세 인상에 상응하는 희생을 감수하도록 함이었다. 능력 있는 사람이 그렇지 못한 사람보다 세금을 많이 부담(기여)하게 함으로써 정당성을 확보하자는 데에 있었다.[115]

어떠한 경우이든 간에 1968년 보충부담금이 도입되었을 때 재정수요의 최고점을 상쇄하기 위함이라든지 부과기한에 대한 제한 없이 설정되었다는 점은 그다지 중요하지 않았다.

슐레스비히–홀스타인(Schleswig–Holstein) 재정법원은 기본법 제100조 제1항 및 기본법 제 106 조 제1항 제7호[116]에 근거하여 보충부담금은 연방 정부의 재정수요를 충족하기 위한 것으로서 제한된 기간 동안만 도입될 수 있다고 판단했다.[117]

이에 대하여 연방헌법재판소는 우선 연방정부가 1949년에 이미 보충 부가세를 설계할 수 있는 입법적 권능을 가지고 있다는 것을 명확히 하면서 1968년 추가 부담금이 기본법에 적합하다고 평가했다. 연방헌법재판소는 또한 기본법 입법자가 그러한 부담금의 본질을 인정하는 사상에 반하는 "보충부담금"이라는 이름으로 세금을 도입할 자격은 없다고 했다.[118]

연방헌법재판소는 구 기본법 제106조 제1항 제7호와 제105조 제2항의 관계를 확

---

114   BVerfG, NJW 2000, S. 797.

115   Kube, 앞의 논문, S. 1795.

116   Altes GG.

117   Artikel 100 Absatz 1 GG. (법원이 법률의 위헌 여부가 재판의 전제가 된다고 판단하는 경우 법원은 그 절차를 중지하여야 한다. 주 헌법의 침해가 문제인 경우에는 주의 헌법분쟁 관할법원의 결정이 중지된다. 기본법의 침해가 문제인 경우에는 연방헌법재판소의 결정을 구하여야 한다. 이는 주법의 기본법 침해 또는 주법률의 연방 법률과의 합치 여부가 문제된 경우에도 동일하다.).

118   BVerfG v. 9.2.1972 – 1 BvL 16/69, BVerfGE 32, S. 333 (335), NJW 1972, S. 757.

인하면서 이는 현 기본법 제106조 제1항 제6호와 제105조 제2항과 동일하다고 보았다.[119] 해당 조항에서는 연방이 조세 입법에 있어 배타적 권한을 가지고, 그러한 권한이 주와 경합 시에 경쟁적 입법권을 가짐을 규정하고 있다. 주 간의 균등한 생활관계의 형성이나 전체 국가적 이익 면에서 법적 통일과 경제적 통일의 유지를 위하여 연방법률이 필요한 경우 그 범위에서 입법권을 갖는다는 점을 명확히 하고 있다.[120]

연방정부는 "부담금의 입안, 특히 그 규모, 연방 및 주정부 또는 국가가 개인소득세와 법인세에 총체적으로 부과하는 부유세를 약화시킬 수 있다면 추가 부담금을 도입하지 않을 수 있다."고 언급했다. 따라서 추가 부담금은 소득세와 법인세에 비례해야 한다. 1968년 소득세 또는 법인세의 3%의 금액에 대한 추가 부담금의 계산에 관하여, 독일 연방헌법재판소는 허용 범위의 한도를 "분명히 초과해서는 안 된다."며 헌법상 추가 부담금은 "처음(도입시점)부터 (일몰시점을) 제한함"은 필요하지 않다고 판단하였다.[121]

연방헌법재판소는 기본법 제106조 제1항 제6호에 근거하여, 장기적으로는 연방의 재정 요건이 증가하더라도 연방정부에게 연방소비세를 인상하는 대신 개인소득세를 부과할 수 있는 기회가 주어져야 한다며 보충 공과금은 부가가치세 측면에서 독일 연방 및 주정부의 빈번한 개정을 피하는 데 도움이 될 수 있다고 하였다. 연방헌법재판소는 이는 구 기본법 제106조 제1항 제7호에 대해 위에서 설명한 바와 관련이 있다고 한 반면 동 법에 대한 정부 재단의 언급은 "너무 막연하다."고 간주하여, 한정된 기간 동안만 부가세를 부과할 수 있음을 암시하기도 하였다.[122]

요약하면, 연방헌법재판소는 1968년 추가 부담금을 위와 같은 논지를 근거로 한

---

119 Artikel 105 Absatz 1 GG. (연방은 관세 및 재정전매에 관한 배타적 입법권을 가진다.); Absatz 2. [연방은 조세수입의 전부 또는 일부가 연방에 귀속하는 경우, 또는 제72조 제2항(연방은 제74조 제1항 제4호, 제7호, 제11호, 제13호, 제15호, 제19a호, 제20호, 제22호, 제25호 및 제26호의 영역에서 균등한 생활관계의 형성이나 전체 국가적 이익 면에서 법적 통일과 경제적 통일의 유지를 위하여 연방 법률이 필요한 경우, 그 범위에서 입법권을 갖는다.)의 조건이 존재하는 경우 그 외의 조세에 관하여 경쟁적 입법권을 가진다.].

120 Holly · Hilgers, Die Verfassungskonformität des Solidaritätszuschlags, LSK 2010, 270455, S. 1 (Kurzfassung): Das SolZG ist zurzeit formell und materiell verfassungsgemäß. Der Bund hat die erforderliche Gesetzgebungskompetenz zum Erlass des SolZG gem Article 105 II, Article 106 I Nr. 6 GG (konkurrierende Gesetzgebung).

121 BVerfG v. 9. 2. 1972 - 1 BvL 16/69, BVerfGE 32, S. 333 (338), NJW 1972, S. 757.

122 BVerfG v. 9. 2. 1972 - 1 BvL 16/69, BVerfGE 32, S. 333 (341), NJW 1972, S. 757.

정된 기간 동안만 부과할 수 있는 것이 아닌가 하는 암시를 주면서도 합헌으로 판시하였다.[123]

나. 1991년 연대부가세법의 위헌성 여부

연대부가세는 부담금의 목적인 재정수요 최대치를 반영하여 한시적으로 부과된 세금이라는 취지에서 합헌적 세금으로 간주되었다.[124] 연방헌법재판소는 그 이유를 다음과 같이 들었다.[125]

"우선 이미 1995년 연대부가세법이 시행되고 있는 상황에서 기간 경과로 더 이상 적용되지 않는 법률에 대한 헌법소원은 중요성이 없어 받아들일 수 없다고 한 선 사례(BVerfGE 911, S. 186 [200] = NJW 1995, S. 381)가 있어 1991년 연대부가세가 조세기본법('AO') 제2조 제1항에서 규정하고 있는 연대부가세가 자유 인격권 침해금지 조항을 위배했는지 여부와 관련하여 연방의회의 동의를 필요로 한다는 주장은 근본적으로 따질 이유가 없다."[126]

헌법소원 결정에 중요한 헌법상의 문제는 연방헌법재판소의 선 결정례에서 명확히 밝히고 있음도 주지하여야 한다. 1991년 연대부가세에서 소비세 인상과 함께 한시적으로 소득세 및 법인세에 부가세를 부과할 수 있는지에 대해서 추가 부담금은 연방정부의 배타적 공공예산정책에 대한 재정수요 충족을 위한 과세이므로 시간적 제한과 상충되지 않는다.[127] 재정수요가 필요한 상황이라면 덜 중요한 분야의 재정을 절약하거나 낭비를 줄임으로써 충당할 수 있기 때문에 연대부가세를 부과하는 것은 비례성원칙에 어긋난다는 주장은 기본법상 특정 조항과 명확히 연결되지 않는다 할 것이며 상원은 재정지출 결정과 상관없이 국가가 세금을 부과하는 것에 대한 과세한도

---

123 Kube 교수는 1968년 보충부담금이 이전의 소비세 인상분을 보전하고 인구의 공정성에 기여하는 입법목표를 이런 맥락에서 어떻게 분류해야 하는지는 여전히 불명확하다고 보았다.

124 BFH v. 28. 2. 1996, XI R 83, 84/94, BFH/NV 1996, S. 712.

125 BVerfG-Beschluss v. 19. 11. 1999, 2 BvR 1167/96, NJW 2000, S. 797.

126 Artikel 2 Absatz 1 GG. (타인의 권리를 침해하지 않고, 헌법질서나 도덕법을 위반하지 않는 한, 모든 사람은 자신의 인격의 자유로운 발전에 대한 권리를 갖는다.).

127 BVerfGE 32, 333 [340ff.] = NJW 1972, S. 757.

를 결정할 권한이 있다.

마지막으로 연방헌법재판소는 "추징금" 혹은 "보조금" 같은 개념 정의에 관한 문제는 다루지 않는다고 언급하였다.

다. 1995년 연대부가세법의 위헌성 여부

(1) 개요

독일 니더작센주 재정법원은 연방재정법원에 연대부가세의 위헌 여부에 대하여 소송을 제기한 바 있다.[128] 연방재정법원은 연대부가세는 도입 당시 보충적 부담금의 조건을 충족시킨 바 기본법적으로 정당하다고 판결하였다.[129]

니더작센주 재정법원처럼, 연대부가세의 부과가 위헌이라며 제소한 사례는 여타 주들에서는 발생하지 않았다.[130] 연방재정법원은 2007회계연도에 대한 연대부가세를 적법하게 검토한 결과 니더작센주의 제소는 근거가 없다고 보아 재정법원법('FGO') 제126조 제2항에 따라 받아들이지 않았다.[131] 니더작센주 재정법원은 기본법 제100조 제1항에 근거하여 연방헌법재판소에 항소를 제기할 수 없다.[132]

해당 소송에서는 연대부가세의 위헌 여부를 판단하는 주요 법적 쟁점들이 다루어졌다. 이하에서 해당 법적 쟁점들을 살핀다.[133]

---

128 해당 소송은 납세자가 니더작센주 재정법원에 연대부가세의 과세표준 산정 시에 개인과 법인을 차별하는 것은 헌법상의 형평성에 문제가 있다며 소송을 제기하면서 시작되었다. 개인의 경우 감면액을 연대부가세 과세표준에서 공제해 주는 반면 법인의 경우 해당 감면액을 공제해 주지 않는 점을 차별로 본 것이다.

129 BFH v. 21.7.2011 – II R 52/10, BStBl. II 2012, 43, DStRE 2011, S. 1199.

130 FG Köln v. 14. 1. 2010, 13 K 1287/09, DStRE 2010, S. 1061.

131 Artikel 126 Absatz 1 Finanzgerichtsgesetzes.

132 Artikel 100 Absatz 1 GG. (법원이 법률의 위헌 여부가 재판의 전제가 된다고 판단하는 경우 법원은 그 절차를 중지하여야 한다. 주 헌법의 침해가 문제인 경우에는 주의 헌법분쟁 관할법원의 결정이 중지된다. 기본법의 침해가 문제인 경우에는 연방헌법재판소의 결정을 구하여야 한다. 이는 주법의 기본법 침해 또는 주법률의 연방 법률과의 합치 여부가 문제된 경우에도 동일하다.).

133 Holly · Hilgers, Die Verfassungskonformität des Solidaritätszuschlags, DB 2010, 1419–1422; Vergleiche FG Köln 13. Senat, 14. Januar 2010, 13 K 1287/09; Vergleiche FG Münster 1. Senat, 8. Dezember 2009, 1 K 4077/08 E; Vergleiche Niedersächsisches Finanzgericht 7. Senat, 25. November 2009, 7 K 143/08.

(2) 연대부가세율의 적정성 여부

연대부가세법 제1조에 따르면, 연대부가세는 개인 소득세와 법인세에 대한 보충부담금으로 부과된다. 연대부가세는 소득세 또는 법인세가 부과되는 한 산정된다(Artikel 3 Absatz 1 Nr. 1 SolZG). 연대부가세는 부과 기준금액의 5.5%이다(Artikel 4 SolZG).

연대부가세법은 기본법에 근거하여 제정되었다. 연방의 입법권한은, 연대부가세를 보충부담금의 일환으로써, 1998년부터 부과기간 동안 부과소득(과세기준)에 5.5%로 부과하는 것으로 구성된다. 연대부가세의 해당 조항은 기본법 제2조 제1항을 침해하지 않는다.[134] 연대부가세는 납세자에게 재산상의 불이익을 주면서 부과되고 있다.[135] 법적 실체를 가진 법인으로서, 기본법 제19조 제3항을 참조하면 기본권을 침해하는 사항은 없다.[136]

연방정부는 조세법을 제정할 수 있는 입법권을 가지고 있다. 기본법 제106조 제1항 제6호에 따르면, 연방정부는 소득세와 법인세에 대한 연대부가세를 징수할 권리가 있기 때문에 입법권도 가지고 있다. 즉, 연방정부는 연대부가세법을 채택할 때 기본법에 부여된 입법권의 재량한계를 초과하지 않았다. 1998년부터의 부과 기간에 대한 연대부가세는 기본법이 보충부담금을 부과하도록 하는 부과요건에 해당한다.[137]

연대부가세 징수는 기본법의 재정질서에 위배되지 않는다. 연대부가세 도입 시 최초 부과기준의 7.5%에 해당하는 부가세는 1998년부터 부과기준의 5.5%로 감소되었다.[138] 2007 부과연도에도 적용된 5.5%의 부가가산율은 연방평의회가 기본법의 심의 과정에서 정한 제한치(소득세와 법인세의 5%)보다 약간 높을 뿐이다.[139]

연방헌법재판소는 기본법 제106조 제3항 제2호에 따라 연방정부와 주정부의 세수부과에 관한 한도를 정하지 않았다.[140] 단지 3%의 추가 부담금이 그 한도를 초과하

---

134 누구든지 다른 사람의 권리를 침해하거나 헌법 질서 또는 도덕률에 반하지 않는 한 자기의 인격을 자유로이 실현할 권리를 가진다.

135 BVerfG-Beschluss v. 15. 12. 1970, 1 BvR 559, 571, 586/70; BVerfGE 29, 402, BStBl II 1971, 39, NJW 1971, S. 319.

136 Artikel 19 Absatz 3 GG.

137 2002년 연대부가세의 합헌성에 관한 판결은 BFH-Beschluss v. 28. 6. 2006, VII B 324/05, BFHE 213, 573, BStBl II 2006, 692, DStR 2006, S. 1362 참조.

138 BGBl I 1997, 2743, BStBl I 1997, S. 967.

139 BVerfG-Beschluss in BVerfGE 32, S. 333; BStBl II 1972, S. 408.; NJW 1972, S. 757, m. w. N.

140 Artikel 106 Absatz 3 Nr. 2 GG.

지 않았다고 명시하고 있을 뿐이다.[141] 주로 세율에 따라 측정할 수 있는 문턱(한도)은 금액으로 판단하기 어렵다.[142] 그러나, 연방과 주 정부들이 공동으로 소득세와 법인세를 징수하는 것은, 연대부가세의 성격상 연방 정부만 추가 징수함으로써, 상당한 부담을 지게 된다는 것을 전제로 한다. 5.5%의 연대부가세는 조세부담의 한도를 초과하는 정도의 부담은 아니다. 연대부가세는 소득세와 법인세에 비례하여 부과되는 바 기본법상 비례의 원칙에 부합한다.

부가가산율은 상원의원(참의원)이 당초 제안한 보충적 부담금의 상한에 가깝다. 다른 한편으로, 연대부가세는 부과기준소득으로서 소득세 또는 법인세와 연계되어 있다 (Artikel 3 Absatz 1 Nr. 1 SolZG). 그러므로 소득세나 법인세가 높아지면 연대부가세가 높아지는 것은 기본법상에서 용인된다.

연방정부가 개인소득세와 법인소득세에 연대부가세를 부과하는 것만으로 연방의 주들에게 위헌적인 성격의 불이익을 주지는 않는다. 왜냐하면 연방, 주 및 지방 당국에 양여(배분)되는 세수에서 불이익을 받지 않았다는 것이 입증되기 때문이다.[143]

이는 연방이 연대부가세에서 상당한 세수를 징수하더라도 그 때문에 연방세와 주세를 약화시키지 않았다는 것을 의미한다.

(3) 일몰기한의 제정 필요성

연대부가세법을 제정할 때 연대부가세의 부과기한에 제한을 두지 않은 것은 기본법상 허용된다.[144] 기본법상 연대부가세를 처음부터 제한하거나 단기간만 부과할 것

---

141 BVerfGE 32, S. 333; BStBl II 1972, S. 408; NJW 1972, S. 757.

142 Hidien, in: Dolzer/Vogel/Graßhof (Hg.), Bonner Kommentar zum GG, Artikel 106 Rz. 1433.

143 Artikel 106 Absatz 3 Nr. 1 GG. (통상의 수입의 범위 내에서 연방 및 주는 그들이 필요로 하는 지출을 충당할 동일한 청구권을 가진다. 이때 지출의 범위는 여러 해에 걸친 재정계획을 고려하여 산출하여야 한다.); Absatz 5. (지방자치단체는 주로부터 지방자치단체 주민의 소득세 납부에 근거하여 비례하여 확정되는 소득세의 수입에서 지분을 받는다. 자세한 사항은 연방상원의 동의를 요하는 연방 법률로 정한다. 법률은 지방자치단체가 지방자치단체의 지분에 대하여 징세율을 확정하도록 정할 수 있다.); Absatz 5a. (1998년 1월 1일부터 지방자치단체는 판매세의 수입에서 지분을 받는다. 지분은 주가 지역 및 경제에 관련한 기준에 근거하여 그 주의 지방자치단체에 전달한다. 자세한 사항은 연방상원의 동의를 요하는 연방 법률로 정한다.).

144 Rohde · Geschwandtner, 앞의 논문, S. 3334; BVerfG, NJW 2000, S. 798.

을 규정할 필요는 없다.[145] 연대부가세는 소비세를 늘리지 않고 추가 연방 재정 수요를 조달하는 기능을 가지고 있다. 비록 소득세 및 법인세가 인상되는 결과를 가져오는 것은 만족스러운 해결책이 아니라할지라도 또한 소비세 인상에 연방정부의 배타적·추가적 필요성이 있더라도, 공공 예산의 재정조달을 위하여 소득세와 법인세에 부가하여 부과할 수 있다.[146]

1995년 연대부가세는 독일 통일과 관련하여 발생한 주재정조정 목적을 충족하기 위하여 도입되었다.[147] 동 법의 입법취지에는 독일 통일의 완성을 위한 재원 마련을 위해서는 인구 전 분야에 의한 확고한 재정적 희생이 불가피하다고 명시하고 있다. 따라서, 1995년 1월 1일부터 시행되며, 중기적으로 검토해야 할 모든 과세 대상자에 대한 임금, 소득 및 법인세의 부가세가 제안되었다. 이것은 또한 세금정의의 관점에서 옳은 해결책이다. 소득상한에 제한이 없는 연대부가세는 그들의 능력에 따라 비례적으로 모든 납세자들에게 부과될 것이다.

통일로 인한 재정부담과 1995년부터 해결해야 할 재정문제 리스크를 관리하기 위해 연대부가세가 도입된다는 연방정부의 공적 견해는 이를 인정하기에 충분하다.

특정 재정지출을 어떤 세금으로 조달할 것인지, 어느 정도까지 다른 세원(예: 부가가치세 수입의 재분배)으로 조달할 수 있는 것인지를 구체적으로 명시할 필요는 없다.

연방헌법재판소의 결정에 따르면, 연방이 독점적으로 그리고 제한적으로 재원을 조달할 수 있는 경우에 한하여 연대부가세의 부과가 허용된다는 추론은 받아들일 수 없다.[148] 결론적으로 연대부가세법에 연대부가세의 부과기한에 제한을 두지 않은 것은 기본법에 위배되지 않는다.

(4) 재정수요 요건의 충족 여부

연대부가세에서 나오는 조세수익이 '동독의 재건' 수요에 실제로 배정되었는지는 연대부가세법의 기본법상 적합성과 무관하다. 연대부가세는 연방정부가 비용을 충당

---

145   BVerfG-Beschlüsse in BVerfGE 32, S. 333, BStBl II 1972, 408, NJW 1972, S. 757; v. 19. 11. 1999, 2 BvR 1167/96, NJW 2000, S. 797; v. 8. 9. 2010, 2 BvL 3/10, DStR 2010, 1982 (BVerfGE).

146   BVerfG-Beschluss in NJW 2000, S. 797.

147   BT-Drs. 12/4401, S. 4 f. 51.

148   BVerfGE 32, S. 333; BStBl II 1972, S. 408; NJW 1972, S. 757.

할 수 있는 세금이다. 조세의 부과 및 징수 시에, 어떻게 법률적 쟁점을 해소할 지를 혹은 어떻게 재원을 조달할지를 결정하는 것은 입법권자의 입법재량의 일부로서, 근본적으로 사법 검토의 관할권을 벗어난다.[149] 게다가 연대부가세는 동독의 새로운 주들의 재정수요를 보충해 주는 과정에 재원을 마련하는 목적에 한정하여 도입된 것이 아니다. 연대부가세는 통일과 관련된 재원을 조달하기 위한 일반적인 세수의 증대를 목적으로 부과된다. 여기에는 '총부채부담(특정 주의 채무)'도 포함된다.[150]

연대부가세는 모든 국민에게 납세의 의무를 요구하고 있다.[151] 이것은 그 용어에 담긴 의미로 분명히 알 수 있다. 따라서 조세법률주의의 주요요건인 과세요건의 법정주의와 과세요건의 명확주의에 대한 위반도 없다.[152]

(5) 부과의 시간적 제한 필요성

연대부가세는 2007년 부과기간분부터 시한을 규정하지 않았기 때문에, 입법부는 기본법상 연대부가세를 무효화할 의무가 없었다. 따라서 그 자체로 위헌이 되지는 않는다. 연대부가세는 사실상 기간의 제한없이 부과할 수 있다.[153] 연방과 주 정부 간의 업무분장 원칙상, 연방정부에게는 주정부보다 더 긴 기간 동안 추가로 재원조달을 요구할 수 있다. 이는 기본법을 개정할 때 심의과정에서 고려되었다.[154]

영구적으로 재정수요가 발생하는 경우, 해당 재원은 임시적으로 부과되는 공과금이 아닌 세금으로 조달되어야 한다. 따라서, 연대부가세의 도입에 결정적인 상황이 근본적으로 변화할 경우, 예를 들어 조세기본법('AO')에 연대부가세의 부과가 지속되어서는 안 된다거나, 영구적으로 주 간의 재원조달에 격차가 발생했기 때문에 부과될 수 없다는 등의 사정변경이 발생하지 않았다면 연대부가세는 기본법('GG')에 위배

---

149 BVerfG-Beschluss in BVerfGE 32, S. 333; BStBl II 1972, S. 408.; NJW 1972, S. 757.

150 BT-Drs. 12/4401, S. 1 ff.

151 BT-Drs. 12/4401, S. 51.

152 Artikel 20 Absatz 2 GG. (모든 국가권력은 국민으로부터 나온다. 국가권력은 국민에 의하여 선거와 투표로, 그리고 입법, 행정 및 사법의 특별 기관을 통하여 행사된다.); Artikel 20 Absatz 3 GG. (입법은 헌법질서에, 행정 및 사법은 법률 및 권리에 구속된다.).

153 BVerfG decision in BFH; NV 2010, S. 2217, unter II.2.b.

154 BVerfG-Beschluss in BVerfGE 32, S. 333; BStBl II 1972, S. 408; NJW 1972, S. 757, unter C.I.3.c.

될 수 없다.[155]

하지만 이 경우에도 사정변경이 발생했다는 사실이 명확하게 입증되면 연대부가세의 합헌성이 의심된다. 연대부가세가 도입된 목적과 달리, 13년(1995~2007년 포함)에 걸친 연대부가세 징수액은 연방 예산의 수요 최고점을 감당했다는 점에서 조세의 본질에 충실했다고 볼 수 있고 따라서 기본법상의 규정과 모순되지 않는다.

입법권자가 연대부가세의 부과기한을 제한할 이유는 명백하지 않다. 입법부가 연대부가세의 부과기한을 제한할 것으로 의도했다면, 제한시간을 법으로 규제한 1991년 연대부가세법의 연대부가세와 동일한 효력을 가지게 되었을 것이다.[156] 결과적으로 연대부가세의 부과에 시간적 제한이 요구되지 않는다.

(6) 평등의 일반원칙 준수 여부

연대부가세법은 여러 차례 개정되었다. 의회는 연대부가세 가산율을 1998년에 5.5%로 낮췄다. 연대부가세법의 심사는 개정입법의 틀 안에서 이루어졌지만, 반드시 납세자간에 평등하게 개정되지는 않았다.

2007년의 연대부가세 징수도 기본법에 따른 기본권의 조항을 달리 위반하지 않았다.[157] 따라서 2007년 연대부가세는 기본법상의 평등의 일반원칙에 위배되지 않는다.[158] 연대부가세는 소득세와 법인세, 법인세의 대상이 되는 개인과 자산의 협회, 모든 개인에게 균등하게 부과된다(Artikel 2 SolZG). 이런 점에서는 법인(협회 등의 단체)에게 불평등한 대우를 할 수 없다. 부가세율이 과세기준의 5.5%로 정해져 있어 납세자는 각자의 납부 능력에 따라 각각 다른 요금이 부과되기 때문에 수직적 공평의 원칙에 부합한다. 따라서 평등원칙에 위배된다고 보기는 어렵다.

결론적으로 고소득자에게 고액의 연대부가세가 부과된다. 하지만 고소득자는 세금 부담을 공제하고 난 후에도 저소득자보다 상대적으로 많은 가처분소득을 가진다. 따라서 고소득자에게 더 높은 세금부담을 지우는 것을 기본법상 평등의 원칙을 위배

---

155 Hidien · Tehler, StBW 2010, S. 458, unter II.5.c.
156 BGBl I 1991, 1318, BStBl I 1991, S. 640, zum Solidaritätszuschlag für 1991 und 1992.
157 Artikel 19 Absatz 3 GG.
158 Artikel 3 Absatz 1 GG.

했다고 볼 수 없다.[159]

(7) 개인과 법인의 차별이 정당한지 여부

2000년 10월 23일자 법인세율 인하 및 법인세 개혁에 관한 법률(Gesetz zur Senkung der Steuersätze und zur Reform der Unternehmensbesteuerung, 'StSenkG')에 따라, 법인세를 공제하는 절차가 소득의 절반 혹은 면제하는 방식으로 대체되었다.[160] 2002년까지 법인세의 세수가 감소함에 따라, 2003년 4월 11일 이후 2006년 1월 1일 이전에 발생한 배당에 대한 법인세 감면은 법인세법(KStG) 제37조 제2항 제1호에 따라 정지되었다. 2005년 12월 31일부터 2007년 1월 1일 사이의 공개이익배당분은 법인세법 제37조 제2a항 제1호에 따라 추가로 최고한도 규정을 적용[161]받은바 이러한 규정에는 예산상의 세수부족이라는 이유가 결정적이었다.[162] 이 기간 동안에 남아 있는 법인세의 공제액은 모두 소멸되었다.[163]

법인은 감면액에 대하여 연대부가세 감세를 주장할 수 없는 반면, 개인은 감세혜택을 받는다. 해당 과세기간에 소득세법 제35조에 따른 세금이 감면되는 경우, 연대부가세의 부과기준에 해당하는 과세표준액을 줄임으로써 연대부가세가 감소된다.[164]

연대부가세법 제1항 제5호 첫째 문단에 따라, 연대부가세의 부과근거나 과세소득금액에 대해서는 불복을 제기할 수 없다. 소득세 및 법인세 부과는 이러한 측면에서

---

159 BVerfG-Beschluss v. 18. 1. 2006, 2 BvR 2194/99, BVerfGE 115, S. 97; DStR 2006, S. 555.

160 Heinstein · Hohenheim, Realisierung des Guthabens aus Körperschaftsteuer und Solidaritätszuschlag (!) nach § 37 Abs. 5 KStG, DStR 2008, 382; BStBl I 2000, 1433.; Birk, StuW 2000, 328, 334 f; Hey, DStJG Sonderband 2001, Unternehmensteuerreform, 6, 13 ff; Tipke, Steuerrechtsordnung, Bd. II, 2. Aufl., Köln 2003, S. 1175 ff; Bareis, BB 2003, S. 2315.

161 Bareis, (Fn. 9), C III Rz. 826 m. w. N. Zur Verfassungsmäß igkeit des Körperschaftsteuer-Moratoriums; BFH v. 8. 11. 2006, I R 69, 70/05, DStRE 2007, S. 165.

162 Siegel · Bareis, Strukturen der Besteuerung, 4. Aufl. 2004, S. 167.

163 Sureth, Steuerreform und Übergangsprobleme bei Beteiligungsinvestitionen, 1. Aufl. 2006, S. 158; Bock, StB 2007, S. 176~177.

164 Artikel 15 Absatz 1 Einkommensteuergesetz: Geschäftseinkommen; Artikel 2 Absatz 6 Absatz 1 Einkommensteuergesetz: Umfassende Einkommensteuer; Artikel 3 Abs. 1 Nr. 1 und 2 SolZG: Wie man rechnet des SolZG.

연대부가세 결정을 위한 기본적인 항목이 된다.[165] 그러나 이와 무관하게, 법인의 경우 세액공제를 허용하지 않음을 기본법상 반대할 수 없는데 이는 모든 부적합하거나 만족스럽지 못한 법적 조치가 그대로 기본법상의 한계(과잉금지의 원칙)를 넘어서는 것은 아니기 때문이다.[166]

2007년 소득세법 제35조의 세금감면을 개인기업 및 공동기업인의 상업소득으로 제한하는 것은 기본법 제3조 제1항을 위반하지 않는다.

기본법 제3조 제1항에서 규정하고 있는 평등의 일반 원칙은 모든 인간은 법 앞에 평등한 바 입법자가 평등한 대우를 하도록 요구하고 있다.[167] 그것은 불평등한 부담뿐만 아니라 불평등한 급여에도 적용된다.[168] 또한, 조세상의 수혜가 특정 개인에 부여되지만 다른 개인에 대해서는 보류되는 것은 용납되지 않는다.[169]

규제의 대상과 차별화 특징에 따라, 평등의 일반 원칙은 단지 차별의 금지부터 비례요건에 대한 엄격한 구속에 이르기까지 입법자에 대해 서로 다른 한계를 제기한다. 불평등하게 대하려면 개별적인 정당성을 입증하는 요구 사항을 충족해야 한다. 입법부가 다른 유형의 소득에 대해 서로 다른 세율 체계를 선택하는 경우, 입법 기본 결정 이후의 소득이 동일한 능력을 나타내더라도 이 불평등한 처리는 특별히 정당성 요건을 충족해야 한다.[170]

소득세법 제35조에 따른 감면의 형태로 일괄세액공제하여 소득세를 감면한 것은 조세감면법이었다. 그리하여 상업소득과 자영업소득은 동일하게 취급되었다.[171]

또한, 법인세 인하는 기업과 관련된 파트너십과 독점적 소유권에 동등한 수준의 경감 효과를 제공하기 위한 것이었다.[172] 법인의 경우 법인세율은 2001년부터 25%

---

165   BFH −Urteil v. 27. 1. 2011. III R 90/07.; BFHE 232. S. 485; BStBl II 2011. S. 543.; DStRE 2011. S. 833.

166   Heinstein · Hohenheim, 앞의 논문. S. 384 (Fuß note 54); Streck · Binnewies. DB 2007. S359~361, sprechen in diesem Zusammenhang von einem echten Nachteil im Hinblick auf den Solidaritätszuschlag.

167   BVerfG−Beschluss v. 21. 6. 2006. 2 BvL 2/99. BVerfGE 116. S. 164; DStR 2006. S. 1316.

168   BVerfG−Beschluss v. 8. 6. 2004. 2 BvL 5/00. BVerfGE 110. S. 412; BeckRS 2004. S. 24365.

169   BVerfG−Beschluss v. 11. 1. 2005. 2 BvR 167/02. BVerfGE 112. S. 164; DStR 2005. S. 911.

170   BVerfG−Beschluss in BVerfGE 116. S. 164; DStR 2006. S. 1316.

171   BFH−Urteil v. 27. 9. 2006. X R 25/04. BFHE 215. S. 176; BStBl II 2007. S. 694; DStR 2007. S. 387.

172   BT−Drs. 14/2683. S. 97.

로 낮아졌고, 반면 소득세 납세자는 적용 최고세율이 상당히 높았다. 2001년 1월 1일부터는 48.5%, 2003년 1월 1일부터는 47% 그리고 2005년 1월 1일부터는 42%였다.

기본법상 규정에 근거하면, 법인은 소득의 25% 세율로 법인세만 부담하고 있었기 때문에, 기업에게 영업비로서 무역세를 공제하고 소득세법 제35조에 해당하는 세금감면 외에 굳이 추가 감면혜택을 부여할 필요가 없다. 법인의 경우, 연대부가세를 부과하는 과세표준인 법인세율이 이미 낮기 때문이다.

그러므로 법인에 대해서는, 법인세 감면분에 대하여 연대부가세 감면 혜택을 부여하지 않는 것이 기본법상의 평등원칙에 부합하는 것이다.

(8) 신뢰이익의 보호

입법부는 연대부가세를 중기적으로 지속할지 여부를 검토해야 한다는 이유만으로 2007년 부과기간부터 연대부가세를 축소할 의무가 없다. 연대부가세가 축소됨으로써 이익을 얻을 납세자의 신뢰이익을 해치지 않았기 때문이다.

이러한 관점에서 입법부는 연대부가세의 계속적인 부과를 근본적인 권리침해로 보지 않았다.[173] 단지 연대부가세 징수를 중기적으로 검토하겠다는 발표만으로, 납세자들은 일정 기간이 지나면 연대부가세를 줄이거나 없앨 것이라는 확신을 가질 수 없다. 그 발표는 단지 검토만을 위한 것이었고 특정한 관련 결과를 위한 것이 아니었다. 더욱이 입법 과정에서 이 발표가 합법적인 기대의 기본법적 보호를 정당화할 수는 없었다.

원칙적으로 납세자들은 국회의원이 사회경제적 그리고 정책목적으로 부여된 미래의 세제혜택을 전적으로 지지할 것이라고 확신하지 않으며 연대부가세 법령을 폐지할 것이라고도 믿지 않았다.[174] 결론적으로 보호받을 신뢰이익이 없기 때문에 신뢰이익 보호의 원칙을 위배하지 않았다.

(9) 재산권 침해 여부

기본법 제14조는 재산권의 보장에 대한 내용을 담고 있는데 2007년 연대부가세

---

173   BT-Drs. 12/4401, S. 51.
174   BVerfG v. 4. 11. 2010, 1 BvR 1981/07, NVwZ-RR 2011, S. 378.

의 부과는 재산권을 침해하지 않는다.[175] 세금부담은 원천적으로 재산권 보장의 영역에 해당된다.

기본법 제14조 제1항 첫째 문단에 의해 보호되는 재산권에 대한 침해는 기본법적으로 정당화된다. 왜냐하면 동 조항의 둘째 문단의 내용과 제한 조항으로서 연대부가세법의 조항은 연대부가세의 부담을 허용하기 때문이다.[176]

납세자인 국민은 기본법에 따라 재산권을 보호받기도 하지만 또한 그 행사에 공공복리를 위한 희생의 의무도 있기 때문이다. 그러므로 연대부가세의 부과가 재산권을 침해한다는 사실만으로 위헌이라고 볼 수는 없다.

(10) 형평성 원칙 존중 여부

세금부과 시 형평성(비례성) 원칙도 존중해야 한다. 입법부의 선택의 자유는 비례성의 일반 원칙에 의해 제한되는 바 세금부과 시에도 적용된다. 이에 따르면, 법인세 감면액에 연대부가세가 부과되는 것은 법인과 개인의 이해관계 사이의 전체적인 균형 측면에서 적절해야 하며 합리적이어야 한다.[177]

조세의 입법 시에는 적합성과 필요성의 비례원칙에 따르며, 형평성을 제한할 지 여부에 대한 명확한 기준점은 없다. 연대부가세의 부과액이 세금을 부과할 수 있는 최고한도를 초과하는 정도가 아니라면, 정부의 재정수요를 충족시키기 위해 세수를 창출할 목적으로 연대부가세를 납부하는 것은 원칙적으로 언제나 이 목적에 적합하고 필요하다.

연대부가세법 제1조에 따라 부과되는 연대부가세 또한 법령도입이 추구하는 목표, 즉 연방정부가 통일로 인한 추가 예산요건을 충족할 수 있도록 세수를 창출한다는 점을 고려하면 적절하고 필요하다. 그러므로 기본법상 형평성 원칙을 위배하지 않는다.

연방은 주민들의 생활수준을 주 간에 평균적으로 유지할 수 있게 하여야 하는데 이 목표가 지금까지 적절하게 충족되지 못했다. 따라서 연대부가세의 부과로 확보

---

175 Artikel 14 Absatz 1 GG; Artikel 14 Absatz 2 GG.
176 BVerfG-Beschluss in BVerfGE 115, 97, DStR 2006, S. 555.
177 BVerfG-Beschluss in BVerfGE 115, 97, DStR 2006, S. 555.

된 세금을 주재정조정재원으로 활용하여 주 간의 형평을 유지할 수 있게 해야 한다.

(11) 반액과세원칙을 적용할 수 있는지 여부

법인에 부과된 연대부가세의 위헌성 제기에 대하여 연방재정법원이 위헌성이 없다고 판결한 바와 같이, 뉘른베르크주 재정법원은 2014년, 여러 주에서 소득을 얻고 있던 부부가 제기한 연대부가세의 위헌성 소송에 대하여 기본법상 적합하다는 결정을 하였다. 동 법원은 그 이유를 다음과 같이 들고 있다.

1) 1995년 연대부가세법은 합헌임

연방헌법재판소와 연방재정법원의 판결에 따르면 1998년 이후 부과기간 동안 부가세로 부과된 연대부가세는 추가부담금에 대한 기본법적 요건에 부합한다(Artikel 1 Absatz 1 SolZG).[178]

연방정부는 기본법 제105조 제2항, 제106조 제1항 제6호로부터 경쟁입법권인 법의 채택에 대한 권리를 부여받았다. 연방헌법재판소와 연방재정법원의 판례에서 기본법 제106조 제1항 제6호의 의미 내에서의 보충적 부담금은 제한된 기간 동안만 부과할 수 없다는 것이 명백해졌다. 연대부가세 부과도 이러한 관점에서 반대할 수 없다는 점도 분명히 하였다. 이것은 1999년에서 2002년까지도 적용된다. 왜냐하면 처음부터 보충적 부담금을 제한하거나 단기간만 부과할 필요는 없기 때문이다.[179]

1999년 부과기간 또는 다음 해의 과세기간으로 인한 제한 시간이 없기 때문에 입법부는 기본법상 연대부가세를 취소할 의무가 없었다. 연대부가세는 부과기간이 경과하였다는 사실만으로 위헌이 되지는 않는다.[180] 연대부가세는 법령상 규정된 부과기

---

178 BFH-Beschluss vom 28. 06. 2006 VII B 324/05, BStBl. II 2006, 692, betr. Solidaritätszuschlag für 2002, die Verfassungsbeschwerde dagegen wurde mit BVerfG-Beschluss vom 11. 02. 2008 2 BvR 1708/06 (Deutsche Steuer-Zeitung – DStZ – 2008, S. 229) nicht zur Entscheidung angenommen; vgl. BFH-Beschluss vom 24. 07. 2008 II B 38/08, BFH/NV 2008, S. 1817, betr. Solidaritätszuschlag für 1995 bis 2001.

179 BVerfG-Beschlüsse vom 09. 02. 1972 1 BvL 16/69; BVerfGE 32, S. 333 und vom 08. 09. 2010 2 BvL 3/10, BFH/NV 2010, S. 2217 sowie BFH-Urteil vom 21. 07. 2011 II R 50/09; BFH/NV 2011, S. 1685.

180 BFH-Urteil vom 21.07.2011 II R 50/09, BFH/NV 2011, S. 1685.

간보다 더 긴 기간 동안 보충적 부담금으로 부과될 수도 있다.[181]

연방재정법원의 입장에 따르면, 비록 그 때까지 연대부가세가 확정된 총 10년의 부과 기간(1995~2004년 포함)이 만료되었지만 2005년 1월 1일 현재 연대부가세를 부과할 수 있다는 데에 기본법상 (쟁점으로 부각될) 필요가 없다는 것이 명확하다.[182] 그 분쟁은 1999년에서 2002년까지의 해와 관련이 있다. 기본법에 따라 1999년 1월 1일 또는 2002년 이후로 연대부가세를 부과하는 것을 불가능하게 만드는 상원의 지침이나 명령은 없다.

2) 상원은 1995 연대부가세법 개정법률을 합헌으로 간주함

연방헌법재판소는 1999년부터 2002년까지의 연대부가세는 기본법 제14조에 따른 신청자의 기본 소유권을 침해하지 않는다고 판결하였다.[183]

조세의 부담은 재산권 보장의 영역에 속한다. 하지만 기본법 제14조 제1항 첫째 문단에 의해 보호되는 재산에 대한 접근은 동 법 제14조 제1항 둘째 문단의 의미 및 재산권에 대한 의무(규제) 조항으로서 자리매김한 연대부가세 규정이 연대부가세의 부담을 가능하게 하기 때문에 기본법적으로 정당화된다.[184]

연방헌법재판소에 따르면, 반액과세 원칙에 근거하여, 수익의 절반('Halbteilungs-grundsatz')[185]에 해당하는 경계선에서 일반적으로 구속력 있는 절대적인 책임 한도를

---

181   BVerfG-Beschluss vom 08. 09. 2010 2 BvL 3/10, BFH/NV 2010, S. 2217.

182   BFH Urteil vom 21. 07. 2011 II R 50/09, BFH/NV 2011, S. 1685.

183   BVerfG-Beschluss vom 18. 01. 2006 2 BvR 2194/99, BVerfGE 115, S. 97.

184   Artikel 14 Absatz 1 und Absatz 2 GG.

185   독일 기본법 제14조 제2항에 대하여 연방헌법재판소 결정(BVerfG, Beschluss vom 22. Juni 1995 – 2 BvL 37/91)으로 도출된 독일세법의 반액과세의 원칙, 재산에서 발생한 수익의 절반 이상을 세금으로 부과하지 않는 것이 헌법상 재산권 보장원칙에 적합하다는 의미를 가진다. 연방헌법재판소의 결정(BVerfG, Beschluss vom 18. Januar 2006 – 2 BvR 2194/99)에 따르면 반액 부근의 소득세 및 무역세 금액에 대해서는 절대 상한선이 없다(BVerfG, Neue Juristische Wochenschrift (NJW) 2006, S. 1191; vgl. Oliver Sauer, Abschied vom Halbteilungsgrundsatz, Forum Recht 2006, S. 131); 최명근, "독일 연방헌법재판소 재산세 위헌결정 요약과 그 시사점", 『이슈페이퍼』 제6권 제26호, 2006. 6, 한국경제연구원, 27~28면. ["재산수익은 조세라고 하는 공공적 부담에 친숙하면서 다른 한편으로는 권리자에게 수익의 사적 효용이 남아 있지 않으면 아니 된다. 따라서 재산수익에 대한 다른 조세 외에 추가로 과세할 수 있는 재산세는 기대수익에 대한 총조세 부담액이 그 기대수익의 반액을 넘지 않는 한도 내에서만 허용되는 것이다." 이에 따라 연방재정법원은 소득세에 대한 반액과세원칙의 적용을 거부하고 소득세와 무역세에 의한 조세부담금 약 60%를 합헌으로 간주해 온 연방재정법원의 결정(BFH-Urteil vom 11. August 1999 – XI R 77/97,

기본법 제14조 제1항 첫째 문단 및 제2항에서 도출할 수는 없다.[186]

연방헌법재판소에 따르면, 소유권을 보장하기 위한 규제 권한(Artikel 14 Absatz 1 Nr. 2 GG)을 이행함에 있어 입법부의 의무가 있고(Artikel 14 Absatz 1 Nr. 1 GG) 사회적 소유권 제도(Artikel 14 Absatz 2 GG)에 대한 요구와 모든 이해 당사자의 합법적 이해 관계를 공정한 균형으로 조화시키는 것을 요구한다. 기본법 제14조 제1항의 재산권 보장 위반이라는 주장은 기본법 제14조 제1항 제1문의 범위 위반을 정당화하는 데 사용할 수 없다.

연방헌법재판소는 소득세 분야에 적용되지 않고 부유세에 국한된 재산세 결정에서 '반액과세원칙'을 발전시켰다.[187] 오히려, 2006년 1월 18일의 판결에서 상원은 기본법 제14조 제1항 제1문과 제2항 제2문이 일반적으로 구속력 있는 절대 상한선을 절반부근에서 공제할 수 없다고 가정한다.

반면, 과세 부과에 대한 한도는 입법부자의 입법재량에 속하는 것이지만 비례성 원칙에 의해 제한된다. 그 후, 세금에 의한 손상은 관련된 개별적 이해관계와 일반 대중의 이해관계 사이의 전체적인 균형을 고려하여 적절하고 합리적이어야 하며 적절하고 필요해야 한다. 그러나 조세부담은 적합성 및 필요성의 비례원칙을 제한하는 합리적인 근거를 제공하지 못한다.[188]

정부의 재정 수요를 충족시키기 위해 세수를 확보할 목적으로 하는 세금은 원칙적으로 항상 이 목적에 적합하고 필요하다.[189] 제한은 합리성이 있어야만 받아들일 수 있다. 세금부과가 위헌적이며 불합리한 부담으로 이어지면 안 된다.

연방재정법원은 어떤 경우에도, 2005년까지 연대부가세법 제1조에 따라 부과된 연대부가세는 합리적인 부담으로 기본법상 조세부담의 상한선을 초과하지 않는 것으로 본다.[190]

입법자는 세법을 제정할 때 광범위한 입법재량을 가진다. 해당 사건의 경우, 연대부가세를 징수하는 것이 연방조세법령에서 예외적인 편차를 규정하여 1999년에서

BStBl. 1999 II S. 771)을 확정했다.].

186 BVerfG-Beschluss vom 18. 01. 2006 2 BvR 2194/99, BVerfGE 115, S. 97.

187 BVerfG-Beschluss vom 22. 06. 1995 2 BvL 37/91, BVerfGE 93, S. 121.

188 BFH-Urteil vom 21. 07. 2011 II R 50/09, BFH/NV 2011, S. 1685.

189 BVerfG-Beschluss vom 18. 01. 2006 2 BvR 2194/99, BVerfGE 115, S. 97.

190 BFH-Urteil vom 21. 07. 2011 II R 50/09, BFH/NV 2011, S. 1685.

2002년까지 기본법상 인정되지 않는 조세부담으로 이어진다는 것이 당사자들에 의해 입증되지도 않았고 명백하지도 않았다. 당사자들은 1999년부터 2002년까지 연대부가세의 부과로 인하여 재산에 대한 기본권을 침해받지 않았다.

연대부가세의 부과는 기본법 제12조 제1항의 직업선택의 자유를 침해하지 않았다.[191] 자유민주주의 국가에서 직업의 선택이나 직업의 자유에는 간섭이 있을 수 없다. 또한 1995년 연대부가세법은 기본법 제2조 제1항에 따른 신청자의 권리를 침해하지 않았다.[192] 연대부가세의 부과와 그에 따른 과세는 기본법 제2조 제1항에 규정한 기본법상 규제한도의 요건을 충족한다.

라. 소결

주재정법원은 1968년 보충부담금은 기본법 제100조 제1항 및 동 법 제106조 제1항 제7호에 근거하여, 연방정부의 재정최고 수요를 충족하기 위한 목적으로 제한된 기간 동안 도입되었다는 점에서 위헌으로 볼 수 없다고 판시하였다.[193] 이와 동일한 논지로 1991년 연대부가세 또한 기본법에 부합한다.[194]

니더작센주 재정법원은 부과기한을 별도로 두지 않은 1995년 연대부가세는 위헌성을 지닌다고 판결하였다. 이에 동 법원은 1995년 연대부가세는 1968년 보충부담금 및 1991년 연대부가세와는 다른 조세라며 연방재정법원에 항소한바 있다.[195]

니더작센주 재정법원은 다양한 법률적 관점에서 위헌성 문제를 제기하였다. 해당 소송에서 다루어진 주요 쟁점으로는 부가세율의 적정성, 일몰기한의 제정 필요성, 과세요건의 충족 여부, 부과에 대한 시간적 제한의 필요성, 평등의 일반원칙의 준수 여부, 개인과 법인의 차별이 정당한지 여부, 신의성실의 원칙 준수 여부, 재산권 침해 가능성, 형평성 원칙 존중 여부 및 반액과세원칙을 적용할 수 있는지 여부 등이 있다.

이에 대하여 연방재정법원은 1995년 연대부가세는 기본법상 특정재정수요 충족

---

191   Artikel 12 Absatz 1 GG.

192   Artikel 2 Absatz 1 GG.

193   Schleswig-Holstein.

194   BFH v. 28. 2. 1996, XI R 83, 84/94, BFH/NV 1996, S. 712.

195   FG Niedersachsen, 25. 11. 2009 – 7 K 143/08; FG Niedersachen v. 21.8.2013 – 7 K 143/08, DStRE 2014, S. 534.

을 위해 도입된 조세로서 기본법상 과세요건을 충족하고 있어 위헌성이 없는바 정당하다고 판결하였다.[196]

나아가 연방재정법원은 조세는 입법권자의 입법재량에 따라 재정수요를 충족하기 위한 목적으로 제정될 수 있는 바, 연대부가세율이 입법상의 한계를 초과한다든지, 일몰기한을 반드시 제정하여야 한다든지, 부과에 시간적 제한을 두어야 한다든지, 개인과 법인에 차별을 두어서는 안 된다든지 하는 주장은 받아들일 수 없다고 하였다.

또한 연방재정법원은 연대부가세법은 기본법상의 평등의 일반원칙과 형평성 원칙을 준수하고 있고, 신뢰보호의 이익(신의성실의 원칙)을 준수하고 있으며, 재산권의 침해는 최소한으로 그치고 있는 점 반액과세원칙도 반드시 지켜야 하는 것은 아니라는 점을 들어 기본법을 위배하지 않았다고 판시하였다.

위와 같은 논지를 종합하여 판단하면, 1995년 연대부가세법 또한 기본법에 위배되지 않는다고 볼 수 있다.

---

196   BFH v. 21.7.2011 – II R 52/10, BStBl. II 2012, 43, DStRE 2011, S. 1199.

제5절 | 통일세 도입에 주는 시사점

1. 개요

이상으로 독일 연대부가세의 도입배경과 연혁, 1991년 도입시점부터 2019년 말 개정 현황과 더불어 위헌 여부에 관한 여타 법적 쟁점에 대하여 살펴보았다.

동서독의 통일은 독일 국민들에게 미래의 삶이 통일 전에 비하여 보다 윤택해질 것이라는 전망을 갖게 해 주었다. 다만 동독과 서독에 속한 주 간의 경제 격차에 따른 경제성장 불균형 및 개인 간의 소득불평등 등의 문제로 인하여 현실은 결코 낙관적이지만은 않았다. 연방과 주 간의 재정조정제도는 동서독 주의 경제 격차를 줄여 보자는 취지에서 금융 자원의 수직적 조정을 규정하는 형식으로 출발하였지만 연방-주 재정조정제도는 사실 독일 연방공화국 건국 이래 사용되어 왔다.[197]

연방 주들은 연방의회를 통해 1993년 6월 23일 연대협약 협상의 일환으로, "연방 통합 프로그램의 이행에 관한 법률('FKPG')"을 제정하고 1995년 1월 1일 연방 주 재정조정제도의 새로운 규정을 채택한 바 있다.[198]

주 간의 연대협약에 따라, 통일 재원 확보 및 동독 건설의 지원 대책의 일환으로 도입된 연대부가세는 당초 국민들의 공감을 얻으면서 도입이 되었다. 하지만 연대부가세가 통일 후 약 30년의 긴 기간 동안 부과되면서 국민들이 장기적 조세부담에 대한 피로감을 호소하고 있다. 또한 연대부가세의 존폐 논쟁, 즉 연대부가세의 유지, 축소

---

197 Rohde · Geschwandtner, 앞의 논문, S. 3334.
198 Schuster, 앞의 책, S. 23~24. [실질적인 연방과 주 간의 재정조정제도는 연방헌법재판소(BVerfG)에 의해 결정되었다. 1999년 초에 연방헌법재판소는 주(Länder)의 재정 평준화에 대한 판결을 내리고, 기본법의 세금 분배 및 보상 시스템에 불확실한 조건을 명시하고 보완하기 위해 입법자에게 2002. 12. 31까지 구속력 있는 기준을 정하도록 지시하였다(BVerfG (1999); Artikel 15 Maß stG (2001)].

혹은 영구적 폐지 등의 논쟁에 휩싸이기도 했다. 마침내 2019년 말 동 법이 개정되어 2021년 하반기부터는 소득수준 상위 10%에 해당하는 고소득층에만 부과되는 것으로 개정이 되어 사실상 부유세가 아니냐는 또 다른 논쟁을 불러일으키고 있는 실정이다.

2. 통일세 입법의안과 연대부가세제 간의 법적 쟁점 비교

독일이 통일 직후 연대부가세를 도입한 상황을 참조하면, 남북의 통일에 있어서도 현실적이며 핵심적인 의제 중 하나는 통일재원 확보방안이 될 것이다. 독일의 연대부가세는 동서독 주 간의 재정조정을 위한 재원으로 주로 활용되었다. 남북의 통일에도 통일비용은 필연적으로 발생할 것인바, 이는 궁극적으로 통일재원을 확보하는 문제로 귀결된다.

통일재원을 확보하는 방안은 남북협력기금이나 부담금을 조성하는 방안 혹은 국채발행이나 차입을 하는 등의 여러 가지 방안이 가능하다. 하지만 장기간 안정적으로 통일재원을 확보하는 방안은 통일세를 부과하는 것이다. 통일세는 국민개세주의 원칙에 따라 가능한 한 모든 국민들에게 각자의 소득수준에 따라 부과되는 것이 바람직하다.

독일의 연대부가세제에 제기되었던 위헌성 문제는 우리가 통일세를 도입하는 경우에도 유사하게 발생할 수 있다. 세제를 신설하거나 기존의 세율을 인상하는 경우 조세저항이 발생할 수 있고 이는 위헌성 논쟁으로 이어질 수 있다.

이러한 인식하에 통일세 도입에 관한 시사점을 얻기 위하여, 2010년의 통일세법 입법의안에서 다루었던 법적 쟁점과 독일 연대부가세제상 제기되었던 주요 법적 쟁점들을 다음과 같이 비교한다.

첫째, 남북은 여전히 분단상태에 있으나 독일은 통일이 된 지 이미 30년이 경과하였다. 통일세법 입법의안은 2010년 제정을 시도하였으나 기한만료로 폐기되었다. 독일은 연대부가세를 통일 직후인 1991년 한시적으로 도입하였다가 1995년부터 재도입하여 현재까지 유지하고 있다. 국회나 정부에서 통일세를 신설하려는 경우, 일각에서는 독일이 통일 직후에 연대부가세를 도입한 사례와 배치된다며 반대의견을 내놓을 여지가 있다. 따라서 통일세는 정부의 통일단계론에 부합하도록 단계별로 도입하여야 하며 통일세의 입법취지와 목적을 명확히 해야 한다.

둘째, 통일세와 연대부가세는 조세이다. 조세는 헌법과 법률에 근거하여 제정되어야 한다. 통일세법 입법의안의 도입근거는 헌법 제4조이며, 연대부가세법의 도입근거는 기본법 제106조에 있다.

셋째, 통일세법 입법의안은 조세법률주의상의 과세요건 법률주의에 위배되지 않는다. 다만, 통일준비과정이라는 불명확개념을 사용하여 과세요건 명확주의에 위배될 소지는 있다. 독일의 경우 연대부가세가 보충부담금에 기원이 있음을 들어 한정된 기간 동안만 부과되어야 함에도 계속적으로 부과되고 있는 바 위헌 가능성이 있다는 주장을 연방헌법재판소는 받아들이지 않았다.[199] 공공목적의 재원을 조달하기 위한 목적으로 부과된 연대부가세는 위헌으로 볼 수 없다고 결정한 것이다. 통일세의 경우도 이와 관련된 문제가 발생할 여지가 있다. 통일세 제정 시에 통일세의 입법취지, 도입목적 그리고 유효기간 등을 명확히 하여야 할 것이다.[200]

넷째, 통일세법 입법의안은 개인과 법인 그리고 상속세 및 증여세에 부과하는 세율이 각각 달라 헌법 제11조의 평등권을 침해한다는 주장이 제기될 수 있다. 헌법재판소는 납세자의 담세능력에 따른 차별에 합리적인 이유가 있다면 허용된다고 결정한 바 있다. 독일의 경우 개인 및 법인의 연대부가세율이 동일하다. 다만 개인의 면세에 대해서는 연대부가세가 부과되지 않는 데 반하여 법인의 면세에는 연대부가세가 부과되는 점을 들어 위헌이라고 주장한 바가 있다. 해당 사건에 대하여 연방헌법재판소는 위헌이 아니라고 판시하였다. 개인과 법인이 처한 상황이 각각 다르다면 달리 취급하는 것이 형평성 원칙에 부합한다는 것이다.

다섯째, 통일세 입법의안과 연대부가세의 부과방식은 부가세 형식으로 동일하다. 부과방식은 입법자의 고유권한으로 독립세 방식도 가능하다고 본다. 통일세를 도입함에 있어 부가세 형식을 취할 것인지 혹은 독립세 형식을 취할 것인지에 대한 시사점을 얻을 수 있는 대목이다.

여섯째, 통일세 입법의안에서는 부과기한을 설정하지 않았다. 연대부가세는 통일 직후인 1991년 한시적으로 도입하였다가 1995년 다시 도입하여 현재까지 부과되고 있다. 연방헌법재판소는 연대부가세의 부과기한은 사정변경에 따를 사안이며 부과기

---

[199] BVerfG-Beschluss v. 19. 11. 1999, 2 BvR 1167/96, NJW 2000, S. 797.
[200] 1975. 7. 16. 제정된 방위세법(법률 제2768호)의 경우, 부칙 제2조에서 1980. 12. 31까지 효력을 가진다고 규정하였다. 이후 동법은 13 차례의 개정을 거쳐 최종적으로 법률 제4280호에 근거하여 1990. 12. 31. 폐지되었다.

한에 관한 사항을 두지 않는다고 하여 곧바로 헌법에 위배되지는 않는다고 결정하였다. 통일세를 신설하려는 경우 부과기한에 관한 고려가 있어야 한다.

일곱째, 통일세 입법의안이 재산권을 침해하고 있는지 여부이다. 정부가 조세를 부과 및 징수하게 되면 납세자에게는 필연적으로 재산상의 손실이 발생한다. 헌법 제23조, 제38조 및 제59조의 해석상 통일세의 부과로 재산권을 침해하였다고 볼 수는 없다. 독일 기본법 제14조의 해석에 따르면, 연대부가세는 재산권을 침해하였다고 볼 수 없다.

여덟째, 통일세 부과로 확보한 재원의 활용방안과 관련된 문제이다. 통일세 입법의안의 경우 통일세관리특별회계법이 동시에 발의되었다. 독일은 재정조정제도를 활용하였다.

3. 통일세 도입 방안에 주는 시사점

통일세 입법의안과 연대부가세의 쟁점비교에서 검토한 바를 바탕으로 향후 통일세 신설 시 고려되어야 할 시사점을 정리하면 다음과 같다.

첫째, 통일세의 법적 성격을 명확히 규정하여야 한다. 독일 연대부가세의 경우 추가부가금 혹은 보충부담금 등의 다양한 이름으로 불리거나 인식되면서 혼선을 가져온 바 있다. 이는 연대부가세의 정체성(예컨대 한시적 조세라는 인식)에 의구심을 가진 시민단체 등의 헌법소원으로 이어졌다는 점을 상기할 필요가 있다.[201] 통일세를 신설하려는 경우 해당 법률에 통일정책 추진 이념과 부합하는지에 대한 명확한 개념정의 규정이 있어야 한다.

둘째, 새로운 세제의 제정은 필연적으로 개인의 소득이나 재산의 가치를 침해하는 결과를 가져올 수 있다. 위헌 가능성을 줄이려면 입법권자가 입법재량으로 어느 정도까지 재산권 침해를 허용할 것인지를 살펴야 한다. 통일세의 제정 시에도 이와 같은 쟁점이 발생할 것이다. 연방헌법재판소 결정례에 따르면, 독일 연대부가세는 재산권 침해에 해당하지 않는다. 통일세를 도입할 때 재산권 침해에 관한 논쟁 여지가 있다는 점을 살펴야 한다.

---

201 BVerfG v. 11.02.2008 – 2 BvR 1708/06.

통일세 제정 시에, 독일의 1995년 연대부가세법에서 제로존('NullZone')과 한계구간('Überleitungszone') 같은 규정을 두었다는 점을 참고하여 납세자의 세부담이 급격하게 증가하지 않도록 입법적으로 조정하여야 한다.[202]

셋째, 조세는 법률에 따라 과세요건을 규정하여야 하며 그 내용이 일의적이고 명확하여야 한다는 점은 이론의 여지가 없다. 통일세의 경우도 헌법상 조세법률주의, 즉 과세요건 법정주의와 과세요건 명확주의의 부합 여부를 살펴야 한다.

넷째, 통일세의 신설에는 조세평등권에 대한 논쟁이 발생할 수 있을 것이나 헌법재판소의 선결정례에 따르면 해소될 것으로 본다. 독일의 연대부가세의 경우도 평등권 문제는 크게 부각되지 않았다.

다섯째, 독일 연대부가세와 같이 통일세 신설 시 부과방식으로 독립세 형식을 취하거나 혹은 부가세 방식을 선택할 수도 있다. 통일세의 도입 단계별로 부과방식을 달리할 수도 있다.

여섯째, 통일세의 도입시기와 부과기한에 관한 사항들도 쟁점으로 부각될 수 있다. 현 시점에서 통일세를 신설할 수 있는지 여부, 통일 이후에 한정하여 신설하여야 하는지 여부 혹은 통일 이전과 이후 모두 도입할 수 있는지 여부이다.

일곱째, 통일세를 신설할 시 통일세관리특별회계법의 신설이나 남북협력기금에 관한 법률의 개정이 필요하다. 통일세가 통일재원 확보방안의 제정이라면 통일세관리특별회계는 운용방안이 될 것이다.

여덟째, 통일재원은 통일세만으로는 완전히 충족되기 어렵다. 따라서 통일세의 보완적 방안으로 통일세 외 통일재원 확보 방안도 계속하여 연구하여야 한다.

---

202 Grefe · Steuerberater · Schweich · Trier, Auswirkungen des Solidaritätszuschlags auf die Dividendenbesteuerung, Verlag Recht und Wirtschaft, Frankfurt, BB 1995, S. 1447; Orth · Manfred, Solidaritätszuschlag:Renaissance einer Doppelbelastung von Dividenden, DB 1991, 779 ff; Rödder · Thomas, Belastungs- und Gestaltungswirkungen des geplanten Solidaritätszuschlags, DB 1991, 921 ff; Heidemann · Otto, Solidaritätszuschlag und Ausschüttungspolitik, INF 1991, 421 ff.

제4장

단계별 통일세 도입 방안

제1절 | 개요

헌법상 대한민국은 통일을 지향하고 있으며, 여론조사에 따르면 세대별로 다소간의 차이는 있지만 국민 대다수는 통일을 염원하고 있는 것으로 나타나고 있다. 하지만 구체적인 통일 실행 방안으로서의 법제화는 미비한 실정이다.

통일을 위한 준비과정 중 통일비용, 즉 재원을 확보하는 분야가 가장 중요하다. 재정의 뒷받침이 없는 상태에서 맞이하게 될 통일은, 남과 북 모두를 장기간 동안 경제적으로 극복하기 힘든 상황에 직면하게 만들 것이다. 그렇게 되면 통일은 축복이 아닌 재앙이 될 수 있다. 동·서독이 통일된 지 30년이 되었지만 여전히 재정적으로 어려움에 처해 있다는 사실이 그것을 대변해 준다.

통일비용의 규모를 추산하는 연구는 지속적으로 진행되고 있다. 하지만 통일비용을 확보할 도구(법제화)를 마련하는 연구는 미진한 실정이다. 이제라도 통일재원을 확보할 구체적 방안으로 통일세법을 도입하여 통일재원을 마련할 법적인 근거를 구비하여야 한다.

정부의 통일실행방안은 단계별 통일론이다. 공식적으로는 '민족공동체통일방안'이라 한다.[1] 장기간에 걸친 분단으로 이질화된 남과 북의 사회를 단일체로 복원하여 '1민족 1국가'의 통일국가 실현을 목표로 하고 있다.[2]

민족공동체통일방안에 따른 각 단계별 통일정책과 방향은 다음과 같다.

첫째, 화해 및 협력단계에서는 남북한이 서로의 실체를 인정하며 적대관계를 해소하고, 공존 및 공영의 관계로 바꾸기 위한 다각적인 교류협력을 추진한다. 둘째, 남북연합단계로 사실상 통일을 전제로 한 단계이다. 남북한 간 체제의 차이와 이질성을

1 　정부의 통일방안체계는 "통일부〉통일정책〉통일방안〉민족공동체통일방안"으로 구성되어 있다.
2 　(https://www.unikorea.go.kr/unikorea/policy/Mplan/Pabout), 2020. 5. 26. 검색.

고려하여 경제 및 사회공동체를 형성하고 발전시키는 과도체제로 설정하였다. 2개의 나라에 2개의 정부가 공존하는 형태로 볼 수 있다. 최종 단계는 완전한 통일국가로 1체제 1정부를 구성하는 것이다. 이를 위하여 통일헌법 초안을 작성하고 민주적 방법과 절차를 거쳐 확정한다.

통일은 여러 가지 예측 불가능한 변수로 인하여, 정부의 통일단계론대로 통일이 진행된다는 보장은 없다. 예컨대 화해 및 협력단계에서 남북연합단계로 이어지지 않고 곧바로 완전통일단계로 접어들 수도 있다.

조세는 정부의 정책목적 혹은 입법권자의 재량에 따라 달리 구축되고 운용될 수 있다.[3] 그런 면에서 통일세 도입방안 또한 정부의 공식적인 통일론에 부합하는 방식으로 제정될 수 있다. 각각의 단계에 맞는 통일세법 제정을 할 수 있다. 만약 화해 및 협력단계에서 남북연합단계를 거치지 않고 완전통일단계로 접어드는 경우라면, 남북연합단계에 부합하는 통일세법 제정은 필요치 않을 것이다. 각각의 통일단계에 부합하는 통일세법 제정(안)을 선택할 수 있다.

여기에서는 제2절에서부터 제4절까지, 통일세 입법의안과 독일의 연대부가세제의 법률적 쟁점을 비교하여 도출한 시사점을 바탕으로 통일세 도입방안을 제시한다. 통일세 도입 또한 정부의 통일론에 부합될 수 있도록 단계별로 제정되도록 한다.

제5절에서는 남북 사이의 다각적인 교류를 추진하기 위한 목적으로 체결된 남북 사이의 투자보장에 관한 합의서를 바탕으로, 남한의 기업이 진출한 개성공업지구에 적용되는 북한의 세제와 관련하여 개선할 방안을 살핀다. 북한의 세제가 남한의 기업들에게 법적인 관점에서 안정적이며 예측 가능성을 부여할 수 있을 때 남북 간의 경제교류 또한 원활하게 진행될 수 있을 것이기 때문이다.

제6절에서는 통일세법 제정에 따른 보완과제와 남북 사이의 투자보장에 관한 합의서와 그와 연관된 북한 세제의 개선방안에 대한 향후 보완과제를 제시한다.

---

3   헌법재판소 1995. 12. 28. 선고 95헌마196 전원재판부. [공직선거및선거부정방지법부칙제3조위헌확인] [헌집7-2, 893]: "입법자(立法者)는 입법목적(立法目的), 사회실정(社會實情)이나 국민의 법감정(法感情), 법률(法律)의 개정(改正)이유나 경위 등을 참작하여 시혜적(施惠的) 소급입법(遡及立法)을 할 것인가 여부를 결정할 수 있고, 그 판단은 존중되어야 하며 그 결정이 합리적(合理的) 재량(裁量)의 범위를 벗어나 현저하게 불합리하고 불공정한 것이 아닌 한 헌법(憲法)에 위반(違反)된다고 할 수는 없는 것이다."

제2절 | 화해 및 협력단계
(제1단계: 통일지원세 도입)

1. 개요

국회에서 2010년 입법을 추진했던 통일세 입법의안의 입법이유는 통일재원 확보를 최우선 과제로 한다.[4] 통일을 준비하는 과정에서 소요되는 막대한 비용을 조달하여야 하는데 현행 조세 체계와 조세수입으로는 감당하기 어렵다는 것이다. 통일준비 과정에 모든 국민의 참여를 유도한다는 취지하에 납세의무를 지는 대부분의 국민을 납세의무자로 하였다. 헌법 제38조에서 규정하고 있는 국민의 납세의무를 그 배경으로 하고 있다.

여론조사자료에 따르면, 우리 국민은 통일과정에서 가장 우려되는 점으로 남한주민의 통일비용 부담을 들고 있다. 최근 3년간 여론조사에서 막대한 통일비용이 우려된다는 응답비율은 각각 2018년 47.9%, 2019년 47.2% 및 2020년 50.8%로 나타난다.[5] 대략 절반 정도의 국민이 우려를 표명하고 있다. 이러한 연유로 통일비용을 개인이 분담할 수 있다는 의견이 2020년 기준으로 63.0%를 넘어서고 있다.[6]

통일세 입법의안이 폐기된 이유로는 법률적 쟁점 해소를 위한 연구과정의 미비, 다양한 계층의 여론수렴 및 토론과정의 생략 그리고 북한을 자극할 우려 등을 들 수 있다.

개념적으로 '통일세'는 통일과 관련된 재원 확보를 위한 명목으로 부과되는 세금

---

4 "통일과정에서 소요되는 막대한 비용을 현행 조세 체계와 조세수입으로는 감당하기 어려운 측면이 있어 통일 준비에 국민 개개인의 참여를 유도하고 통일과정에 필요한 재원을 확보하기 위함이다."
5 남북교류협력단, 앞의 자료, 5~6면.
6 해당 질의조항에 대한 2019년 응답률은 73.8%로 2020년보다 10.8%가 높았다.

이다. 그런데 통일이 확정된 것도 아니고 남북의 정부 간에 장래 어느 시점에 통일을 할 것이라는 합의가 있는 것도 아니며 나아가 통일의 공감대가 공적으로 형성된 것도 아닌 상황에서 납세자인 국민의 부담을 가중시키는 세제를 신설한다는 데에 거부감이 컸던 것이다. 현 시점에서 '통일세'라는 명칭이 부여된 조세를 신설하는 것은 개념적으로 합목적성을 인정하기 어려워 납세저항을 불러올 수 있음을 예상할 수 있다.

독일 연대부가세의 경우, 실제 통일 직후에 도입되었음에도 불구하고 납세자의 조세저항이 있어 왔고 그것이 위헌성 논쟁으로 이어졌다는 점을 상기하여야 한다. 따라서, 화해 및 협력단계에서는 통일준비과정에서 필요한 재원 확보를 위한 조세임을 명확히 드러나게 하는 명칭으로 '통일지원세'를 사용하는 것이 도입목적에 부합된다.

2. 통일지원세의 신설 이유

독일의 경우 연대부가세를 도입하여 주재정조정을 위한 재원으로 활용한 바가 있다. 독일 국민들은 통합을 위한 비용은 전 국민의 희생이 있어야 가능함에 공감하고 기꺼이 연대부가세를 부담하는 데 동의한 것이다.

이러한 독일의 사례는 우리의 통일세 도입에 시사하는 바가 크다. 국민 개개인의 통일에 대한 소명의식을 기반으로 통일을 준비하는 과정에 동참을 유도하는 것이다. 통일준비는 재원을 확보하는 것에서 출발하여야 한다. 통일 이전에 통일재원을 마련하는 방안으로 가장 적합한 것은 통일지원세를 도입하는 것이다. 통일지원세의 입법 취지를 적시하면 다음과 같다.[7]

첫째, 헌법정신에 부합하는 평화적 통일달성은 국민적 사명이며 국가적 과제이다. 통일이 국가적 과제로 설정되었다면 그에 상응하는 준비가 되어야 한다. 구체적이며 실현가능한 준비의 하나로 통일세의 도입을 고려하여야 한다.

둘째, 통일에는 추정이 불가능할 정도의 비용이 소요된다. 통일비용은 특정 개인 혹은 집단이나 정부기관 등의 일시적이며 제한적인 노력만으로 확보될 수 없다. 통일

---

7 독일 연대부가세 입법취지(BT-Drs. 12/4401, S. 51)와 헌법재판소가 남북교류협력에 관한 법률 제9조 제3항에 관한 헌법소원에서 판시(헌법재판소 2000. 7. 20. 선고 98헌바63 결정)한 내용을 참조하였다.

비용은 모든 국민의 동참(고통분담)이 있어야 조달될 수 있다. 그러한 관점에서 통일세가 법제화되어야 한다.

셋째, 통일로 나아가기 위하여 남과 북은 상호 간 접촉횟수를 늘리면서 대화하고 사회, 문화, 경제 및 기술 등 전 분야에 걸쳐 지원과 협조를 도모하여야 한다. 즉, 다각적 교류(소통)를 위한 노력을 기울여야 한다. 남북 간의 소통은 화해와 협력이 전제되어야 가능하며 남북 간의 원활한 소통에도 상당한 비용이 소요된다. 이러한 비용 또한 안정적인 세수확보가 가능한 조세를 통하여 조달할 필요성이 있다.

넷째, 현재의 조세 체계하의 조세수입으로는 막대한 통일비용을 충당하기 힘들다. 통일재원으로 활용할 수 있는 목적세 성격의 세제가 신설되어야 한다.

다섯째, 통일에 대비한 준비가 미흡한 상태에서 통일이 되었을 때, 정부와 국민들은 일시적으로 감당하기 힘든 재정부담을 떠안게 된다. 통일재원을 미리 확보하지 못하게 되면, 통일이 당장 실현되는 것은 아니라 할지라도, 미래세대에 통일비용 확보라는 과도한 경제적(재정적) 부담을 전가하게 되는 것이다. 국가와 미래세대의 성장과 발전을 위하여 투자되어야 할 국가재정이 온전히 통일재원으로 활용될 수밖에 없다면 국가적으로 큰 손실이 될 수 있다. 그러므로 통일 이전에도 통일세를 반드시 도입하여야 한다.

위와 같은 취지로 화해 및 협력단계인 현시점에서는, 가능한 한 빠른 시일 내에 통일지원세를 신설하여야 한다.

3. 통일지원세법 제정(안)

이하에서는 통일지원세법의 각 조문별 제정(안)을 제시한다.

제1조에서는 통일지원세의 목적이 명확히 드러나도록 한다. 통일지원세의 부과시점은 통일이전이라는 점과 통일을 준비하는 과정에서 소요되는 재원을 조달하는 목적임을 밝힌다.

제2조에서는 소득세와 법인세의 납부의무가 있는 자가 통일세의 납세의무자가 됨을 규정한다. 소득세와 법인세별로 납세의무자의 범위가 다른 바, 각각 구분하여 규정한다. 또한 해당 법령에서 규정하는 납세의무자의 범위를 참조하도록 한다. 통일세 입법의안에서 포함되었던 상속세 및 증여세 납세의무자의 경우, 상속이 개시되거나

증여가 발생한 시점에 한정하여 우발적으로 부과되는 점을 감안하여 통일지원세 대상에서는 삭제하였다. 만약 재정수요의 필요상 반드시 포함시키려 한다면 소득세 및 법인세와 구분하여야 한다.

제3조에서는 통일지원세의 과세기간을 소득세와 법인세의 과세기간을 준용하도록 한다.

제4조에서는 통일지원세의 비과세 항목을 규정한다. 소득세법, 법인세법 및 조세특례제한법에 따라 비과세되거나 감면받는 소득에 대해서는 통일지원세를 부과하지 아니하는 것으로 한다. 제2조에서 상속세 및 증여세 납세의무자를 포함시켰다면, 상속세 및 증여세법에 따른 비과세 혹은 감면의 경우도 통일지원세 비과세 항목에 포함되도록 한다. 왜냐하면, 상속세 및 증여세법 제16조 및 제48조에 따라, 각각 공익법인에 출연되는 출연금이나 기부재산에 대해서는 상속세 혹은 증여세과세가액에 산입하지 아니하는데 해당 금액에 통일지원세를 부과하게 되면 공익법인에 대한 지원제도의 취지에 반하는 결과가 될 수 있기 때문이다.

제5조에서는 통일지원세의 세율을 규정한다. 독일 연대부가세와 같이, 세목에 관계없이 세율을 동일하게 규정한다.

KBS 남북교류협력단의 '2020년 국민 통일의식 조사 결과'에 따르면, 국민의 29.3%는 연소득의 1~5% 미만을, 국민의 26.5%는 연소득의 1% 미만을 적정 통일세 부담률로 보았다. 국민의 55.8%가 통일세 부담률로 5% 미만이 적정하다는 의견을 제시한 것이다. 국민들이 제시한 적정 통일세 부담률과 함께 헌법상의 보장된 재산권 침해를 최소화한다는 관점에서 과세표준의 1%를 통일지원세의 부가세율로 제안한다.[8] 지방소득세율이 평균적으로 국세의 납부할 세액의 10%인 점에 비하면 상대적으로 낮은 수준이다.

세제는 단순하고 이해하기 쉽게 규정하는 것이 납세수용 측면에서 타당하다. 독일

---

[8] (https://www.nts.go.kr/info/info_05.asp), 2020. 12. 1 검색. (2019년에 발표한 국세통계자료에 의하면, 2018년 기준 종합소득금액기준의 과세소득금액대비 실효세율은 약 20% 수준이다.); 기석도, "주요 OECD 국가의 소득세부담에 관한 비교분석", 『산업경제연구』 제33권 제5호 한국산업경제학회, 2020. 10, 1574면. [[2018년 기준 한국과 독일의 조세부담률은 각각 21.2% 및 23.8%이며 국민부담률은 28.4% 및 38.2%이다. 한국이 독일에 비하여 조세부담률은 2.6%, 국민부담률은 9.8% 낮은 수준이다. OECD 평균 조세부담률과 국민부담률은 각각 23.7% 및 34.5%으로 한국이 각각 2.5% 및 6.1% 낮다.). 여기에서는 최소한의 통일세를 납부하는 것으로 가정하였다. 입법권자의 입법재량에 따라, 통일지원세를 제정할 당시의 재정환경을 참조하여 증감할 수 있을 것이다.].

이 1995년 연대부가세법을 제정 시에 제로존('NullZone')과 한계구간('Überleitungszone') 같은 규정을 두었다는 점을 참고하여, 통일세의 부과로 납세자의 세부담이 급격하게 증가하지 않도록 입법적으로 조정한다.

독일 연대부가세법에 따르면, 부과기준(과세표준) 또는 과세소득금액에 대하여 이의를 제기할 수 없다. 연대부가세의 부과기준이 변경되면 그에 따라 연대부가세도 바뀐다(Artikel 1 Absatz 5 SolZG). 1991년 연대부가세법에서는 규정되지 않았으나 1995년 연대부가세법에서 과세소득금액이나 과세표준에 이의제기를 할 수 없도록 규정하고 있다. 부가세에 대하여 별도의 이의제기나 불복을 허용하게 되면 본세에도 영향을 줄 수가 있다.

통일지원세의 부과기준에 대한 이의신청이 제기되는 경우 본세의 부과기준에 대한 이의신청도 동시에 제기되는 결과로 이어지기 때문에 법령체계상 허용하지 않는 것이 타당하다. 하지만 과세표준과 과세소득금액 이외의 행정처분에 대해서는 불복할 수 있다.

위와 같은 사항들을 요약하여 통일지원세법 제정(안)을 제시하면 다음 표와 같다. 통일세법 입법의안상의 문제점을 인식하고 보완과제를 제시한 견해를 바탕으로 해당 입법의안과 비교하는 형식으로 작성하였다.[9]

표 4-1 화해 및 협력단계에서의 통일지원세법 제정(안)

통일세법 입법의안	통일지원세법 제정(안)
제1조(목적) 이 법은 한반도 통일과정에 필요한 재원을 확보함을 목적으로 한다.	**제1조(목적)** 이 법은 한반도의 완전한 통일 이전에 통일을 준비하는 과정에 필요한 재원을 확보함을 목적으로 한다.
제2조(납세의무자) 소득세 · 법인세 · 상속세 및 증여세의 납세의무가 있는 개인 또는 법인은 이 법에 따라 통일세를 납부할 의무가 있다.	**제2조(납세의무자)** 다음의 소득이 있는 자는 이 법에 따라 통일**지원**세를 납부할 의무가 있다. 1. 「소득세법」 제2조에 따른 납세의무가 있는 자 2. 「법인세법」 제3조에 따른 납세의무가 있는 자

---

9 김충환 의원 등이 2010년 발의한 통일세 입법의안.

| 제3조(과세기간) ① 제5조 제1호의 통일세의 과세기간은「소득세법」제5조에 따른 소득세의 과세기간으로 한다.
② 제5조 제2호의 통일세의 과세기간은「법인세법」제6조에 따른 사업연도로 한다.

제4조(비과세)「소득세법」,「법인세법」,「조세특례제한법」에 따라 비과세되거나 감면받는 소득에 대하여는 통일세를 부과하지 아니한다.

제5조(과세표준과 세율) 통일세의 과세표준과 세율은 다음 각 호와 같다. | 제3조(과세기간) ① 제5조 제1호의 통일**지원**세의 과세기간은「소득세법」제5조에 따른 소득세의 과세기간으로 한다.
② 제5조 제2호의 통일**지원**세의 과세기간은「법인세법」제6조에 따른 사업연도로 한다.

제4조(비과세)「소득세법」,「법인세법」및「조세특례제한법」에 따라 비과세되거나 감면받는 소득에 대하여는 통일**지원**세를 부과하지 아니한다.

제5조(과세표준과 세율) ① 통일**지원**세의 과세표준과 세율은 다음 각 호와 같다. |

호별	과세표준	세율
1	「소득세법」에 따라 납부하여야 할 소득세액	과세표준의 1000분의 20
2	「법인세법」에 따라 납부하여야 할 법인세액	과세표준의 1000분의 5
3	「상속세 및 증여세법」에 따라 납부하여야 할 상속세액 및 증여세액	과세표준의 1000분의 50

제6조(납세지)
"이하 생략"

호별	과세표준	세율
1 [10]	「소득세법」에 따라 납부하여야 할 소득세액	과세표준의 1000분의 10
2	「법인세법」에 따라 납부하여야 할 법인세액	과세표준의 1000분의 10

② 과세표준에 대하여는 이의를 제기할 수 없다.

제6조(납세지)
"이하 생략"

---

10 소득세 납세의무자의 경우, 통일세의 부과로 인하여 납부할 세액이 급격하게 증가하는 것을 방지하기 위하여, (독일의 연대부가세제에서 규정하고 있는 바를 참조하여) 면세점과 한계구간에 관한 규정을 별도로 규정할 수 있다.

제4장 단계별 통일세 도입 방안 113

제3절 | 남북연합단계
(제2단계: 통일지원세를 통일세로 전환)

1. 개요

남북연합단계는 남북 간 완전통일이 이루어지기 전 2개의 나라에 2개의 체제로 운영되는 단계이다. 남북한 간 통일에 대한 공감대가 상당한 정도로 형성된 단계로 볼 수 있다.[11] 예컨대 화해 및 협력단계가 장래에 통일이 이루어질 것을 예상한 단계라면 남북연합단계는 남북한 간에 통일을 기정사실로 받아들인 단계이다.

남북연합단계에서는 통일비용이 투입될 영역과 크기가 추정 가능할 정도로 가시화될 것으로 예상된다. 따라서 통일재원에 대한 세제를 확대하여 보완할 필요성이 높아질 것이다. 통일재원 확보를 위한 세제 개혁에 대한 국민적 공감대 형성은 물론 납세자의 지지를 얻을 수 있는 환경이 조성될 수 있을 것으로 생각된다.

이 단계에서는 통일을 위한 단계별 일정이 명확히 드러나 있으므로 납세자인 국민들의 적극적인 지지를 얻을 수 있다. 따라서 통일재정수요에 대비한 과세대상 확대에 나설 수 있다. 구체적으로 소득세의 면세점을 인하하여 소득이 있는 국민 대다수가 소득세를 납부하도록 한다. 또한 재산세 및 종합부동산세에도 통일세가 부과되도록 한다.

통일세를 납부하게 되면 통일에 기여한다는 자긍심을 가질 수 있다. 독일은 연대부가세가 도입된 지 30년만인 지난 2019년, 연대부가세법 개정을 통하여 2021년 하반기부터 고소득층에만 부과하도록 하였다. 연대부가세의 도입목적이 상당부분 달성되었다는 방증이다.

---

11   여기에서는 정부에서 설정한 단계별 통일방식대로 통일에 이르게 된다고 가정한다.

2. 통일세로의 전환

남북연합단계에서 통일지원세를 '통일세'로 전환한다. 그 이유는 첫째, 통일세의 세목을 변경하여 목적세로서의 위상을 더욱 공고히 한다. 둘째, 과세대상의 범위를 넓혀 국민개세주의에 더욱 다가간다. 구체적으로 납세자의 범위에 소득에 대한 과세인 법인세와 소득세 납부의무자뿐만 아니라 재산(부동산)에 대한 과세인 재산세와 종합부동산세의 납세의무자도 포함시킨다. 셋째, 본세의 비과세와 감면액을 선별적으로 축소하고 통일세의 세율도 인상하며 기존의 통일지원세는 폐지한다.

통일을 전제로 남북이 연합하는 단계이니 통일재원 마련을 위한 통일세 도입은 국민들의 지지를 얻을 수 있다. 또한 자발적인 통일비용 기부운동이 일어날 수도 있다. 그러므로 통일세율을 1000분의 20 이상 인상할 수 있을 것으로 본다.

3. 통일세법 제정(안)

이하에서는 통일세법의 각 조문별 제정(안)을 제시한다.

제1조에서는 통일세의 부과는 남북연합단계에서 필요한 재원을 확보하기 위한 목적임을 명확히 한다.

제2조에서는 납세의무자의 범위에 소득세 납세의무자 및 법인세 납세의무자에 더하여 지방세법상 재산세 납세의무자와 종합부동산세법상 종합부동산세의 납세의무자를 포함한다. 이 경우, 종합부동산세법 제10조 및 제15조의 규정에 따라 재산세 및 종합부동산세의 세부담의 상한에 관한 규정을 적용하도록 하여 이중과세를 조정하도록 한다.

제3조에서는 과세기간을 규정한다. 통일세의 과세소득을 규정한 각각의 규정을 준용한다. 재산세와 종합부동산세의 과세기준일은 재산세 및 종합부동산세의 부과기준일인 매년 6월 1일로 한다.

제4조에서는 비과세에 관한 규정을 둔다. 소득세법, 법인세법, 지방세법, 종합부동산세법 및 조세특례제한법에 따른 비과세 혹은 감면규정에 불구하고 통일세법에서 달리 규정하지 않는 한 통일세를 부과하도록 한다. 통일세의 과세대상 범위를 확대하기 위한 조치이다. 한편, 재산세 및 종합부동산세와 통일세의 이중과세에 관한 조정

은 종합부동산세법 제9조에 따르도록 한다.

제5조에서는 과세표준과 세율을 규정한다. 통일세의 과세표준을 규정함에 있어서는, 독일이 1995년 연대부가세법을 제정 시에 제로존('NullZone')과 한계구간('Überleitungszone') 같은 규정을 두었다는 점을 참고하여, 납세자의 세부담이 급격하게 증가하지 않도록 입법적으로 조정한다.

통일세의 세율은 입법 당시의 상황을 고려하여 입법권자의 재량에 증감할 수 있을 것이다. 기본세율로 1000분의 20을 제안한다.

통일지원세에서 언급한 바와 같은 이유로, 통일세의 과세표준에 대해서는 이의제기를 할 수 없도록 규정한다.

통일세법의 부칙에서는 화해 및 협력단계에서 도입한 통일지원세는 폐지하도록 한다.

위와 같은 전제하에서 통일세법 제정(안)을 통일지원세법 제정(안)과 구분하여 비교하는 형식으로 나타내면 다음 표와 같다.

표 4-2　남북연합단계에서의 통일세법 제정(안)

통일지원세법 제정(안)	통일세법 제정(안)
제1조(목적) 이 법은 한반도의 완전한 통일 이전에 통일을 준비하는 과정에 필요한 재원을 확보함을 목적으로 한다.	**제1조(목적)** 이 법은 한반도의 통일이전에 남북연합과정에서 필요한 재원을 확보함을 목적으로 한다.
제2조(납세의무자) 다음의 소득이 있는 자는 이 법에 따라 통일<u>지원</u>세를 납부할 의무가 있다. 1. 「소득세법」 제2조에 따른 납세의무가 있는 자 2. 「법인세법」 제3조에 따른 납세의무가 있는 자	**제2조(납세의무자)** 다음의 소득이 있는 자 및 재산을 보유하는 자는 이 법에 따라 통일세를 납부할 의무가 있다. 1. 「소득세법」 제2조에 따른 납세의무가 있는 자 2. 「법인세법」 제3조에 따른 납세의무가 있는 자 3. 「지방세법」 제107조에 따른 재산세 납세의무가 있는 자 4. 「종합부동산세법」 제7조 및 제12조에 따른 종합부동산세 납세의무가 있는 자
제3조(과세기간) ① 제5조 제1호의 통일<u>지원</u>세의 과세기간은 「소득세법」 제5조에 따른 소득세의 과세기간으로 한다.	**제3조(과세기간)** ① 제5조 제1호의 통일세의 과세기간은 「소득세법」 제5조에 따른 소득세의 과세기간으로 한다.

<table>
<tr><td>

② 제5조 제2호의 통일**지원**세의 과세기간은 「법인세법」 제6조에 따른 사업연도로 한다.

</td><td>

② 제5조 제2호의 통일세의 과세기간은 「법인세법」 제6조에 따른 사업연도로 한다.

③ 제5조 제3호의 통일세의 과세기준일은 「지방세법」 제114조에 따른 재산세의 과세기준일로 한다.

④ 제5조 제4호의 통일세의 과세기간은 「종합부동산세법」 제3조에 따른 종합부동산세의 과세기준일로 한다.

</td></tr>
<tr><td>

제4조(비과세) 「소득세법」, 「법인세법」 및 「조세특례제한법」에 따라 비과세되거나 감면받는 소득에 대하여는 통일**지원**세를 부과하지 아니한다.

</td><td>

제4조(비과세) ① 「소득세법」, 「법인세법」, 「지방세법」, 「종합부동산세법」 및 「조세특례제한법」에 따른 비과세 혹은 감면규정에 불구하고 이 법에서 달리 규정하지 않는 한 통일세를 부과한다.

② 통일세와 재산세 및 종합부동산세의 이중과세에 관한 조정은 「종합부동산세법」 제9조에 따른다.

</td></tr>
<tr><td>

제5조(과세표준과 세율) ① 통일**지원**세의 과세표준과 세율은 다음 각 호와 같다.

</td><td>

제5조(과세표준과 세율) ① 통일세의 과세표준과 세율은 다음 각 호와 같다.

</td></tr>
<tr><td>

호별	과세표준	세율
1	「소득세법」에 따라 납부하여야 할 소득세액	과세표준의 1000분의 10
2	「법인세법」에 따라 납부하여야 할 법인세액	과세표준의 1000분의 10

</td><td>

호별	과세표준	세율
1[12]	「소득세법」에 따라 납부하여야 할 소득세액	과세표준의 1000분의 20
2	「법인세법」에 따라 납부하여야 할 법인세액	과세표준의 1000분의 20
3	「지방세법」에 따라 납부하여야 할 재산세액	과세표준의 1000분의 20
4	「종합부동산세법」에 따라 납부하여야 할 종합부동산세액	과세표준의 1000분의 20

</td></tr>
<tr><td>

② 과세표준에 대하여 이의제기를 할 수 없다.

제6조(납세지)

"이하 생략"

</td><td>

② 과세표준에 대하여 이의제기를 할 수 없다.

제6조(납세지)

"이하 생략"

부칙

</td></tr>
</table>

12　화해 및 협력단계에서 서술한 내용과 동일(각주 10 참조).

제4절 | 완전통일단계
(제3단계: 통일세의 독립세 전환)

1. 개요

이 연구는 정부의 3단계 통일론을 전제로 하고 있으나 통일이 정부가 제시한 일정표(설정방향)대로 실행된다는 보장은 없다. 독일의 경우처럼 어느 날 예상하지 못한 사건을 발단으로 통일이 이루어질 수도 있다. 통일이 언제, 어떤 형태로 이루어지든지 간에 통일재원은 확충되어야 한다.

남북이 완전통일단계에 이르면 법률체계가 통합의 과정을 거칠 것이며 이 과정에서 남과 북의 조세 또한 통합의 과정에 따라 개편될 것이다. 남과 북의 조세 체계 통합에 대한 논의는 별론으로 한다.[13]

통일의 시기가 언제이든지 간에, 남북이 통합된 경우라면 통일재원 마련의 방안으로 통일세는 즉시 도입되어야 한다. 예컨대 화해 및 협력단계와 남북연합단계 중한 단계 혹은 두 단계가 동시에 생략되고, 곧장 완전통일단계로 접어든 경우가 여기에 해당한다.

완전통일단계에서 도입될 통일세는 화해 및 협력단계 및 남북연합단계에서 도입된 통일세와 다른 세제가 될 것이다. 통일세의 부과방식, 과세대상, 부과기한과 같은 법적 쟁점에서 보다 자유로운 논의가 이루어질 수 있다.

---

13 남북의 조세 체계의 통합논의는 별도의 연구가 필요한 분야로 본 연구에서는 통일재원 마련에 관한 세제에 초점을 맞추기로 한다.

2. 통일세의 독립세 전환

완전통일단계가 되면 남북한의 조세 체계 또한 통합될 것이다. 남북연합단계에서와 같이 통일세를 부가세(surtax) 체계로 부과하려는 경우 통합 이후 조세 체계가 어떻게 될 것인지가 확정되어 있어야 한다. 여기에서는 북한의 조세 체계가 남한의 조세 체계로 흡수 및 통합된다는 전제하에 논의를 이어가기로 한다.

완전통일단계에서의 통일세는 부가세(surtax) 체계를 유지한 통일지원세 및 통일세와 달리 독립세로 전환하는 방안도 고려대상이 될 수 있다. 이 경우는 법인세와 소득세에 부가하여 부과되다가 독립세로 전환된 지방소득세 사례를 참고할 수 있다.[14]

완전통일 직후 통일세의 과세대상 범위는 독일의 연대부가세의 입법취지를 참조하여 제시하면 통일 당시의 남한과 북한의 경제환경, 남과 북의 경제력 차이를 조정하기 위해 필요한 재원의 정도, 남한과 북한의 공공부채의 정도 및 남과 북의 조세환경 등을 고려하여 결정되어야 한다.[15]

현 시점에서 남과 북의 경제력 차이 등을 고려하였을 때 완전통일 후 통일세의 과세대상 범위는 확대되는 방향으로 조정되어야 할 것으로 보인다. 따라서 소득에 대한 과세의 경우 세율을 인상하고 재산에 대한 과세의 경우 과세대상 범위를 확대함과 동시에 세율을 인상하여야 한다.

완전통일 단계에서는 통일비용이 급증할 개연성이 높다. 통일재원 확보를 위한 증세 논의가 자연스럽게 부각될 수 있다. 소득세의 경우 면세점을 축소하고 비과세와 면세를 최소한으로 유지함으로써 소득이 있는 모든 국민들과 재산세 부과대상이 되는 재산을 보유하고 있는 모든 국민들도 납세의무에 참여하도록 세제를 개편하여야 할 것이다. 이는 모든 국민들이 통일세를 납부함으로써 통일한국의 초석을 다지는 일에

---

14 지방소득세는 2010년 시행된 세목통폐합에 따른 체계개편으로 소득할 주민세와 종업원할 사업소세를 합하여 신설된 세목이다. 2014년부터 지방소득세 종업원분은 다시 주민세 종업원분으로 전환되었으며, 종전 소득할 주민세에 해당하는 지방소득세는 국세인 법인세 및 소득세의 부가세에서 국세와 과세표준을 동일하게 사용하되 세율이나 공제 혹은 감면 등을 국세와는 별도로 운영하는 독립세 형태로 전환되었다.

15 독일 연대부가세의 재도입 시, 법률적 및 합목적적인 관점에서 제시한 4가지 목표는 다음과 같다. (1) 동독에서 서독 따라잡기 위한 영구적인 재정조달, (2) 구 동독 시절 사회주의 통치 시의 만연한 부채 부담 극복, (3) 공공부문 가계에 대한 재정부담의 공평한 분배 및 (4) 건전한 경제 전반 발전을 위한 기반으로서의 공공예산 통합.

기여한다는 자부심을 함양하는 결과를 가져올 수 있다.

3. 통일세법 제정(안)

이하에서는 독립세목으로서 통일세법에 대한 각 조문별 제정(안)을 제시한다.

제1조에서는 통일세의 도입 목적을 명확하게 밝힌다. 독일 연대부가세의 입법 취지가 동서독 주재정조정에 초점을 두고 있는 점을 참조하여, 남과 북의 재정격차를 해소하기 위한 목적임을 규정한다.

제2조에서는 납세의무자의 범위를 규정한다. 남북연합단계에서 포함하지 않았던 취득세의 납세의무자를 통일세의 납세의무자로 추가한다.

제3조는 과세기간을 규정한다. 취득세의 경우, 지방세법에 따른 취득세의 신고납부기준일을 과세기간으로 한다. 지방세법 제20조에 따르면, 취득세는 취득일로부터 60일 이내에 신고납부하도록 규정하고 있다.

제4조에서는 비과세에 관한 규정을 둔다. 소득세 납세의무자의 경우, 근로소득공제를 폐지함으로써 소득이 있는 모든 국민은 통일세 납세의무자가 되어 국민개세주의에 부합할 수 있다.

소득세법, 법인세법, 지방세법, 종합부동산세법 및 조세특례제한법에 따른 비과세 혹은 감면규정에 불구하고 통일세법에서 달리 규정하지 않는 한 통일세를 부과하도록 한다.

재산세와 종합부동산세의 통일세 이중과세에 관한 조정은 종합부동산세법 제9조에 따르도록 하여 이중과세를 조정한다.

제5조에서는 과세표준과 세율을 규정한다. 통일세의 과세표준은 각각 소득세법, 법인세법, 지방세법 및 종합부동산세법에 따라 계산된 과세표준으로 한다. 통일세가 독립세가 되는 것이므로 해당 법령에서 산출된 세액이 아닌 과세표준을 대상으로 한다.

통일세의 세율은 입법당시의 상황을 고려하여 입법권자의 재량에 증감할 수 있을 것이다. 기본세율로 1000분의 50을 제안한다. 소득세, 법인세, 취득세, 재산세 및 종합부동산세의 과세대상이 되는 금액, 즉 과세표준의 5% 수준이므로 화해 및 협력단계 그리고 남북연합단계에서 부과·징수하게될 통일세에 비하여 상당한 금액의 재원을 확보할 수 있을 것이다. 통일세의 과세표준에 대해서는 이의제기를 할 수 없도록 규정한다.

완전통일단계에서의 통일세법 제정(안)을 남북연합단계의 통일세 제정(안)과 구분하여 다음과 같이 제시한다.

표 4-3 완전통일단계에서의 통일세법 제정(안)

남북연합단계: 통일세법 제정(안)	완전통일단계: 통일세법 제정(안)
제1조(목적) 이 법은 한반도의 통일 이전에 남북연합과정에서 필요한 재원을 확보함을 목적으로 한다.	제1조(목적) 이 법은 한반도의 통일에 따라 남과 북의 재정격차 해소를 위하여 필요한 재원을 확보함을 목적으로 한다.
제2조(납세의무자) 다음의 소득이 있는 자 및 재산을 보유하는 자는 이 법에 따라 통일세를 납부할 의무가 있다. 1. 「소득세법」 제2조에 따른 납세의무가 있는 자 2. 「법인세법」 제3조에 따른 납세의무가 있는 자 3. 「지방세법」 제107조에 따른 재산세 납세의무가 있는 자 4. 「종합부동산세법」 제7조 및 제12조에 따른 종합부동산세 납세의무가 있는 자	제2조(납세의무자) 다음의 소득이 있는 자 및 재산을 취득하거나 보유하는 자는 이 법에 따라 통일세를 납부할 의무가 있다. 1. 「소득세법」 제2조에 따른 납세의무가 있는 자 2. 「법인세법」 제3조에 따른 납세의무가 있는 자 3. 「지방세법」 제7조에 따른 취득세 납세의무가 있는 자 4. 「지방세법」 제107조에 따른 재산세 납세의무가 있는 자 5. 「종합부동산세법」 제7조 및 제12조에 따른 종합부동산세 납세의무가 있는 자
제3조(과세기간) ① 제5조 제1호의 통일세의 과세기간은 「소득세법」 제5조에 따른 소득세의 과세기간으로 한다. ② 제5조 제2호의 통일세의 과세기간은 「법인세법」 제6조에 따른 사업연도로 한다 ③ 제5조 제3호의 통일세의 과세기준일은 「지방세법」 제114조에 따른 재산세의 과세기준일로 한다. ④ 제5조 제4호의 통일세의 과세기간은 「종합부동산세법」 제3조에 따른 종합부동산세의 과세기준일로 한다.	제3조(과세기간) ① 제5조 제1호의 통일세의 과세기간은 「소득세법」 제5조에 따른 소득세의 과세기간으로 한다. ② 제5조 제2호의 통일세의 과세기간은 「법인세법」 제6조에 따른 사업연도로 한다. ③ 제5조 제3호의 통일세의 과세기준일은 「지방세법」 제20조에 따른 취득세의 신고납부기준일로 한다. ④ 제5조 제4호의 통일세의 과세기준일은 「지방세법」 제114조에 따른 재산세의 과세기준일로 한다. ⑤ 제5조 제5호의 통일세의 과세기간은 「종합부동산세법」 제3조에 따른 종합부동산세의 과세기준일로 한다.

<table>
<tr><td>

제4조(비과세) ① 「소득세법」, 「법인세법」, 「지방세법」, 「종합부동산세법」 및 「조세특례제한법」에 따른 비과세 혹은 감면규정에 불구하고 이 법에서 달리 규정하지 않는 한 통일세를 부과한다.
② 재산세와 종합부동산세의 통일세 이중과세에 관한 조정은 「종합부동산세법」 제9조에 따른다.

</td><td>

제4조(비과세) ①「소득세법」 제47조에 따른 근로소득공제는 적용하지 아니하며 「소득세법」 및 「조세특례제한법」에서 규정하는 비과세 혹은 감면규정에 불구하고 이 법에서 달리 규정하지 않는 한 통일세를 부과한다.
② 「법인세법」, 「지방세법」, 「종합부동산세법」 및 「조세특례제한법」에 따른 비과세 혹은 감면규정에 불구하고 이 법에서 달리 규정하지 않는 한 통일세를 부과한다.
③ 재산세와 종합부동산세의 통일세 이중과세에 관한 조정은 「종합부동산세법」 제9조에 따른다.

</td></tr>
</table>

제5조(과세표준과 세율) ① 통일세의 과세표준과 세율은 다음 각 호와 같다. (좌측)

제5조(과세표준과 세율) ① 통일세의 과세표준과 세율은 다음 각 호와 같다. (우측)

[좌측 표]

호별	과세표준	세율
1	「소득세법」에 따라 납부하여야 할 소득세액	과세표준의 1000분의 15
2	「법인세법」에 따라 납부하여야 할 법인세액	과세표준의 1000분의 15
3	「지방세법」에 따라 납부하여야 할 재산세액	과세표준의 1000분의 15
4	「종합부동산세법」에 따라 납부하여야 할 종합부동산세액	과세표준의 1000분의 15

[우측 표]

호별	과세표준	세율
1	「소득세법」 제14조제2항부터 제5항 및 제6항, 소득세법 제92조에 따라 각각 계산한 과세표준	과세표준의 1000분의 50
2	「법인세법」 제13조에 따라 계산한 법인세의 과세표준	과세표준의 1000분의 50
3	「지방세법」에 따라 취득세 과세대상 재산의 취득당시의 가액	과세표준의 1000분의 50
4	「지방세법」에 따라 재산세 과세대상 재산의 가액	과세표준의 1000분의 50
5	「종합부동산세법」에 따라 종합부동산세 과세대상 재산의 가액	과세표준의 1000분의 50

<table>
<tr><td>

② 과세표준에 대하여는 이의제기를 할 수 없다.
제6조(납세지)
"이하 생략"

부칙

</td><td>

② 과세표준에 대하여는 이의제기를 할 수 없다.
제6조(납세지)
"이하 생략"

부칙

</td></tr>
</table>

제5절 | 남북의 경제교류 활성화 관점에서 고찰한 북한 세제

1. 개요

정부는 통일에 다가서기 위한 구체적 실천방안의 하나로, 남북관계의 긴장을 완화하고 다각적으로 교류를 하기 위한 노력을 기울이고 있다. 개성공업지구는 남북 사이의 경제교류의 접점이자 교두보 역할을 하고 있다.

정부는 2017년 8월 28일, '개성공업지구 시행세칙 분석 및 개선방안 연구'라는 제목의 연구과제를 외부 전문가에게 맡긴다고 공고한 바 있다. 해당 자료에 따르면, "개성공업지구 시행세칙의 입법절차상의 문제점을 파악하고 대응방안을 검토함으로써 향후 남북관계 진전에 대비해 개성공단의 발전적 운영방안을 마련할 필요가 있다."고 연구용역의 목적을 설명하였다.[16]

이 절에서는, 향후 남북관계가 진전되고 개성공업지구의 운영이 재개될 경우에 대비하여 개성공업지구에 적용되는 북한의 세제를 고찰한다. 북한의 세제를 고찰하는 이유는, 북한 세제상의 장애요인을 사전에 파악하고 그 개선방안을 토대로 남북한의 원활한 경제교류에 도움이 되는 방향으로 협의에 임할 수 있기 때문이다. 또한 북한의 경제특구지역에 적용되는 세제의 미비점과 시사점 그리고 개선방안을 탐색하기 위한 목적으로 중국과 홍콩의 세제를 고찰한다.

북한의 세제를 고찰함에 있어서도 정부의 단계별 통일론에 대비될 수 있도록 단계별로 살핀다. 화해 및 협력단계에서는 남북 사이의 투자보장에 관한 합의서와 그 연관세제 상의 문제점의 개선방안을 연구한다. 남과 북이 통일을 전제로 한 남북연합단계에 이르렀을 때에는 남북한 간 경제적 교류활성화를 위한 관점에서 북한세제와 경

---

16 통일부 공고 2017-제63호.

제특구세제가 보완해야 할 사항을 제안한다.

북한은 사회주의에 기반한 계획경제체제를 유지하고 있다. 다만 북한은 부분적 혹은 전체적으로 시장경제시스템을 도입하면서 개혁 혹은 개방정책을 미룰 수 없다는 인식을 하고 있다.[17] 중국이나 베트남의 비약적인 경제개발 사례가 영향을 미친 것으로 보인다. 북한은 중국의 경제개발특구제도를 참조하여 경제특구제도를 시행하고 있다. 남한의 기업에는 경제특구에 해당하는 개성공업지구를 개방하여 운영한 바 있다.[18]

북한은 헌법에서 조세를 사회주의 유물로 취급하며 삭제하는 등 북한주민을 대상으로 하는 조세제도는 별도로 두지 않고 있다. 개성공업지구에 투자한 남한 기업 및 외국인 그리고 외국투자자를 대상으로 하는 조세제도만을 유지하고 있다.

북한은 법적인 관점에서 조세 체계를 갖추고 있지 않다. 법적 관점에서 조세 체계를 갖추려면 헌법에 조세에 관한 사항이 규정되어야 한다. 헌법에 터잡은 조세실체법과 조세절차법이 구비되어야 하기 때문이다. 나아가 조세에 관한 기본사항인 조세의 종류와 분류, 기본원칙, 법원, 해석 및 적용, 처분(결정, 경정, 체납처분 등), 불복, 소송, 세무조사, 납세자의 권리보호, 가산세, 과태료, 조세범의 처벌 및 범칙조사 등을 법으로 규정하여야 한다.[19]

이하에서는 북한 세제의 일반론, 북한의 경제특구제도 활성화의 관점에서 중국과 홍콩의 세제 고찰 및 '남북 사이의 투자보장에 관한 합의서'를 기초로 그와 연관 있는 북한세제가 보완되어야 할 법적 쟁점을 차례대로 살핀다.

2. 북한의 세제 일반론

가. 개요

북한은 2003년 6월 경제특구의 일환으로 개성공단의 조성을 시작하고 착공하였다. 개성공단은 2004년 12월부터 가동과 중단을 반복하면서 유지되어 왔다. 정부는

---

17 박재옥·오용식, "개혁개방에 대비한 북한의 조세법제 정비의 문제(중국의 WTO가입의 경험을 참고하여)", 법제처, 2002. 11, 8면.

18 여기에서는 개성공업지구 혹은 개성공단이라 한다.

19 임승순, 앞의 책, 15~16면.

2016년 2월 개성공단운영을 전면 중단하고 철수하였다. 개성공단은 북한 입장에서는 경제 위기를 극복하기 위한 자구책의 일환이다. 남한 기업입장에서는 북한의 경쟁력 있는 임금과 물류비용 및 지리적 이점을 활용할 수 있다. 나아가 남한과 북한의 관계 개선에도 도움을 줄 수 있다는 측면에서 중요한 의미를 가진다.[20]

　　남한과 북한 정부는 개성공단에 진출한 남한기업에 각각의 법률에 따라 조세를 부과징수하였다. 북한은 헌법 개정을 통하여 세금이 없는 나라를 전제로 한 바 조세법 체계가 형해화된 상태이다. 다만, 개성공단에 입주한 남한 기업에 대해서는 개성공업지구 세금규정 및 동 법 시행세칙 등의 제정을 통하여 조세를 징수하여 왔다. 개성공단에 적용된 동 법률과 세금규정 등은 향후 남북 간의 경제교류가 재개되는 시점 혹은 통일논의가 진행되는 과정에서 주요 쟁점으로 부각될 수 있다.

나. 대외세법 체계

(1) 개요

　　북한경제는 상당기간 지속적으로 전반에 걸쳐 활력이 떨어지고 생산성이 저하되어 심각한 어려움에 직면해 있다. 이를 타개하기 위하여 북한은 중국의 경제특구에 주목한바 있다. 중국의 경제특구제도가 중국의 경제성장을 주도하고 확산시켜 나가는 모습을 북한에 접목한다는 계획을 세웠다.

　　북한의 최고인민회의 상임위원회는 2002년 11월 13일 개성공업지구를 경제특구로 지정하고 같은 달 20일 개성공업지구법을 제정하였다. 기존의 북한 체제는 유지하되 특정지역에 한정하여 북한식의 사회주의 시장경제체제를 도입한 것이다. 개성공업지구를 경제특구의 하나로 선정하기 위한 법적 근거를 마련한 것이다. 개성은 궁극적으로 남한기업의 투자를 염두에 두고 선정한 것이다. 개성공업지구법은 남한기업의 투자 시 발생할 수 있는 위험요소를 감안하여 법적 안전장치를 규정한 법률이다.

　　개성공업지구에 적용할 세금 규정은 개성공업지구법을 채택한 후 관련 하위 규정으로 북한의 최고인민회의 상임위원회가 2003년 9월 18일 결정1호로 개성공업지구

20　한상국 · 김진수, "입주기업 경영활동 지원을 위한 조세제도 연구", 한국조세연구원, 2006. 8, 1면.

세금 규정을 제정하였다.[21] 개성공업지구 세금 규정의 세부지침이라 할 수 있는 개성공업지구 세금 규정 시행세칙은 중앙특구개발지도총국지시 제2호로 2006년 12월 8일자로 승인·시행되어 왔다.

남북 사이의 투자보장에 관한 합의서상에서 합의된 내용을 토대로 체결된 남북 사이의 소득에 대한 이중과세방지합의서, 즉 남북조세합의서는 2003년 8월부터 발효되어 시행 중이다.

북한의 조세법은 남한의 조세법률과 달라 그대로 비교하기는 어렵다. 남한의 조세 체계는 헌법상의 조세법률주의를 토대로 법적 안정성과 예측 가능성을 담보하고 있다. 과세요건 법률주의, 과세요건 명확주의, 법률 불소급의 원칙, 상위 법률의 규정을 무시하거나 위임 없이 하위 법률에 과세요건을 창설 금지, 구법과 신법의 충돌 시 신법우선원칙 등의 일반적인 규정이 적용되고 있다. 하지만 북한은 노동당의 결정이 모든 법률에 우선하여 적용된다. 사실상 조세법이 형해화된 상태인 것이다.

북한은 해방 후 나름의 세금제도를 정비하여 운용하였다. 그 과정에서 수차례 세제개혁을 단행했다. 해방 후 전면적인 세제개편과 함께 해방 전 제정되었던 세목들을 순차적으로 폐지하였다.[22]

북한의 이른바 대외세법의 근간을 바탕으로 그 연혁을 정리하면 다음과 같다.[23]

- 1972년 북한헌법에서 세금제도를 삭제
- 1983년 최고인민회의에서 세관법 채택
- 1992년 북한헌법에서도 세금제도가 없음을 확인하는 규정 제정
- 1992년 외국인투자법 제정
- 1993년 최고인민회의에서 외국투자기업 및 외국인세금법을 채택
- 1995년 중앙인민위원회에서 자유경제무역지대 세관 규정을 채택
- 2003년 최고인민회의에서 개성공업지구 세관 규정 및 개성공업지구 세금 규정을 채택

이하에서 북한세제 중 외국인 혹은 외국법인에게 적용되는 외국인투자법, 외국투자기업 및 외국인세금법, 경제특구의 일환으로 운영되었던 개성공업지구에 적용된 개

---

21 한상국·김진수, "개성공단과 중국 경제특구 조세법제의 비교연구", 한국조세연구원, 2006. 12. 1면.
22 최정욱, 앞의 논문, 119~128면.
23 한상국·김진수, 앞의 논문, 42~43면.

성공업지구 세금 규정 및 남북조세합의서를 고찰한다.

(2) 외국투자기업 및 외국인에 관한 조세 규정

1) 개요

북한은 1992년 채택된 북한 헌법에서 제한적인 개방정책의 토대를 마련하였다. 이를 근거로 외국인투자법과 외국투자기업 및 외국인세금법을 제정하였다. 외국인투자법은 1992년 제정된 바 외국투자기업 및 외국인이 부담해야 할 조세에 대해서 규정하고 있다. 1993년 제정된 외국투자기업 및 외국인세금법 그리고 동 법 시행규정은 세금부과에 대한 일반규정, 기업소득세, 개인소득세, 재산세, 상속세, 거래세, 지방세 등을 기술하고 있다.

그 외에 경제특구에 적용되는 자유경제무역지대법, 라선경제무역지대법, 신의주특별행정구 기본법 및 개성공업지구법 등에 조세와 관세에 관한 규정을 담고 있다.

2) 외국인투자법

외국인투자법은 1992년 10월 5일 제9기 최고인민회의 상설회의에서 채택되었다. 2011년 11월 29일 최고인민회의 상임위원회 정령 제1991호로 수정 · 보충된 바 있으며 총 22개의 조문으로 이루어져 있다.

동 법 제1조는 북한은 외국투자가들이 공화국영역 안에 투자하는 것을 장려하며 그들의 합법적 권리와 리익을 보호하는 데 이바지한다는 것을 규정하고 있다. 동 법은 외국투자가들이 외국인투자기업을 창설 · 운영하는 일반원칙과 질서를 포괄적으로 규제하고 있다. 또한 외국인투자가, 합작기업, 합영기업 및 외국인기업의 정의를 내리고 있다(제2조).[24] 동 법에 따르면 외국투자기업과 외국투자은행의 경영활동조건을 보장한다(제4조). 외국투자가는 공업 · 농업 · 건설 · 운수 · 체신 · 과학기술 · 관광 · 유

---

24 외국투자가란 공화국영역 안에 투자하는 다른 나라의 법인과 개인을 말한다. 외국투자기업이란 공화국영역 안에 설립한 합작기업, 합영기업, 외국인기업을 말한다. 합작기업이란 우리 측 투자가와 외국 측 투자가가 공동으로 투자하고 우리 측이 운영하며 계약조건에 따라 상대측에 투자몫을 상환하거나 이윤을 분배하는 기업을 말한다. 합영기업이란 우리 측 투자가와 외국 측 투자가가 공동으로 투자하고 공동으로 운영하며 투자몫에 따라 이윤을 분배하는 기업을 말한다. 외국인기업이란 외국투자가가 단독으로 투자하여 경영하는 기업을 말한다.

통·금융을 비롯한 여러 부문에 투자할 수 있다(제6조). 특히 첨단기술을 비롯한 현대적 기술과 국제시장에서 경쟁력이 높은 제품을 생산하는 부문, 자원개발 및 하부구조 건설부문, 과학연구 및 기술개발부문에 대한 투자를 특별히 장려한다고 규정한다(제7조). 민족경제 발전과 나라의 안전에 지장을 주거나 경제·기술적으로 뒤떨어지고 환경보호의 요구에 저촉되는 대상의 투자는 금지하거나 제한한다(제11조).

동 법 제8조, 제9조 및 제17조 등은 북한에 투자한 외국인투자기업의 조세와 관련된 사항을 규정하고 있다. 동 법 제7조에서 규정하는 장려하는 부문에 투자하여 설립한 외국인투자기업은 소득세를 비롯한 여러 가지 세금의 감면, 유리한 토지사용조건의 보장, 은행대부의 우선 제공과 같은 우대를 받으며(제8조) 자유경제무역지대 안에 설립된 외국인투자기업은 관세 및 소득세 감면 같은 특혜적인 경영활동조건을 보장받는다(제9조). 외국투자가와 외국인투자기업은 공화국의 해당 법에 따라 소득세, 기업운영세, 재산세를 비롯한 세금을 물어야 한다(제17조).

외국투자가와 외국인투자기업 설립에 필요한 토지를 최고 50년까지 임대하여 주며 임대받은 기한 안에, 해당 기관의 승인 밑에 양도하거나 상속할 수 있다(제15조). 이어 제16조에서는 외국인투자기업의 북한 주민의 의무적 채용, 제19조에서는 재산권 보장, 제20조는 기업이윤의 해외 송금보장, 제21조에서 경영비밀의 법적 보장을 규정하고 있다. 제22조에서는 분쟁발생 시 협의하여 해결하며 분쟁사건은 조선의 재판기관 또는 중재기관에서 해당 절차에 따라 심의·해결하며 합의에 따라 다른 나라의 중재기관에 제기하여 해결할 수도 있다고 규정한다.

3) 외국투자기업 및 외국인세금법

북한은 외국투자기업 및 외국인세금법을 제정하여 시행하고 있다.[25] 동 법률은 제1장 외국인투자기업 및 외국인세금법의 기본부터 제8장 제재 및 신소까지 총 8장, 55개의 조문으로 구성되어 있다. 동 법 시행규정은 1994년 2월 21일 정무원 결정 제9호로 제정되었다.

동 법률 제1장은 일반사항을 규정하고 있다. 조세에 관한 기본사항을 규정하고 있는데 이는 남한의 국세기본법 혹은 지방세기본법과 유사한 형태로 볼 수 있다. 외국투

---

25 북한은 1993. 1. 31. 최고인민회의 상설회의 결정으로 동 법률을 채택하고 1993. 4. 8. 최고인민회의 제9기 제5차 회의에서 법령으로 승인하였다.

자기업 및 외국인세금법은 단일 법령에 전체 세목을 열거하고 있다.

제2장은 기업소득세(남한의 법인세에 해당)에 관한 사항으로 제8조(과세소득의 범위),[26] 제9조(과세연도), 제10조(신고), 제11조(납부), 제12조(결산이윤, 세율), 제13조(배당, 이자, 임대, 사용료 및 기타소득 세율), 제14조(기타소득 신고기한), 제15조(기업소득세 감면) 및 제16조(이윤의 재투자)를 규정하고 있다.

제3장은 개인소득세에 관한 사항으로 제17조(납세자 및 거주자), 제18조(과세소득의 범위),[27] 제19조~제23조(세율) 및 제24조(납부)로 구성되어 있다. 공화국 영역 안에 180일 이상 체류하면서 소득을 얻은 외국인은 그 소득에 대하여, 1년 이상 체류하거나 거주하는 외국인은 공화국 영역 밖에서 얻은 소득에 대해서도 개인소득세를 납부하여야 한다(동 법 시행규정 제36조).

제4장은 재산세에 관하여 제25조(과세물건), 제26조(재산의 등록), 제27조(과세소득금액), 제28조(세율),[28] 제29조(세액) 및 제30조(납부) 사항을 규정하고 있다. 외국인은 공화국 영역 안에 가지고 있는 건물과 선박, 비행기(자가용 선박 포함)에 대하여 재산세를 납부하여야 한다(동 법 시행규정 제43조).

제5장 상속세에서는 제31조(납세의무범위), 제32조(과세소득금액 산정), 제33조(재산의 평가), 제34조(세율),[29] 제35조(세액) 및 제36조(신고납부)로 되어 있다. 증여세에 대해서는 별도 규정이 없다. 남한 세법이 상속세와 증여세를 구분하고 있는 바와 달리 상속의 개념에 포함된 것으로 이해된다.

제6장 거래세(남한의 부가가치세에 해당)는 제37조(납세의무자), 제38조(과세대상), 제39조(세율),[30] 제40조(세액산정방식), 제41조(납부) 및 제42조(감면)으로 구성되어 있다.

제7장 지방세 부분은 제43조(납세의무자), 제44조(도시경영세), 제45조(도시경영세의 과세대상액), 제46조(도시경영세의 산정), 제47조(자동차리용세), 제48조(자동차의 등록), 제49조(납부 및 면제) 및 제50조(세액)[31]으로 구성되어 있다.

---

26 남한의 법인세법상 과세소득 범위와 같이 포괄주의를 택하고 있는 것으로 해석된다. 기타소득의 범위를 특정소득으로 한정하여 본다면 열거주의로 볼 여지도 있다.

27 남한의 소득세법상 과세소득 범위와 같이 열거주의를 택하고 있다.

28 "재산세의 세률은 내각이 정한다."고 규정하고 있다. 세율을 법률에 정하지 않고 시행규정에 위임하여 조세법률주의에 반할 소지가 있다.

29 "상속세의 세률은 내각이 정한다." 재산세와 같은 문제를 가지고 있다.

30 "거래세의 세률은 내각이 정한대로 한다." 재산세와 같은 문제를 가지고 있다.

31 "자동차리용세의 세액은 내각이 정한다." 재산세와 같은 문제를 가지고 있다.

제8장은 제재 및 신소를 규정하고 있는데 제51조(납부가산세), 제52조(벌금), 제53조(형사벌), 제54조(신소나 소송) 및 제55조(신소처리기한 및 소송제기)로 구성되어 있다.[32] 외국인투자기업과 외국인은 세금납부와 관련하여 의견이 있는 경우 세금을 납부한 날로부터 30일 안으로 세금을 받은 재정기관의 웃기관에 신소청원을 할 수 있다. 신소청원을 받은 재정기관은 30일 안으로 신소청원을 처리하여야 한다(동 법 시행규정 제78조). 신소청원의 처리결과에 대하여 의견이 있는 외국인투자기업과 외국인은 그것을 처리받은 날로부터 10일 안으로 소재지 또는 거주지 재판소에 소송을 제기할 수 있다(동 법 시행규정 제79조).

4) 개성공업지구 세금규정 및 시행세칙

개성공업지구 세금규정 및 동 규정 시행세칙은 개성공업지구에 적용될 조세에 관한 사항을 규정하고 있다. 법률은 아니며 북한의 최고인민회의 상임위원회가 2002년 11월 개성공업지구를 지정하고 동 월에 개성공업지구법을 채택한 후속 조치로 2003년 9월 18일 결정 제1호로 채택하였다.

동 규정의 시행세칙은 북한의 중앙특구개발지도총국지시 제2호로 2006년 12월 8일 승인되었으며 동 일자부터 시행 중이다.[33] 중앙특구개발지도총국은 2012년 8월 2일 남한 측에 '개성공업지구 세금규정 시행세칙을 수정하였다며 통지를 보내온 바 기존 120개 조문 중 117개 조문을 개정하였다.[34]

개성공업지구법은 북한헌법 제37조에 근거를 두고 제정되었다.[35] 동 법의 기본취지는 개성공업지구를 국제적인 공업, 무역, 상업, 금융, 관광지역으로 개발하여 민족경제의 발전을 도모(제1조 및 제2조)하며 남한 및 해외동포, 외국의 법인·개인·경제조직 등이 투자할 수 있으며(제3조), 특히 인프라, 경공업, 첨단과학기술 부문에 대한 투자를 장려하고 있다(제4조).

32　남한의 제재는 가산세, 신소는 이의신청 혹은 불복절차를 규정한 것으로 볼 수 있다.

33　정부는 2016. 2. 10. 북한의 핵 실험 및 로켓 발사에 문제를 제기하며 김관진 국가안보실장이 주재한 국가 안전 보장 회의(NSC)에서 개성공단 가동 전면 중단을 결정내렸고, 같은 해 2. 11. 북한은 개성공단 폐쇄 조치를 내리면서 문을 닫았다. 현재 가동이 중단된 상태로 있다.

34　한상국, "개성공단 투자활성화를 위한 조세제도 개선방안", 『북한법연구』 제15호, 북한법연구회, 2013. 2, 388면.

35　"국가는 우리나라 기관, 기업소, 단체와 다른 나라 법인 또는 개인들과의 기업합영과 합작, 특수경제지대에서의 여러 가지 기업창설운영을 장려한다."

북한은 개성공업지구법의 하위규정으로 개성공업지구 기업창설 및 운영규정과 개성공업지구 세금규정 등과 같은 16개의 규정과 18개의 시행세칙을 제정해서 시행 중에 있다. 한편, 중앙특구개발지도총국은 2012년 8월 2일 기존에 시행 중이던 개성공업지구 세금규정 시행세칙을 수정해서 남한에 알려 왔다.[36]

정부는 북한이 제정한 개성공업지구 세금규정 시행세칙이 일방적이고 현 체제에 부합하지 않으며 무리한 점이 많은바 남북이 합의해서 마련해야 한다는 입장을 밝혔다.[37]

개성공업지구 세금규정은 외국투자기업 및 외국인세금법상의 체계를 근간으로 그 세부적인 사항을 정하고 있다. 동 규정 제17조에 따르면, "공업지구에서는 이 규정에 정한 세금만을 부과한다. 개발업자의 재산, 개발과 관련한 경제활동에는 세금을 부과하지 않는다."고 규정하고 있다. 따라서 외국인투자기업 및 외국인세금법의 적용을 원칙적으로 배제하고 있지만 동 규정에서 법령상 미비 사항이 발생하는 경우 보완하는 기능을 하고 있다.[38]

동 규정은 9개의 장과 86개의 조문으로 구성되며 8개의 세목을 다루고 있다. 동 규정은 제정목적(제1조), 적용대상(제2조), 세금의 부과와 징수(제3조), 세무문건의 보존(제5조), 세금의 계산과 납부(제11조), 남북조세합의서(제16조)를 일반규정으로 정하고 있으며 이어 기업소득세(제18조), 개인소득세(제35조), 재산세(제41조), 상속세(제52조), 거래세(제61조), 영업세(제67조), 도시경영세(제73조) 및 자동차리용세(제77조)를 규정하고 있다. 동 규정 시행세칙은 동 규정상의 세부지침을 정하고 있다.

개성공단 세금규정 제16조(합의서, 정부 간 협정의 적용)는 "세금과 관련하여 북남 사이에 맺은 합의서 또는 공화국과 다른 나라 사이에 맺은 협정이 있을 경우에는 그에 따른다."고 규정하여 조세법의 일반적 원칙인 국제법 우선의 원칙을 수용하고 있다.

동 규정 시행세칙에는 세금부과와 관련된 남한 조세법(국세기본법)의 일반원칙을 대부분 수용하고 있다. 그 주요 내용은 다음과 같다.

실질과세(제18조), 근거과세(제19조), 세금규정 및 세칙의 해석기준, 소급과세의 금

---

36 한상국, 앞의 논문, 382면.

37 통일부 공고 2017 – 제63호.

38 오윤, "개성공단에 대한 이중과세방지합의서 적용방안", 『조세학술논집』 제24권 제2호, 국제조세협회, 2008, 245면.

지(제20조), 기업회계의 준거법규(제21조), 납세의무의 성립시기(제22조), 상속으로 인한 납세의무의 승계(제24조), 세금징수권의 소멸시효(제25조), 시효의 중단과 정지(제26조), 과세표준의 관할(제27조), 수정신고(제28조), 추가납부(제29조), 연체료 및 벌금의 감면(제30조) 및 세금반환금의 충당과 반환(제3조) 등으로 구성되어 있다.

개성공업지구 세금규정 제19조(기업소득세의 세률)에 따르면, "공업지구에서 기업소득세의 세률은 결산리율의 14%로 한다. 그러나 하부구조건설부문과 경공업부문, 첨단과학기술부문의 기업소득세의 세률은 결산리률의 10%로 한다."고 규정하여 세율을 탄력적으로 운용하고 있음을 알 수 있다.

개성공업지구 세금규정에는 외국인의 투자유치를 위한 조성책의 일환으로 각종 감면규정을 두고 있다. 기업소득세의 경우 동 규정 제29조(기업소득세의 면제, 감면)에서 장려부문, 생산부문, 봉사부문 및 이윤의 재투자에 대하여 감면규정을 각각 두고 있다. 장려부문과 생산무분에 투자하여 15년 이상 운영하는 기업에 대하여서는 리윤이 나는 해부터 5년간 면제하고 그 다음 3년간 50%를 덜어줌으로써 장기투자를 유도하고 있다.

개인소득세의 면제대상으로 "북남 사이에 맺은 합의서 또는 공화국과 다른 나라 사이에 맺은 협정에 따라 개인소득세를 납부하지 않기로 한 소득"을 규정하여 국가 간 이중과세방지협정을 존중함을 명시하고 있다(동 규정 제40조).

동 규정 제51조(새 건물에 대한 재산세 면제)에 따르면 새로 건설한 건물을 소유하였을 경우에는 등록한 날로부터 5년간 재산세를 면제하며 "기업이 생산한 제품을 남측 지역에 내가거나 다른 나라에 수출할 경우에는 거래세를 면제한다(동 규정 제65조)."

동 규정 제71조(하부구조부문기업의 영업세 면제)에 따르면, "전기, 가스, 난방 같은 에네르기 생산 및 공급부문과 상하수도, 용수, 도로부문에 투자하여 운영하는 기업에 대해서는 영업세를 면제한다."

동 규정 제84조(연체료) 및 제85조(제재 대상과 벌금)는 다음과 같다.

세금미납부 혹은 과소납부에 연체료(매일 0.05%, 세금미납액의 15% 한도)를 부과하고 고의성이 있을 경우 미납세금의 3배를 벌금으로 부과한다.

세금부과 및 납부와 관련하여 의견이 있는 기업과 개인은 공업지구세무소에 의견을 개진하거나 신소할 수 있으며 공업지구세무소와 중앙공업지구지도기관은 의견 또는 신소를 접수한 날로부터 30일 안으로 처리하여야 한다(동 규정 제86조).

5) 남북한의 경제교류를 위한 투자협정

A. 개요

대한민국 헌법 제6조 제1항 및 제2항에 따르면, 헌법에 의하여 체결·공포된 조약과 일반적으로 승인된 국제법규는 국내법과 같은 효력을 가진다. 외국인은 국제법과 조약이 정하는 바에 의하여 그 지위가 보장된다.

북한헌법 제16조에 따르면, "조선민주주의인민공화국은 자기 령역 안에 있는 다른 나라 사람의 합법적 권리와 리익을 보장한다."고 규정하고 있다. 남한헌법과 달리 국제법과 조약의 지위보장에 관한 규정은 두지 않고 있다. 따라서 남북조세합의서가 개성공업지구 세금규정에 우선하여 적용되는지 여부에 관하여 의문이 생길 수 있다.[39]

다만 외국투자기업 및 외국인세금법 시행세칙 제24조 및 개성공업지구 세금규정 제16조에 근거하면 남북 사이의 소득에 대한 이중과세방지 합의서('남북조세합의서')가 북한의 법령보다 우선하여 적용된다는 개념으로 해석된다.

외국투자기업 및 외국인세금법 시행세칙 제24조에 따르면, "공화국 정부와 다른 나라 정부 사이에 맺은 협정에 의하여 개인소득세를 납부하지 않기로 한 소득에 대해서는 개인소득세를 납부하지 않는다."고 규정하고 있다.

또한 개성공업지구 세금규정 제16조(합의서, 정부 간 협정의 적용)에 따르면, "세금과 관련하여 북남 사이에 맺은 합의서 또는 공화국과 다른 나라 사이에 맺은 협정이 있을 경우에는 그에 따른다."고 규정하고 있다. 동 규정 시행세칙 제14조(합의서, 정부 간 협정에 따르는 세금부과와 감면) 제1항에서는 "북남 사이의 소득에 관한 이중과세방지합의서를 비롯한 북남 사이에 맺은 합의서 또는 세무사업과 관련하여 공화국정부와 다른 나라 사이에 맺은 협정들에 준하여 이 규정과 다르게 세금을 납부하려는 기업과 개인은 해당 합의서나 협정에 준하여 과거에 납부한 세금납부증과 협정문건(사본)을 세무서에 제출하여야 한다."고 규정하고 있다. 남북조세합의서가 동 규정에 우선하여 적용되는 것이다.

B. 남북 사이의 투자보장에 관한 합의서

남한의 기업이나 개인이 개성공업지구에서 사업을 영위하는 경우 북한에서 적용되는 조세에 관한 사항은 외국투자기업 및 외국인세금법 그리고 개성공업지구 세

---

39 같은 뜻으로 안창남, "개성공업지구와 세금", 『조세법연구』 제11권 제2호, 2005, 126~127면.

금규정 및 동 규정 시행세칙이 적용된다. 조세 이외의 쟁점이 되는 사안에 대해서는 '남북 사이의 투자보장에 관한 합의서(이하 "남북투자보장합의서"라 함)'가 적용된다. 남북은 2000년 12월 16일 남북투자보장합의서를 체결하였다.[40] 해당 합의서상의 합의목적은 다음과 같다.

> "남과 북은 2000년 6월 15일에 발표된 역사적인 「남북공동선언」에 따라 진행되는 경제교류와 협력이 나라와 나라 사이가 아닌 민족내부의 거래임을 확인하고 상대방 투자자의 투자자산을 보호하고 투자에 유리한 조건을 마련하기 위하여 다음과 같이 합의한다."

남과 북은 같은 날 '남북투자보장합의서' 외에 '남북 사이의 청산결제에 관한 합의서', '남북 사이의 상사분쟁 해결절차에 관한 합의서' 및 '남북 사이의 소득에 대한 이중과세방지 합의서' 등을 동시에 체결하였다.

일반적으로 투자보장협정 이중과세방지협정은 경제협정의 예로 볼 수 있는데 그 목적은 협정 당사국 간 통상 및 투자진흥을 위한 법적 기반을 마련하는 데 있다.[41] 남북투자보장합의서는 우리 기업이 북한지역에 투자를 할 경우 북한에 의한 국유화, 해외송금제한, 청산자유제한 및 철수 강제 등의 위협요인으로부터 보호하기 위한 법적 구제 장치로 볼 수 있다.[42]

C. 남북 사이의 소득에 대한 이중과세방지 합의서

우리나라와 다른 나라 사이에는 이중과세문제를 해결하기 위하여 '소득에 대한 이중과세의 회피와 탈세방지 및 국제무역과 투자의 증진을 위한 협약'을 체결하고 있다.

---

40 (http://www.mofa.go.kr/www/wpge/m_4058/contents.do), 2020. 12. 23. 검색. (적법한 체결절차를 거쳐 발효한 협정은 국내법과 같은 효력을 가진다. 협정이 효력을 가지기 위해서는 국제법 주체의 하자 없는 조약체결 의사가 있어야 하고 협정내용이 실현 가능해야 한다. 협정이 발효하면 협정은 당사국 정부만을 법적으로 구속하는 것이 아니고, 국내법의 일부로서 국민 개개인에게도 효력을 미친다. 그러나 협정은 당사국만을 구속하기 때문에 제3국의 경우는 명백한 동의가 없는 한 협정상 의무를 부담시킬 수 없다. 협정에 의해 의무가 아닌 일방적인 권리나 혜택을 제3국에 부여하는 경우에는 명백한 반대의사가 없는 한 무방하다.).

41 안동인, "북한의 투자보장협정 및 이중과세방지협정연구", 『법학논문집』 제42권 제3호, 중앙대학교, 2018, 213~214면.

42 안동인, 위의 논문, 213~214면.

남한의 기업이나 개인이 개성공업지구에서 사업을 수행하는 경우에도 이중과세문제가 발생한다. 이를 해소하기 위하여 '남북 사이의 소득에 대한 이중과세방지 합의서(이하 "남북조세합의서"라 함)'가 2000년 12월 16일자로 체결되었다. 남북조세합의서는 2003년 8월 20일 시행되었고 2004년 1월 1일자로 발효되었다. 현재 남북조세합의서는 개성공업지구가 폐쇄된 관계로 시행이 중단된 상태로 있다.[43]

남북투자보장합의서가 남과 북 상호 간 투자자의 투자 자산을 보호하고 투자에 유리한 조건을 마련하기 위함이라면, 남북조세합의서는 소득에 대한 이중과세를 방지하기 위함이다.

국가 간 소득의 이중과세방지규범에는 크게 'OECD모델'과 'UN모델'이 있다. 전자는 투자유치국의 과세권을 제한하여 투자국에 인센티브를 부여하는 방향으로 협약을 맺는 반면 후자는 투자유치국의 조세수입을 보장하기 위하여 과세권을 강화하는 기능을 한다. 남북조세합의서는 전자인 'OECD모델'에 기반하여 체결되었다.[44]

법원은 남북조세합의서를 우리나라와 여타 국가 간 체결된 조세조약과는 다른 성격을 가진다고 해석한다.[45]

북한은 2018년 6월 1일 기준으로 15개국과 조세협약(남한은 남북조세합의서이므로 제외함)을 체결하고 있으며 이 중 러시아(2000년), 루마니아(2000년), 불가리아(2000년), 세르비아(2001년)·몬테네그로(2001년),[46] 인도네시아(2004년), 라오스(2004년), 몽골(2005년), 체코(2006년), 베트남(2007년) 및 벨라루스(2007년)와는 시행 중에 있으며 마케도니아(1997년) 및 말레이시아(1998년)의 경우 조세조약을 체결하였으나 아직 시행되지 않는 것으로 확인되고 있다.[47] 에티오피아의 경우 2012년에 체결이 된 것으로 알

---

43 정부 관계부처 담당자와 확인하였다.

44 안동인, 앞의 논문, 216~217면.

45 대법원 2012. 10. 11. 선고 2012두12532 판결: "남북관계가 나라와 나라 사이의 관계가 아닌 통일을 지향하는 과정에서 잠정적으로 형성되는 특수관계임을 전제로, 조국의 평화적 통일을 이룩해야 할 공동의 정치적 책무를 지는 남북한 당국이 특수관계인 남북관계에 관하여 채택한 합의문서로서, 남북한 당국이 각기 정치적인 책임을 지고 상호간에 그 성의 있는 이행을 약속한 것이라고 할 것이나, 이를 국가 간의 조약 또는 이에 준하는 것으로 볼 수는 없다고 할 것이다."

46 세르비아 몬테네그로는 2003. 2. 4부터 2006. 6. 5까지 연합국가였으나 2006. 6. 5. 각각 세르비아와 몬테네그로로 분리·독립되었다.

47 PricewaterhouseCoopers, International tax summaries 2018/2019 tax treaties 부분 참고; 오윤, "개성공단에 대한 이중과세 방지합의서 적용방안", 『조세학술논집』 제2집 제2호, 국제조세협회, 2008, 250면.

려져 있으나 발효 여부는 확인이 되지 않고 있다.[48]

북한과 무역거래량이 가장 많은 중국과는 현재 조세조약이 체결되어 있지 않다. 추정하건대, 중국과는 정치적으로 사회주의 국가라는 동일체의식이 있고, 지리적으로 밀접하며, 상호 간 수출입에 대한 이해관계가 일치하여 과세권이 쟁점으로 부각되는 것을 원하지 않는 점 등을 고려한 결과로 보인다.

표 4-4 북한의 조세조약 현황[49]

구 분	시행연도	비 고
러시아/루마니아/불가리아	2000	
세르비아/몬테네그로	2001	
대한민국	2003	남북조세합의서
인도네시아/라오스	2004	
몽골	2005	
체코	2006	
베트남/벨라루스	2007	

다. 개성공업지구에 적용되는 조세규정의 문제점

(1) 개요

북한은 헌법에서 '세금이 없는 나라', '세금을 폐지한 나라'라고 대내외에 선포하고 세금을 역사의 낡은 유물로 취급하고 있다. 하지만 북한도 국가 운영에 필요한 예산을 어디에선가 조달해야 한다. 북한은 남한의 세입에 해당하는 주요 재원으로 거래수입금, 국가기업이익금, 사회협동단체이익금, 봉사료 수익금 및 국가재산판매 수익금 등이 있다.[50]

---

48 '대한민국과 에티오피아연방민주공화국 간의 소득에 대한 조세의 이중과세 방지와 탈세 예방을 위한 협약'은 2016. 5. 26. 서명되었으며 2017. 10. 31자로 발효되었다.

49 각국의 pricewaterhousecoopers networks(Tax partners)을 통하여 확인하였다.

50 오윤, 앞의 논문, 240~241면. (이러한 연유로 세금이 없어진 것이 아니며 이러한 재정수입이 조세에 가깝다는 견해가 있다. 즉, 거래수익금은 부가가치세와 같은 간접세, 국가기업이익금은 법인소득세에 해당되기 때문에 이름만 바뀌었을 뿐 재정수입의 대부분은 사실상 조세에 의해 충당되고 있

북한의 조세법 체계상 성문법으로 헌법, 법률, 법령, 정령, 결정, 명령, 지시 등의 여러 형식이 있으나 사실상 조선노동당의 정책실현수단으로 인식되고 있다. 북한의 국가기구로서 최고인민회의는 최고주권기관으로 헌법을 수정, 보충할 뿐만 아니라 입법권을 행사한다(북한헌법 제87조, 제88조 및 제91조).

북한에 투자하는 입장에서는 투자의 경제성, 투자금이나 청산금 및 과실의 송금 보장, 출입, 기자재, 원자재 등의 반출 및 반입, 거주지나 작업장의 안전보장, 문화 충돌 등도 중요한 고려사항이다. 그중에서도 수익금에 대한 과세원칙이나 체계가 정립되어야 법적 안정성을 확보하고 사업타당성 분석을 할 수 있다.

이하에서는 북한의 현 조세법 체계하에서 외국투자 특히 남한의 투자유치를 위한 최소한의 안전을 보완하는 장치, 즉 법 규정의 정비가 필요한 상황인 점을 고려하여 현행 북한 조세법의 미비점을 검토한다.

(2) 헌법

북한은 1948년 북한헌법 제정 시 경제적 형편에 따라서 조세를 납입한다고 규정하였다. 하지만 1972년 개정 때 헌법에서 삭제하였다. 이후 1992년 개정 북한헌법 제25조는 '세금이 없어진 우리 나라에서 늘어나는 사회의 물질적 부는 전적으로 근로자들의 복리증진에 돌려진다.'고 규정하여 세금제도를 부정하고 있다.

북한헌법 제38조에서 '국가는 자립적 민족경제를 보호하기 위하여 관세정책을 실시한다.'며 개방정책의 토대를 마련해 두고 있다.

남한의 조세 분류상 관세는 내국세 중 외국으로부터 수입 재화에 부과되며 관세법에서 별도로 규정하고 있는 점을 감안하면 관세도 조세의 범주에 속한다.[51] 그렇다면 북한헌법 제25조와 제38조는 상반된 규정으로 해석된다. 제25조는 세금제도를 없앤다고 하면서 제38조에서 관세제도를 유지함을 밝히고 있기 때문이다.

또한 북한헌법 제25조에서 세금제도를 없앤다고 밝힌 것과 달리 북한은 외국기업이나 외국인에게 적용되는 '외국인투자법(1992년)', '외국투자기업 및 외국인세금법(1993년) 및 동 법 시행규칙' 외에도 '자유경제무역지대법'을 개정하여 제정된 '라선경

다는 것이다.).
51 임승순, 앞의 책, 9면.

제무역지대법(1999년)' 및 '개성공업지구법 및 개성공업지구 세금규정(2003년)'을 두고
있다.

이는 관련 법령의 상위 규정, 즉 헌법상의 입법 미비로 조세법령 체계상 혼선을
가져오고 있음을 의미하며 나아가 법령의 안정성이나 예측 가능성을 해친다. 남한의
기업을 포함하여 북한에 투자하려는 외국투자자에게 불안요인이 되고 있는 것이다.

(3) 외국투자기업 및 외국인세금법

외국투자기업 및 외국인세금법은 남한의 국세기본법이나 지방세기본법과 유사한
형식을 가지고 있다.[52] 그럼에도 불구하고 조세 체계에 관한 구체적인 규정들이 누락
되어 북한 당국의 자의적인 해석이 가능한 부분들이 많다.[53]

구체적으로는 부과 원칙에 관한 사항, 신의성실의 원칙, 세법의 해석과 적용에 관
한 사항, 과세요건에 관한 사항, 조세채무의 성립과 확정 및 소멸에 관한 사항, 조세
채권의 환급, 조세의 감면에 관한 원칙, 조세구제제도를 포함한 납세자의 권리보장
및 조세벌 등이다.

이와 같은 미비점들은 외국투자기업이나 외국인 입장에서 법적 안정성이나 예측
가능성을 담보할 수 없는 요인이 될 수 있다. 나아가 북한 투자에 걸림돌로 작용할 가
능성이 있으므로 보완이 필요한 부분이다.

(4) 개성공업지구 세금규정

1) 세금규정에 관한 사항

개성공업지구 세금규정은 해당 공업지구에서 경제거래를 하거나 소득을 얻은 남
한 및 해외동포, 외국인에게만 적용되는 규정이다.

개성공업지구 세금규정은 법률 체계상 어떤 위치에 있는지 여부, 예컨대 외국투
자기업 및 외국인세금법의 위임을 받은 것인지 아니면 특별법의 지위에 있는 것인지

---

52 2011년 지방세법을 지방세기본법, 지방세법 및 지방세특례제한법으로 체계화 및 분법화하였고
    2017년 지방세기본법에서 지방세징수법을 분리 및 제정함으로써 국세와 지방세의 체계가 동등한
    체계를 가진 세목으로 자리잡았다.
53 한상국·김진수, 앞의 논문, 47면.

여부가 불명확하다는 점이 문제가 된다.[54] 외국투자기업 및 외국인세금법과 개성공업지구 세금규정상의 내용이 충돌할 경우 어떤 것을 우선 적용하여야 하는지 문제가 될 수 있기 때문이다.

다음으로 조세에 관한 법규를 법률 체계상 하위에 해당한다고 볼 수 있는 세금규정으로 제정 및 적용할 수 있는지도 문제가 될 수 있다. 조세는 외국투자기업 및 외국인세금법처럼 북한의 최고인민회의 상임위원회가 제정한 법률에 의하여 규정되어야 법적 안정성이 보장될 여지가 높아질 것으로 보인다.

보다 세부적으로 동 세금규정의 각 세목의 세율을 부록에 위임하여 언제든지 부록 개정을 통하여 세율을 변경할 여지를 둠으로써 개성공업지구에 입주한 남한기업의 불안요인이 되고 있다.

2) 세금규정 시행세칙에 관한 사항

개성공업지구 세금규정 시행세칙은 동 세금규정의 위임을 받은 세부지침을 총 9개의 장과 120개의 조문을 통하여 정하고 있다. 동 시행세칙 제1장은 세금부과의 일반원칙으로 볼 수 있는 조문들로 구성되어 있는데, 세부적으로 정부 간 협정의 존중(제14조), 실질과세(제18조), 근거과세(제19조), 세금규정 및 세칙의 해석기준, 소급과세의 금지(제20조), 기업회계의 준거법규(제21조), 납세의무의 성립시기(제22조), 상속으로 인한 납세의무의 계승(제24조), 세금징수권의 소멸시효(제25조), 시효의 중단과 정지(제26조) 및 수정신고(제28조) 등이다.

이러한 규정들은 외국투자기업 및 외국인세금법과 같은 법률에 규정되어야 할 조문들이다. 조세법에서 요구되는 법적 안정성과 예측 가능성을 담보할 수 있기 때문이다. 그런데 북한은 이러한 규정마저 삭제하겠다고 통보해 왔다. 북한 중앙특구개발지도총국이 2012년 8월 2일 남측에 보내온 동 규정 시행세칙 개정안 통지문에 따르면, 소급과세금지규정, 납세자의 재산권 보호 및 세금징수권 소멸시효 규정 등을 삭제하는 것으로 나타나고 있다.[55] 개성공업지구 입주기업인들의 권리보호를 심각하게 침해할 여지가 높아질 것으로 판단된다.[56]

---

54 안창남, 앞의 논문, 126면.
55 북한당국의 일방적인 주장이며 정부는 인정하지 않고 있다.
56 한상국, 앞의 논문, 389면.

3) 남북조세합의서

남북조세합의서는 국가 간 소득의 이중과세방지협약인 이른바 조세조약 형식을 갖추고 있지만 정식 명칭인 '남북 사이의 소득에 대한 이중과세방지 합의서'에서 보듯 조세조약이라고 할 수 없다. 정부가 2019년 7월 11일자로 발표한 2019년 7월 현재 '조세조약 및 조세정보교환협정 체결 현황'에 따르면 남한과 북한 사이에는 조세조약, 조세정보교환협정 및/혹은 다자간 조세행정공조협약 중 그 어떤 협약도 체결한 바 없는 것으로 확인된다.[57] 또한 정부 관련부처에 따르면, 남북조세합의서는 개성공단이 잠정폐쇄되고 난 이후 사실상 형해화된 상태로 유지되고 있다.[58]

현재의 남북조세합의서는 남과 북의 경제협력 차원에서 체결된 합의서 성격을 가지고 있어 그 형식이나 실질 면에서 불안한 지위를 가지고 있다고 볼 수 있다.

라. 시사점

북한이 남한을 포함한 외국인투자를 유치하려면 각종 법령의 정비와 함께 세제를 투명하고 명확하게 규정하여야 한다. 투자의 선결과제는 자금의 투입과 산출이 명확하게 드러나야 투자수익률을 산정할 수 있고 그렇게 함으로써 수익에 대하여 납부하여야 할 세금이 명확히 산출되어야 하기 때문이다.

향후 남북 사이의 경제교류가 재개되었을 때, 남북 간의 원활한 경제교류를 위하여 남북 사이의 투자보장에 관한 합의서 및 그와 연관된 조세에 관한 법적 쟁점을 면밀하게 살펴야 한다. 또한 해당 쟁점을 해소하기 위한 대안과 보완과제를 인식하고 있어야 한다. 이러한 인식을 바탕으로 개성공업지구에 적용되는 법령과 그 연관 세제 및 북한의 경제특별지구의 활성화 관점에서 중국 및 홍콩의 세제를 살핀다.

---

57 '다자간 조세행정공조협약'은 2012. 7. 1자로 발효되었다.
58 통일부 교류협력국 남북경협과 법령 및 제도담당자에 따르면, 우리 측이나 북한 측에서 남북조세합의서의 폐기를 제기하거나 통보를 해 온 바는 없어 그 효력이 잠정 중지된 상태로 볼 수 있다.

3. 경제특구제도 활성화 관점에서의 중국·홍콩세제 고찰

가. 개요

중국은 정치적으로는 사회주의 체제를 유지하면서도 홍콩에 대하여 자본주의 체제를 인정하는 일국양제를 시행하고 있다.[59] 중국과 홍콩 그리고 남한과 북한은 나라체제, 면적, 인구, 경제현황 등 외형적인 데이터를 참고하면 여러 면에서 차이가 있어 직접적인 비교대상으로 삼기에 적절치 않을 수 있다.[60]

체제 면에서, 중국은 사회주의인 반면 홍콩은 자본주의이지만 북한은 사회주의 체제이다. 인구 면의 경우, 중국이 약 1,400,000,000명을 상회하고 홍콩이 약 7,400,000명 정도인 반면 남한이 51,709,000명 그리고 북한이 약 25,250,000명으로 중국과 홍콩이 국가와 지방정부의 차이라면 남한과 북한은 인구 차이가 2대1 정도이다.[61]

경제력은 2018년을 기준으로 중국의 국민총소득(GNI)이 약 13.6조 달러(USD, 이하 같음), 홍콩이 3,629억 달러이며 남한이 1.7조 달러(원화 기준 약 1,898,452십억 원)인 반면 북한은 약 32억 달러(원화 기준 약 35,895십억 원)로 중국과 홍콩이 약 37배 차이가 나며 남한과 북한은 약 52배의 차이가 나기 때문이다.[62]

그럼에도 불구하고 중국과 홍콩세제는 북한의 조세제도에 참조할 여지가 있고 중국의 경제특구제도는 향후 남북이 연합단계로 접어들었을 때 북한에 도입할 여지가 있다는 점에서 연구가치가 있다.

중국은 영국과 치룬 두 차례 전쟁에 패하면서 99년간 홍콩과 주변 해역을 영국에 조차하였다. 그 결과 중국과 홍콩은 1989년부터 현재까지 각각 사회주의와 자본주의라는 다른 체제를 유지하고 있다.[63]

---

59 여기에서는 다른 전제를 하지 않는 한, 일국양제에서 모국은 자유민주주의 체제를 근간으로 하는 남한을 말하는 것으로 한다.

60 정연부, "한국형 일국양제의 특징 및 북한법제에의 적용 방안", 『공법연구』 제46권 제4호, (사)한국공법학회, 2018. 6, 382~383면.

61 (https://nkinfo.unikorea.go.kr/nkp/openapi/NKStats.do), 2019. 12. 30. 검색.

62 (http://kosis.kr/statisticsList/statisticsListIndex.do?menuId=M_02_01_01&vwcd=MT_RTITLE&parmTabId=M_02_01_01#SelectStatsBoxDiv), 2019. 12. 30. 검색.

63 정연부, "한국형 일국양제의 특징 및 북한법제에의 적용 방안", 『공법연구』 제46권 제4호, (사)한국

중국은 1997년 7월 1일 영국으로부터 홍콩을 반환받았다. 그러나 홍콩의 자본주의 법 체제를 향후 50년간 추가로 자본주의 체제를 인정하였다. 백 년 가까이 유지된 자본주의 경제가 체제를 달리하는 사회주의로 변경될 경우 자본과 인력의 이탈은 물론 그로 인한 경제붕괴 등의 부작용이 발생할 것을 우려하였기 때문이다.

중국이 홍콩을 특별행정구로 지정하여 자본주의 체제를 인정함에 따라 홍콩은 입법, 사법 및 행정권이 분리되어 운영되고 있다. 홍콩을 관리하는 장관은 선거에서 뽑고 있지만 사실상 중국인민회의의 지시나 관리하에 두는 형식을 취하고 있다.

중국은 대만, 마카오 및 홍콩과 본국의 사회주의 체제와 다른 자본주의 체제를 도입한 일국양제를 시행하고 있다.[64] 하나의 국가는 하나의 체제로 운영되는 것이 일반적이나 하나의 국가에 두 개의 법 체제가 시행되는 것이다. 중국은 하나의 중국임을 천명하면서도 홍콩 지역에 자본주의 체제를 인정하여 경제적 실리를 추구하고 있다. 홍콩은 중국의 지방행정구역에 편입되어 있지 않으며 특별행정구에 해당한다.[65]

중국과 홍콩의 일국양제에 관한 법률적 근거는 중국 헌법 제31조와 중화인민공화국 홍콩특별행정구 기본법(이하 '홍콩기본법'이라 함)이다. 중국 헌법 제31조는 "국가는 필요한 경우 특별 행정구를 설립할 수 있다. 특별 행정구에서 시행되는 제도는 특정 조건에 따라 국가 인민 회의에서 법으로 정한다."고 규정하고 있다.[66] 홍콩기본법은 '서언(머리말)'에서 홍콩이 중국의 영토임을 천명함과 동시에 중국 헌법 제31조에 따른 일국양제를 채택함을 규정하고 있다.[67]

공법학회, 2018. 6, 381면. (제1차 아편전쟁(1839~1842)-난징조약 체결로 홍콩섬 이양 및 제2차 아편전쟁(1856~1860)-베이징 조약 체결로 홍콩 및 주변해역조차하였다.).

64 대만과 마카오는 본 연구의 편의상 논외로 한다. 대만의 경우 일국양제를 인정하지 않고 두 개의 나라에 두 개의 체제를 선언하면서 부정적인 태도를 취하고 있고, 마카오는 "마카오 특별행정구 기본법"에 따라 1999. 12. 20에 포르투갈로부터 반환되어 일국양제를 정한 기본법에 의해 2049년까지 자본주의 체제를 지속하는 것이 보장되고 있다.

65 정연부, 앞의 논문, 387면. ("특별행정구란 중국 헌법과 법률에 근거해 특별히 설치된 행정구역으로서, 특수한 법적지위를 가지며 일반적인 행정구역과는 다른 특별한 정치, 경제, 사회 제도를 시행할 수 있는 구역이다. 그러나 특별행정구는 여전히 일국의 구성부분이며 그 법제 역시 모법제의 국내법적 규범질서에 편입되어 있다.").

66 中华人民共和国宪法 第三十一条 国家在必要时得设立特别行政区。在特别行政区内实行的制度按照具体情况由全国人民代表大会以法律规定.

67 홍콩기본법은 1990. 4. 4. 제정되어 1997. 7. 1자로 시행되고 2018. 3. 11. 최종 개정된 바 있다. 홍콩기본법은 1990년 제정 당시 서언에 일국양제를 다음과 같이 시행함을 밝히고 있다. "국가의 통일과 영토의 완전성을 수호하고 홍콩의 번영과 안정을 유지하며 홍콩의 역사와 현실 상

홍콩기본법은 전인대에서 제정한 일반법률임에도 불구하고 주요 규정의 대부분이 헌법적 요소를 구비하고 있어 홍콩지역 내에서는 어떠한 법률도 홍콩기본법에 위배되어서는 안 된다고 해석된다. 홍콩기본법은 홍콩 주민의 기본권리와 의무(제3장), 홍콩의 정치체제(제4장), 경제(제5장), 교육·과학·문화·체육·종교·노동과 사회봉사(제6장), 대외사무(제7장) 등으로 구성되어 있다. 홍콩기본법은 중국의 헌법에 위배될 수 없는 점을 고려하면 헌법이라고 볼 수는 없으며 헌법성 법률의 일종으로 보는 것이 타당하다.[68]

중국과 홍콩 간의 일국양제는 홍콩 등 일부 지역에 한정하여 일정 기간에 자본주의 체제를 허용하는 방식으로 시행이 되고 있다. 최근 일련의 홍콩사태에서 보듯 홍콩의 행정부와 시민 간 정치 및 사회적 갈등이 표면화되어 다툼이 이어질 가능성이 매우 높은 제도이다. 다시 말하여 중국과 홍콩식의 일국양제는 입법, 사법 및 행정 제도를 시행함에 있어 혼선이 발생할 개연성이 매우 높은 제도라 할 수 있다.

이러한 점을 감안하여 여기에서는 총론 격인 중국 및 홍콩, 양국 간의 일국양제의 국가의 운영 법제에 관한 사항은 연구에서 제외한다. 각론 격인 행정 업무에 속하는 조세제도에 한정하여 연구를 진행한다. 반면에 중국과 홍콩의 조세제도는 각론에 해당하는 단편적인 내용보다는 총론에 해당하는 조세제도의 구조적인 틀에 집중하여 검토한다.

나. 사회주의 시장경제를 도입한 중국의 세제

(1) 조세법원성

중국은 헌법과 법률에 근거한 조세제도를 유지하고 있다. 중국의 조세법원은 헌법, 법률, 법규, 규장 및 국가 간 이중과세방지협약 등으로 구성된다.[69] 입법권은 전

황을 고려하여 국가는 홍콩에 대한 행정주권을 회복함과 동시에 중화인민공화국 헌법 제31조의 규정에 근거하여 홍콩특별행정구를 설립하고 "하나의 국가, 두 제도(일개국가, 양종제도)"의 방침에 따라 홍콩에 사회주의의 제도와 정책을 실행하지 않기로 결정하였다. 국가의 홍콩에 대한 기본 방침과 정책은 이미 중국정부가 중영연합성명 중에 천명하였다."

68 노영돈·최영춘, "홍콩기본법에 관한 연구", 『법학논총』 제31권 제4호 한양대학교 법학연구소, 2014. 12, 94~96면.

69 한상국·김진수, "개성공단과 중국 경제특구 조세법제의 비교연구", 한국조세연구원, 2006. 12, 22면.

국인민대표회의(이하 "전인대"라 함)가 주관하여 제정, 개정 혹은 수정이나 보충하는 권한을 행사하며 행정입법권은 국무원이 최고 행정기관 자격으로 행사한다.[70] 조세법은 위임입법 형식을 취하는 것이 일반적인 바 중국의 경우도 국무원에 의한 행정입법 형식으로 제정 및 개정되고 있다.[71]

중국 헌법 제56조에서는 "중화인민공화국 공민은 법률에 따라 납세할 의무가 있다."고 규정하여 인민의 납세의무를 규정하고 있다.[72] 중국은 헌법에 조세법률주의를 천명하고 법률에 근거한 납세의무를 명확히 하고 있다. 조세에 관한 입법, 행정 그리고 사법적인 판단에 관한 사항은 헌법에 입각하여 시행되어야 하며 이를 위배해서는 안 된다. 북한이 헌법에서 조세제도를 사회주의 유물 취급을 하여 삭제하고 있는 점과 대비된다.

헌법 다음의 조세법원은 법률로 전인대가 입법권을 가지고 법정 절차에 따라 제정한다. 중국 전인대는 최고 국가 권력기관에 해당하는데 상설기관으로는 전인대 상무위원회를 두고 있다.[73] 전인대는 기본법률을 제정하며 전인대 상무위원회는 전인대가 제정하여야 하는 기본법률 외에 다른 법률을 제정하거나 개정한다.[74] 다만, 헌법에 기본법률의 범위에 관한 사항을 별도로 두고 있지 않아 전인대 상무위원회에서도 조세법률을 제정하기도 한다.[75] 전인대와 전인대 상무위원회에서 제정한 조세법률은 전국적으로 적용이 되는바 지방정부나 여타 기관이 제정한 법률이나 규칙이 위배되어서는 안된다.

중국 최고 행정기관이 제정한 조세행정법규는 헌법과 법률에 이은 조세법원으로 조례, 국무원이 제정한 조세법률의 실시세칙, 국무원이 제정한 결정과 명령을 포함한다.

중국 헌법에 따르면, 각 지방의 성·직할시·현·시·시 직할구·향·민족향·진은 인민대표대회와 인민정부를 설립한다.[76] 성, 직할시 및 성정부소재지 도시와 국무원의 허가를 받은 도시의 인민대표대회 및 동 상무위원회는 헌법, 법률, 행정법규에

70　中华人民共和国宪法 第六十二条 全国人民代表大会行使下列职权 & 第八十九条 国务院行使下列职权.
71　한상국·김진수, 앞의 논문, 23면.
72　中华人民共和国宪法 第五十六条: 中华人民共和国公民有依照法律纳税的义务.
73　中华人民共和国宪法 第五十七条: 中华人民共和国全国人民代表大会是最高国家权力机关。它的常设机关是全国人民代表大会常务委员会.
74　中华人民共和国宪法 第六十二条 및 中华人民共和国宪法 第六十七条.
75　한상국, "주요국의 조세제도(중국편)", 한국조세재정연구원, 2009. 10, 35면(주석11).
76　中华人民共和国宪法 第九十五条.

저촉되지 않는 범위 내에서 지방조세법규를 제정한다. 강력한 중앙집권정책을 실시하는 중국은 조세입법 및 관리에 있어서도 중앙집권적인 정책을 시행하고 있어 지방조세법규는 형해화된 것으로 볼 수 있다. 다만, 헌법이 허용한 민족자치지방의 경우 지방조세법규를 제정할 수 있다.[77]

　　중국은 교역이 활발한 타국과 소득에 대한 국가 간 이중과세방지협약을 체결하고 있다. 중국의 경우도 국내법보다는 국제법이 우선 적용된다는 원칙을 세수징수관리법 부칙에 규정하고 있다.[78]

　　중국은 일국양제를 시행 중인 홍콩과 마카오를 포함하여 2018년 5월 31일을 기준으로 106개 국가와 이중과세방지협정을 체결하여 시행 중에 있다. 조세조약을 체결하고 있지는 않지만 아르헨티나를 포함하여 바하마군도, 버뮤다, 브리티시 버진 아일랜드 등 이른바 조세회피지역에 있는 10개 국가들과는 조세정보교환협정('Tax Information Exchange Agreements')을 체결하여 조세 관련 정보를 공유하는 체제를 갖추고 있다.[79]

(2) 조세 체계

　　중국 조세법은 통일된 체계로 하나의 세목에 하나의 세법, 즉 1세목 1세법주의 법률체계를 가지고 있다. 전인대, 성 인민대표회의, 자치구 인민대표회의, 직할시 인민대표회의 및 각급 상무위원회, 국무원, 재정부 등 각 국가기구의 조세입법권한에 차이가 있고 따라서 제정된 효력에도 차이가 있다.

　　중국 세법은 일반적으로 총칙, 납세인, 과세대상, 세목, 세율, 납세단계, 납세기한, 납세지점, 감면세, 벌칙 및 부칙 등으로 구성된다. 여기서 납세단계란 세금을 납부해야 하는 단계를 말하는데, 증치세와 같은 유통세제의 경우 생산 및 유통단계에서, 소득세는 과세대상소득이 배분되는 단계에서 납부해야 한다.[80]

　　중국의 세법을 성질에 따라 분류하면 유통세류, 자원세류, 소득세류, 특정목적세

77　한상국, 앞의 논문, 43~44면.

78　中华人民共和国税收征收管理法　第九十一条　中华人民共和国同外国缔结的有关税收的条约、协定同本法有不同规定的，依照条约、协定的规定办理.

79　pwc, "International Tax Summaries", China part, 2018.

80　유호림, 『(최신)중국세법』, 세학사, 2011, 83면.

류, 재산세류와 행위세류 및 농업관련세류 등으로 나눌 수 있다.[81] 유통세는 유전세라 하며 증치세(부가가치세), 영업세, 소비세 및 관세를 포함한다. 자원세류는 자원을 개발하거나 이용함으로써 얻는 소득에 대하여 과세하는 세목으로 자원세, 토지증치세, 도시토지사용세 등이 포함된다. 기업소득세와 개인소득세는 소득세류로 분류된다. 고정자산투자방향조절세, 연석세, 성시유지보호건설세, 차량구치세, 경지점용세 및 담배세는 특정목적세류에 해당한다. 방산세, 차선세, 인지세, 계약세 및 증권거래세는 재산세와 행위세류로 분류한다.

중국의 조세를 과세권 주체를 기준으로 분류하면 중앙세 및 지방세로 나누어지며 중앙과 지방의 공동세원으로는 공향세가 있다.[82] 공향세란 특정세목에서 원천징수한 조세수입을 법률이 정한 비율에 따라 중앙정부와 지방정부에 배분하여 귀속시키는 세목을 말한다.[83]

중앙세로는 관세, 소비세, 금융기구의 기업소득세, 철도부문, 국가우편 및 중국공상은행 등의 국책은행이 납부하는 소득세가 있다. 지방세에 속하는 조세로는 영업세, 성진토지사용세, 방산세 및 인화세 등이 있다. 공향세는 증치세, 자원세, 기업소득세, 개인소득세, 증권거래에 대한 인지세 및 자원세 등이 있다.

위에서 언급한 세목 중 조세법률 형식을 띠는 것은 기업소득세와 개인소득세 및 해관법이며 나머지 세목은 전인대로부터 위임받은 국무원이 입법권한을 행사하여 제정한 행정법규에 해당한다. 국세와 지방세의 부과징수에 대하여 규율하고 있는 세수징수관리법과 관세의 그것에 대하여 규정한 해관법 및 수출입관리조례는 통칙법에 해당한다.[84]

(3) 경제특구 지원법령과 세제

1) 개요

중국은 사회주의 경제권이 붕괴하기 시작한 1970년대 상황변화에 시의적절하게

---

81   유호림, 앞의 책, 86~87면.
82   한상국, 앞의 논문, 29~30면.
83   유호림, 앞의 책, 87면.
84   유호림, 위의 책, 87면.

대응한다는 전략을 세우기 위해 1978년 12월 중국공산당 총회에서 '대외경제개방정책'을 실시할 것을 결정하였다.[85] 이에 중국정부는 외국의 고도화된 앞선 기술은 물론 화교를 포함한 외국의 자본유치 및 자본주의 시장경제의 시스템과 경영방식을 도입한다는 취지 하에 경제특구를 조성하기 시작하였다.

경제특구란 그 나라의 법률적인 규제를 적용하지 않음으로써 자유로운 기업활동을 보장하고 토지 사용, 외화관리, 제품판매, 각종 조세감면 혹은 비과세 혜택을 부여한 특별지역을 말한다. 중국의 경제특구도 개발도상국들의 수출자유지역이나 자유무역구역 등의 형식을 참조하여 설치한 것으로 볼 수 있다.[86]

중국은 검은 고양이(사회주의)든 흰 고양이(자본주의)든 쥐(경제)만 잘 잡으면 된다는 이른바 흑묘백묘(黑猫白猫)론에 기반하여 정치적 이념이 무엇이든지 간에 경제적으로 부흥하여야 한다는 절박한 심경으로 경제특별구역을 설정한바 있다. 이러한 경제특구는 영국과 포르투칼에 할양된 홍콩과 마카오의 반환과 대만과의 통일에 대비한 운용모델 내지 수단으로 활용하겠다는 정치적 목적도 가지고 있다.[87]

중국은 현재까지 총 5개의 경제특구가 있는데 1980년 홍콩과 인접한 선전(심천), 마카오에 인접한 주하이(해주), 산터우(오산) 및 대만과 인접한 샤먼(하문)에 그리고 1988년 하이난(해남)에 각각 설치하였다.

2) 경제특구 조례

중국 경제특구의 조세와 관련된 사항은 해당 경제특구를 관할하는 지역(省)에서 제정하고 전인대 상임위원회의의 비준을 받아 시행한다.[88] 중국 최초의 경제특구 관련 조세를 규정한 '광둥성 경제특구 조례'는 1980년 8월 제5기 전인대 상임위원회에서 비준을 하였다.[89]

동 조례는 부칙을 포함하여 총 6개 장 26개 조문으로 구성되어 있다. 동 조례 제

---

85 정태현, "중국의 경제특구의 성격과 결과에 관한 연구", 성균관대학교 석사학위논문, 1994. 11, 1면.
86 백권호, "중공의 자본 및 기술도입 추이와 전망", 『연구보고서』 제45호, 산업연구원, 1985. 3, 5면.
87 정태현, 앞의 논문, 33면.
88 한상국·김진수, 앞의 논문, 66면.
89 1980년 8월 26일 제정과 동시에 공포되어 시행되고 있다. 광둥성은 지리적으로 중국 남단에 위치하고 있으며 홍콩특별행정구와 마카오특별행정구, 산터우, 주하이 및 선전경제특구를 포함하고 있다. 칭위완시(市)를 포함하여 21개 시가 광둥성 관할하에 있다.

1조에서 경제특구의 설치 목적과 외국인투자를 권장한다는 내용을 밝히고 있다.[90] 중국 기업소득세법 제4조에 따르면, 표준 법인세율은 25%이며 비거주자 기업의 경우 20%로 규정되어 있다.[91]

3) 경제특구 조세

외상투자기업과 외국기업에 대해서는 1991년 4월 9일 전인대에서 제정 및 공포한 '중화인민공화국 외상투자기업과 외국기업 소득세법' 및 국무원이 같은 해 6월 30일 제정 및 공포한 동 법 실시(시행)세칙이 적용되어 왔다. 동 법이 적용되기 이전에는 국무원이 1984년 11월 15일 제정 및 공포한 '경제특구와 연해 14개 항구도시의 기업소득세와 공상통일세 감면에 관한 임시규정'이 시행되었다. 동 임시규정은 국무원의 2001년 10월 6일 '2000년 말 이전에 공포한 일부 행정법규의 폐지에 관한 결정'에 따라 폐지되었다.[92]

현재는 전인대가 2007년 3월 16일 제정 및 공포한 기업소득세가 시행되고 있으며 '중화인민공화국 외상투자기업과 외국기업 소득세법'은 2008년 1월 1일자로 폐지되었다.

기업소득세는 소득세의 일종으로 중국 경내에서 사업을 영위하고 있는 법인이나 기타 조직에 부과된다. 기업소득세의 납세인은 주민기업과 비주민기업을 포함한다.[93]

경제특구 내 외상기업과 외국기업은 '외상투자기업과 외국기업에 적용하는 증치세, 소비세, 영업세 등 세수임시조례에 관한 결정'이 적용되었다. 또한 금융 및 보험업을 영위하는 기업에 대해서는 '금융보험업 세수정책 조정 관련 문제에 관한 통지'가 적용되었다.[94]

---

90 "대외경제협력과 기술교류를 발전시키고 사회주의 근대화를 촉진하기 위해 광둥성의 선전, 주하이, 산터우에 특정 지역을 지정하고 특별경제구역(이하 '특별구역')을 설치하였다." 특별구역은 외국인, 해외 중국인, 홍콩 및 마카오 출신의 동포, 그리고 회사 및 기업(이하 '고객')이 공장 설립에 투자하거나 기업 및 기타 사업체를 설립하고 자산, 적법한 이익 및 기타 합법적인 권리 및 이익을 법률로 보호하기 위해 공장 설립에 투자하거나 합작 투자를 설립하도록 권장한다."

91 (https://taxsummaries.pwc.com/ID/Peoples-Republic-of-China-Corporate-Taxes-on-corporate-income), 2020. 1. 13. 검색. (다음과 같은 분야/산업에서 더 낮은 법인세율을 사용할 수 있다: 자격을 갖춘 신규/하이테크 기업, 주요 소프트웨어 생산 기업 및 IC 설계 기업, 자격을 갖춘 기술 고급 서비스 기업, 경제특구내 기업, 오염 방지 및 통제에 종사하는 적격 제3자 기업 등.).

92 한상국 · 김진수, 앞의 논문, 66면.

93 안치우, 『중국세법과 상법』, 삼일인포마인, 2018. 2, 373면.

94 한상국 · 김진수, 앞의 논문, 66면.

증치세는 남한의 부가가치세와 유사한 세목이다. 동 조세는 2016년 5월 1일 전면 개편을 통하여 건축업, 금융업, 생활서비스업, 무형자산 양도 혹은 부동산 양도 등 경제특구를 포함한 중국 경내의 전 업종에 대하여 부과하고 있다. 재화나 제품의 매출 혹은 서비스 제공, 무형자산 혹은 부동산 등을 매출하는 법인이나 개인이 납세의무를 진다.[95]

중국 경외 법인 혹은 개인이 중국 경내에서 증치세 과세행위가 발생한 경우로 경내에 관리기능이나 기구를 설립하지 않은 경우에는 해당 재화나 서비스의 매수자는 증치세를 원천징수하여 납부하여야 한다.[96]

전인대가 1980년 9월 10일 제5기 제3차 회의에서 제정한 개인소득세법은 중국 본토는 물론 경제특구에 있는 개인에게도 적용이 되어 왔다.[97] 동 법은 1993년 10월 31일, 1999년 8월 30일, 2005년 10월 27일, 2007년 6월 29일 및 2007년 12월 29일 등 총 5차에 걸쳐 수정되었으며 현재 경제특구에 적용되고 있는 개인소득세법은 '중화 인민 공화국 개인 소득세법 개정'에 관한 전국 인민 대표 상임위원회의 결정으로 2011년 6월 30일 제11차 중국 인민 대표 상임위원회의 제21차 회의에서 채택되었으며 2011년 9월 1일부터 발표 및 발효되었다.[98]

중국의 개인소득세는 남한의 소득세와 유사하며 종합합산과세, 분류과세 혹은 혼합과세 방식으로 과세된다. 개인소득세는 자연인 성격을 지닌 개인독자기업과 파트너기업의 투자자를 포함하여 중국공민, 개인사업자, 개인독자기업, 중국 경내에서 소득을 얻은 외국인과 홍콩경제특별구, 마카오경제특별구 및 대만 국적 소유자를 납세의무자로 한다.[99]

(4) 시사점

중국은 사회주의 시장경제체제를 선언하여 경제규모(GNI)로 세계 2위의 경제대국으로 성장해 왔다. 경제특별구역을 선포하고 외국거대자본 및 기술을 적극적으로 유

---

95 안치우, 앞의 책, 84면.
96 안치우, 위의 책, 101면.
97 안치우, 위의 책, 101면.
98 기업소득세법 연혁.
99 안치우, 위의 책, 466면.

치한 결과로 볼 수 있다.

중국은 헌법과 법률에 근거한 조세제도를 유지하고 있다. 이는 향후 북한이 사회주의 시장경제하의 세제시스템을 구축하는 데 참고할 수 있다.

중국 헌법에서는 조세법률주의를 선언함과 아울러 세수징수관리법을 제정하고 경제특구 내 투자하는 외국인투자자(법인 등)와 외국인에게 조세감면 혜택을 부여하고 있다. 홍콩, 마카오 등의 행정특별지역을 제외한 중국 본토와 경제특구 등에 적용되는 조세제도를 통합하여 가는 과정에 있다.

정치와 경제를 분리하여 경제적 자립을 우선과제로 삼은 중국의 조세제도는 북한의 개혁 및 개방정책이 활성화될 때 적용 가능성이 있다.

다. 자본주의 시장경제를 도입한 홍콩의 세제

(1) 개요

홍콩은 1984년 중국과 영국의 합의에 따라 1997년 7월 1일자로 중국의 특별 행정구역('Special Administrative Region')이 되었다. 중국인민정부의 주도하에 제정된 홍콩기본법('Hong Kong's Constitutional Document')에 따르면 홍콩은 일국양제정책하에서 주권 이전 후 향후 50년 동안 외교 및 방위 업무를 제외한 전 분야에 자율성을 보장받는다.[100] 경제 및 재정 관리에 필수적인 조세뿐만 아니라 입법, 행정 및 사법 부분도 홍콩정부의 책임과 의무하에 운영되고 있다.

홍콩은 외환거래의 완전자유화 정책을 포함하여 전세계에서 가장 자유로운 경제환경을 제공하는 경제특구 중 하나로 정부 간섭을 최소화한 시장주도적인 정책을 지지하여 비즈니스 친화적인 경제환경을 조성해 왔다.

홍콩은 과거 국제 노동, 금융 서비스 및 관광 등에 중점을 둔 노동 집약적 제조 기반 경제에서 고부가가치 지식 기반 경제로 전환되는 과도기에 있다. 중국은 1997년 영국으로부터 홍콩을 이양받은 이후, 무역, 관광 및 금융 링크를 통해 점점 긴밀하게 소통하고 있으며 궁극적으로 통합을 염두에 두고 있다.[101]

---

100 (https://taxsummaries.pwc.com/ID/Hong-Kong-Overview), 2020. 1. 15. 검색.
101 상동.

장기간에 걸쳐 진행된 영국 식민지 시대에 적용되었던 법령의 영향으로 홍콩은 보통법, 형평법, 조례, 부속입법 및 관습법 체계를 갖추고 있다. 중국으로 주권이 반환된 뒤에도 홍콩은 "일국양제"의 원칙에 근거하여 홍콩기본법에 저촉되지 않는 범위 안에서 기존의 법 체계를 유지하도록 결정하였다.[102]

법률대리인 제도 또한 영국 식민지 시대와 동일한 변호사 제도를 운용하고 있다. 법정에서는 문어로 영어 및 중국어 그리고 구어로 영어, 광둥어 및 북경어를 공식 사용하고 있다. 홍콩의 입법기관 또는 행정기구가 제정한 조례는 실질적으로 법률이며 홍콩이라는 법역 안에서 모두 법으로 인정된다.

홍콩의 법원은 헌법에 해당하는 홍콩특별행정구 기본법('基本法', 'National Law'), 법률에 준하는 효력을 가진 조례('條例', 'Ordinance'), 시행령에 준하는 효력이 있는 규례('規例', 'Regulations'), 시행규칙에 해당하는 효력이 있는 규칙('規則', 'Rules')으로 구성되며 보통법('普通法', 'Common Law')과 형평법('衡平法', 'Rules of Equity')이 있다. 또한 국가 간 이중과세방지협약(조세조약)은 홍콩법에 우선하여 적용되며 법원성으로 인정된다.

(2) 홍콩기본법

홍콩기본법에 따르면, 홍콩은 중국의 중앙인민정부가 직접 관할하며 분리될 수 없는 일부이지만 고도의 자치권을 향유하는 지방행정구역이다(제1조 및 제12조). 홍콩기본법의 해석권은 전인대 상무위원회에 속하고 개정권은 전인대에 있다. 홍콩기본법의 어떠한 개정도 모두 중국의 홍콩에 대한 기본 방침 및 정책과 상호 저촉될 수 없다(제158조 및 제159조).

중국의 중앙인민정부는 홍콩과 관련된 외교 사무 및 국방 사무에 국한하여 직접 책임(제13조 및 제14조)지며 그 외의 사안에 대해서 홍콩은 행정관리권, 입법권, 독립적인 사법권과 최종심판권을 향유한다(제2조).

최근의 홍콩사태에서 보듯 중국은 홍콩기본법에서 홍콩의 3권(입법, 행정 및 사법)을 보장하고 있지만, 외교와 국방에 관한 사항은 직접 관할하여 관리하는가 하면 홍콩기본법의 해석과 개정 권한을 가지고 있어 형식적인 면과 실질적인 면에서도 홍콩을 관

---

102 (http://world.moleg.go.kr/web/wli/nationReadPage.do?ISO_NTNL_CD=HK), 2020. 1. 17. 검색.

리하고 있는 것으로 볼 수 있다.

조세와 관련하여 홍콩은 독립적인 과세제도를 가지고 집행한다. 홍콩은 영국관할 하에서 시행하던 저세금정책을 참조하여 자체적으로 법을 제정하여 세금의 종류, 세율, 세수의 면제와 그 밖의 세무사항을 규정한다(제108조 참조). 또한 홍콩특별행정구는 단독적인 관세지역이다.

(3) 조세 체계

홍콩의 세무행정을 총괄하는 부서는 세무국('Inland Revenue Department', "IRD")이다. 홍콩 세법은 영문으로 Inland Revenue Ordinance('IRO')이고 중국어로는 税務條例('세무조례')로 쓰고 있다.[103] 세무조례는 조세법의 개념과 개론에 관한 사항을 주로 명시하고 세무국은 동 조례의 해석 및 실무 참고사항을 특정 주제별로 해석과 집행주석국('Departmental Interpretation and Practice Notes', "DIPN")에 별도 공개한다. 세무국이 직접 발표하는 모든 지침은 세법(IRO)과 같은 효력을 지닌다.[104]

홍콩은 속지주의 원칙 하에 홍콩 내에서 발생한 소득에 한정하여 소득세를 과세한다. 원칙적으로 홍콩 밖에서 발생하였거나 얻은 소득은 소득세를 과세하지 않는다. 특정 소득은 홍콩원천소득으로 간주하여 과세하고 있다. 홍콩은 거주자 혹은 비거주자 여부에 관계없이 동일한 과세 방법과 세율을 적용한다. 홍콩은 원칙적으로 원천징수제도가 없으나 일부 사용료, 비거주자인 운동선수나 예능인 등에게 지급되는 비용은 홍콩에서 원천징수가 적용되어 과세된다.[105]

홍콩은 금융시장 활성화와 외국자본 유치를 원활히 하기 위하여 예금에 대한 이자소득이나 주식 거래에 따른 배당이나 양도차익에 대한 소득에는 원칙적으로 세금을 부과하지 않는다. 또한 자본이동 시 쟁점이 될 수 있는 증여세나 상속세 역시 2006년 2월 폐지하였다.

홍콩의 주요 세목으로는 인지세, 급여소득세, 이윤세 그리고 재산세 등이 있으나

---

103 이하에서 '세무조례'라 하되 필요에 따라 IRO를 사용하기로 한다. 세무조례는 단일 세목 혹은 복수의 세목을 묶어 Cap. Number를 붙여 관리하고 있다. 예를 들어 Cap. 112에서는 이윤세, 급여세및 부동산세를, Cap. 117에서는 인지세를 규정하고 있다.
104 조명환·정재호, "주요국의 조세제도(홍콩편)", 한국조세연구원, 2011. 4, 28면.
105 세무조례 Cap. 112 제20조의 B.

부가가치세는 없고 일부 품목에 소비세를 부과하고 있으며 자동차등록세, 공항출국세 및 호텔숙박세 등이 있다.

홍콩은 자유무역의 기치 아래 조세의 장벽이 없는 경제환경을 조성해 왔다. 따라서 속지주의 원칙에 기초하여 소득세를 과세하여 국가 간 거래에 대한 이중과세방지협정을 체결할 필요성을 크게 느끼지 못하였다.

2005년 9월 처음으로 태국과 조세조약을 체결하였다. 벨기에와는 2003년 12월부터 포괄적인 이중과세방지조약 논의를 시작하였으나 조약은 태국보다 늦게 체결이 되었다. 홍콩은 본토인 중국을 포함하여 2020년 1월 1일 현재 총 43개 국가와 조세협약을 맺고 있다.[106]

홍콩은 중국과 1998년 2월 비망록 형식의 조세조약을 체결하였다. 중국에서는 같은 해 7월 1일 이후부터, 홍콩에서는 같은 해 4월 1일부터 시작하는 과세연도부터 적용하도록 하였다. 2006년 8월 21일 공식적으로 조세조약을 체결하면서 효력을 정지시켰다.[107] 중국홍콩조세조약은 2006년 12월 8일 발효되었으며 2007년 4월 1일부터 시행되고 있다. 이후 5차례에 걸쳐 개정되었으며, 최종적으로는 2019년 7월 19일 개정되고 같은 해 12월 6일부터 시행하며 2020년 4월 1일 개시되는 사업연도부터 적용한다.[108]

(4) 시사점

중국의 경우 홍콩을 관리함에 있어, 중앙정부에서 외교와 국방을 관장하고 행정, 입법 및 사법권을 홍콩정부에 위임하고 있다. 이에 터잡아 홍콩은 중국과 독립적인 조세제도를 유지하고 있다. 홍콩지역의 경제활성화를 위한 목적으로, 외국자본과 경제활동인구가 자유롭게 유입될 수 있는 조세환경을 구축하고 있는 것이다.

자본주의 시장경제를 도입하여 운영하고 있는 홍콩에 적용되는 조세제도는, 향후

---

106 조명환 · 정재호, 앞의 논문, 173~174면.
107 공식명칭은 중문으로는 '內地和香港特別行政區關於所得避免雙重征稅的按配', 영문으로는 'Avoidance of Double Taxation and the Prevention of Fiscal Evasion with respect to Taxes on Income'이며 '내지와 홍콩특별행정구 사이의 소득의 이중과세방지에 관한 안배'로 번역된다. 여기에서는 '중국홍콩조세조약'이라 한다.
108 (https://www.ird.gov.hk/eng/tax/dta_inc.htm), 2020. 1. 22. 검색.

북한이 대외적으로 개방정책을 표방하는 경우 참고할 수 있다. 전면적인 개방단계가 아닌 경우라 할지라도, 경제특구지역에 한정하여 홍콩식의 세제도입을 고려해 볼 수도 있을 것이다. 다만, 북한을 둘러싼 다변적인 환경 때문에 그 적용시점을 현재로서는 단정적으로 예측할 수 없다는 점은 한계이다.

이하에서는 남북한의 경제교류 활성화 관점에서, 정부의 단계별 통일론상의 각 통일단계별로 남북한 사이에 협의되어야 할 주요의제로서의 북한세제의 보완과제를 살핀다.

4. 남북 사이의 투자보장에 관한 합의서 등의 개선방안

가. 개요

정부는 남북한의 단계별 경제협력 시나리오로 우선 협의 재개를, 이어 개성공업지구의 재가동을 통한 교류 그리고 궁극적으로 북한의 사회개발 유도한다는 총론적 목표를 제시하였다.[109] 이러한 각 단계별 절차가 원활히 진행되고 관계가 지속되려면 협의 혹은 합의에 이른 사항에 대한 법제화 절차가 필요하다. 하지만 남북한 간의 모든 합의들을 법제화하는 것은 환경이 급변하는 경우에 대처하기 어려울 뿐만 아니라 법의 안정성이 지나치게 강조되면 관계가 오히려 경직될 위험도 있다.[110]

북한은 헌법에서 세금제도를 공식적으로 폐지하였기에 헌법을 개정하지 않는 상황에서 조세제도를 전면적으로 보완할 수는 없을 것이다. 또한 북한은 정치 및 경제적으로 체제전환이나 경제환경을 획기적으로 바꿀 수 있는 변곡점이 될 수 있는 사건의 발생이 없는 한 조세제도 폐지에 대한 명분이나 정당성이 부여되기 어려울 것이다. 조세제도를 폐지하였다는 사실은 그 자체로 북한의 대내외적 정체성을 나타내는 상징

---

109 양용모, "평화리더십과 한반도신경제구상 (문재인 정부의 남북교류협력을 중심으로)", 『한국과 국제사회』 제3권 제2호, 전북대학교 한국정치사회연구소, 2019. 가을, 72면; 한국경제개발원(KDI)이 1991. 11. 7. '남북한 경제관계발전을 위한 기본구상'에서 밝힌 구상이다. 남북통일에 대비하기 위해서는 경제분야에서 신뢰구축–협력증진–동질성회복 등 3단계로 나누어 '민족경제공동체'를 실현시켜 나가되 궁극적으로는 시장경제체제를 기축으로 하는 경제적 통합을 지향해야 한다.

110 서보혁 · 김일한 · 송영훈 · 손유나, "문재인 정부의 2018 대북정책방향", 북한연구학회, 2018. 5, 19면.

이기도 하기 때문이다.[111]

북한은 공식적인 경제지표를 대내외에 공개하지 않고 있다. 유엔(UN)을 비롯한 국제단체에서는 비공식적으로 수집한 자료에 의존하여 추정지표를 발표하고 있으나 공신력이 있는지에 대해서는 의구심이 든다.

우리나라 통계청의 북한통계포털에 따르면, 2018년을 기준으로 남한과 북한의 1인당 국민총소득 차이는 각각 3,678.7만 원대 142.8만 원으로 약 26배, 국내총생산의 경우 남한과 북한이 각각 1,898,452.7십억 원대 35,895십억 원으로 약 53배 차이를 보이고 있다.[112]

북한의 경제는 지표상으로 남한의 그것과 객관적으로 비교대상이 될 수 없다. 북한도 이러한 경제사정을 인지하였기에 중국의 경제특구를 참조하여 나진선봉경제특구를 비롯하여 개성지역에 경제특구를 지정하여 운영해 왔던 것이다.

향후 남한의 기업이나 개인이 북한의 개성공업지구 등에 투자를 재개하려는 경우 법적으로 안정성이 보장되어야만 한다. 남북투자보장합의서와 북한세제가 최소한의 법적안정장치로 인식될 수 있어야 하는 것이다.

이하에서는 이와 관련된 내용을 정부의 단계별 통일론에 부합하여 각 단계별로 살펴본다. 정부의 단계별 통일론은 이 장의 제2절~제4절에서 논의된 내용을 참고하였다.

나. 화해 및 협력단계(제1단계: 남북투자보장합의서와 연관 세제의 보완)

(1) 기본전제

현재 개성공업지구는 잠정 중단 상태에 있으나 세계정세의 변화 혹은 남북한 간의 화해무드 전환 등 정치적 상황에 따라 언제든 재개할 여지는 있다.[113] 그렇다면 개성공업지구 혹은 그 외의 경제특구지역에 적용될 조세제도는 기존에 북한에 구비된 외국인 등을 위한 조세제도에 비하여 보다 전향적인 규정이 담겨야 남북한의 원활한 경

---

111 박유현, "북한의 조세정치와 세금제도 폐지, 1945~1974", 북한대학원대학교 박사학위논문, 2013. 8, ix면; 박유현, "북한의 민주개혁과 탈식민적 조세제도의 형성, 1945~1949", 『현대북한연구』 제20권 제2호 북한대학원대학교, 2017. 8, 요약자료.

112 (https://kosis.kr/bukhan/nkAnals/selectNkAnalsList.do?menuId=M_02_01), 2020. 2. 4. 검색.

113 통일교육원, "통일문제이해", 2019, 통일교육원, 179면. (남과 북은 2018. 9. 19. 평양공동선언에서 개성공업지구와 더불어 서해경제공동특구 및 동해관광공동특구를 조성하는 문제를 협의하기로 하였다.).

제교류는 물론 북한의 경제활성화에 도움이 될 것이다.

이러한 전제하에서 향후 남북 간의 경제교류 혹은 정치적인 소통이 재개되는 경우, 남북 사이의 투자보장에 관한 합의서상의 합의내용에 기초한 북한세제의 보완과제를 제시한다.

(2) 개성공업지구 세금규정의 보완 등

1) 북한헌법

북한헌법은 제25조에서 세금삭제를 규정하고 있음에도 불구하고 동 헌법 제38조 관세정책을 대내외에 실시한다고 규정하고 있어 상호모순되고 있다. 왜냐하면 관세도 넓은 범위의 조세에 해당하기 때문이다. 북한헌법이 관세부과를 규정하고 있다는 의미는 북한이 재정조달에 대한 수요를 외면할 수 없음을 나타낸다.

북한은 외국기업이나 외국인에게 적용되는 다양한 세금제도는 유지하고 있다.[114] 이는 관련 법령들을 입법화하고 아울러 법령 상호 간 충돌을 방지하고 관리할 상위의 선언적 규정이 필요함을 의미한다. 북한헌법상의 조세법령에 대한 선언적 규정 미비로 조세법령의 안정성이나 예측 가능성을 해치는 결과에 이르고 있기 때문이다. 이러한 점들은 북한에 투자하려는 외국기업이나 외국투자자에게 불안요인이 되고 있다.

그러므로 북한헌법에 세금제도에 대한 선언적 규정을 도입하는 것이 필요하다. 최소한 외국인이나 외국투자기업과 관련된 조세의 경우, 관세에 관한 헌법상의 규정과 동일하게 선언적 규정을 두어야 한다. 이는 외국인 등이 법령체계에 대한 법률적 공신력을 인지하고 외국인투자가 보다 안정적으로 이루어질 토대가 될 수 있다.

2) 외국투자기업 및 외국인세금법
A. 개요

외국투자기업 및 외국인세금법은 조세 체계상 구체적인 규정들이 담겨야 한다. 그럼으로써 관련 세제를 해석하고 집행하는 데 혼선을 줄일 수 있다. 구체적으로 부과

---

114 '외국인투자법(1992년)', '외국투자기업 및 외국인세금법(1993년) 및 동법 시행규칙', '자유경제무역지대법'을 개정하여 제정된 '라선경제무역지대법(1999년)' 및 '개성공업지구법 및 개성공업지구 세금규정(2003년)' 등이 포함된다.

원칙에 관한 사항, 신의성실의 원칙, 세법의 해석과 적용에 관한 사항, 과세요건에 관한 사항, 조세채무의 성립과 확정 및 소멸에 관한 사항, 조세채권의 환급, 조세의 감면에 관한 원칙, 조세구제제도를 포함한 납세자의 권리보장 및 조세벌 등을 들 수 있다.

만약 그러한 사항이 미비하다면 북한 정부의 자의적인 해석에 따른 집행으로 인하여 외국인투자기업이나 외국인투자자에게 공신력을 담보하기 어려워 투자에 걸림돌로 작용될 수 있다.

조세 자체를 부인하는 체제인 북한 입장에서 남한 식의 조세 체계를 그대로 받아들이기 어려울 수 있다. 하지만 북한 당국이 법적 안정성을 갖추고 합리적인 예측이 가능한 최소한의 규정을 두어야 외국투자기업이나 외국인들이 안심하고 투자에 나설 수 있다는 점을 간과하여서는 안 될 것이다.

B. 정의 규정의 도입

우선 동 법률에 각 세목과 시행규정 및 하부규정에 적용할 개념에 대한 정의 규정이 있어야 한다. 특정 개념에 대한 해석이 법률마다 다르다면 조세 체계상 혼선이 발생할 수 있기 때문이다.

이 경우 정부입법 지원센터에서 제공하는 법령입안심사기준상의 정의 규정에 대한 의의를 참고할 수 있겠다.[115]

C. 조세법의 기본원칙 정립

납세의무를 성립시키는 요건인 과세요건을 각 세목에 보다 명확히 규정할 필요가 있다. 예컨대 납세의무자, 과세물건, 과세표준, 과세기간, 세율에 관한 사항이 그것이다. 과세요건에 관한 사항은 법률에 규정이 되어야 하며 법률에 위임을 받은 경우에 한하여 시행세칙 등에 규정할 수 있도록 한다.

우리나라 국세기본법에 규정되어 있는 실질과세(제14조), 신의성실(제15조), 근거과

---

115 (https://www.lawmaking.go.kr/lmKnlg/jdgStd/info?astSeq=40&astClsCd=), 2020. 12. 20. 검색. (정의 규정은 그 법령 중에 쓰이고 있는 용어의 뜻을 명확하게 정하는 규정을 말한다. 정의 규정은 그 법령에서 쓰고 있는 용어 중 개념상 중요한 용어이거나 일반적으로 쓰는 용어의 의미와 다른 의미로 사용되는 용어에 대해 법령 자체에서 그 의미를 명확하게 할 목적으로 두게 된다. 정의 규정을 통해 법령을 해석하고 적용할 때 나타나는 의문점을 없애고 법적 분쟁을 미리 예방함으로써 일관성 있게 법령을 집행하고 국민의 권익을 보호하려는 것이다.)

세(제16조), 조세감면의 사후관리(제17조) 및 세법해석의 기준 및 소급과세의 금지(제18조)에 관한 사항은 보완이 되어야 할 것이다. 또한 조세채무의 성립과 확정 및 소멸에 관한 사항으로 국세부과권의 제척기간(제26조의2), 국세징수권의 소멸시효(제27조) 및 소멸시효의 중단과 정지(제28조)도 제정되어야 할 것이다.

외국투자기업이나 외국인의 과납 혹은 오납으로 인한 조세환급금 절차에 관한 사항 및 현재 외국투자기업 및 외국인세금법의 각 세목에 흩어져 있는 조세감면 규정에 대한 일반 원칙도 정비할 필요가 있어 보인다.

D. 조세구제제도와 조세벌의 합리적 산정

신소는 두 개(제54조 및 제55조)의 조문으로 규정되어 있어 조세구제제도로서 기능하기에 미흡한 점이 상당부문 존재한다. 최소한의 조세구제제도로서 기능을 하고자 하는 경우 기한에 관한 부문이라도 제도적 보완이 필요하다.

외국투자기업과 외국인은 세금납부와 관련하여 의견이 있는 경우 세금을 납부한 날로부터 신소청원(우리나라의 이의신청에 해당)을 할 수 있다(외국투자기업 및 외국인세금법 제54조). 우선 신소청원 기한이 세금납부일로부터 30일 내로 규정되어 있어 외국투자자 입장에서 이의신청 기한 내 위법하거나 부당한 세금부과에 대한 적절한 대응을 하기에는 시간이 터무니없이 부족하다. 외국투자기업이나 외국인이 해당 세금을 신고납부한 날로부터 일정기간(예를 들면 최소한 1년) 이내에 일차적으로 세금을 납부한 재정기관에 수정신고를 통하여 자기 보정할 기회를 주어야 할 것이다. 또한 재정기관의 고지로 인한 신소의 경우에는 세금납부일이 아닌 해당 고지일로부터 일정기간(예를 들면 최소한 90일) 내에 청원할 수 있도록 하여야 한다.

재정기관은 신소를 받은 날부터 30일 안으로 신소내용을 료해처리하여야 하며 신소처리 결과에 대하여 의견이 있을 경우에는 그것을 처리받은 날부터 10일 안으로 해당 재판소에 소송을 제기할 수 있다. 소송제기 기한으로 10일은 해당 소송을 준비하는 기간으로 보기에 적정하지 않다. 이 기간을 좀 더 늘리든지 늘릴 수 없다면 보정기간을 충분히 주어야 할 것이다.

외국투자기업 및 외국인세금법은 세금납부의무자에게 부과되는 벌금에 대하여 규정하고 있다. 법정기일 안에 세무수속을 하지 않았거나 소득세 납부서, 소득세 공제납부서, 재정부기 결산서를 내지 않았을 경우에는 책임 있는 당사자에게 2천 원까지의 벌금을 물린다. 공제납부자(원천징수의무자)가 세액을 적게 공제하였거나 공제한 세액을 국고에 납부하지 않았을 경우에는 미납한 세액을 납부하는 것과 함께 납부하지 않은 세액의 2배까지 벌금을 물린다. 장부, 전표, 증빙문건을 위조 및 폐기하였거나 원가, 비용, 소득액 같은 것을 사실과 맞지 않게 계산하여 탈세한 경우에는 탈세액을 받는 것과 함께 탈세액의 4배까지 벌금을 물린다(제75조).

조선민주주의인민공화국 외환관리법 제6조에 따르면 북한 안에서는 외화현금을 유통시킬 수 없으며 외화현금을 쓰려고 할 경우에는 조선 원과 바꾸어야만 쓸 수 있다. 동 법에 의하면 조선 원의 내국환자 시세는 외화관리기관이 정하는 바(제7조) 외국환자 업무를 하는 전문은행은 무역은행이다(제5조).

그런데 조선 원과 한국 원화 혹은 미국 달러의 환율에 관한 매일의 기관 고시가 공표되지 않아 정확한 환율 예측이 쉽지 않다. 그러므로 북한 원으로 벌금의 액수를 정할 경우 혼선이 발생할 가능성이 높다. 따라서 기축통화인 미국 달러를 병기하는 방안이 고려되어야 한다.

외국투자기업 및 외국인세금법에 따르면 탈세한 경우에는 탈세액의 4배까지 벌금을 물리는데, 벌금의 액수가 지나치게 과한 측면이 있다. 또한 장부, 전표, 증빙 문건 등의 위조 및 폐기나 원가, 비용, 소득액의 적정성을 확인하고 검증하는 방식에 관한 규정이 전무한 실정이어서 북한당국의 자의적인 조치로 이루어질 개연성이 있어 보인다. 동 법령의 위임을 받은 시행규정에 장부 등의 적정성에 대한 검증을 하는 방안에 대한 규정이 필요하다.

외국투자기업 및 외국인세금법 제53조 및 동 법 시행규칙 제77조에서는 '이 규정을 어긴 행위가 엄중할 경우에는 책임있는 당사자에게 형사적 책임을 지운다.'고 규정하고 있다. 이는 남한의 조세범처벌법 제3조 이하에 규정되어 있는 조세포탈 등 각종 조세벌의 내용과 유사하다.[116] 그렇다면 엄중할 경우가 어떤 행위인지가 구체적으로 기술되어야 한다.

---

116 조세범처벌법 제3조(조세 포탈 등) ① 사기나 그 밖의 부정한 행위로써 조세를 포탈하거나 조세의 환급·공제를 받은 자는 2년 이하의 징역 또는 포탈세액, 환급·공제받은 세액(이하 "포탈세액등"이라 한다)의 2배 이하에 상당하는 벌금에 처한다. 다만, 다음 각 호의 어느 하나에 해당하는 경우에는 3년 이하의 징역 또는 포탈세액등의 3배 이하에 상당하는 벌금에 처한다.
　　1. 포탈세액등이 3억원 이상이고, 그 포탈세액등이 신고·납부하여야 할 세액(납세의무자의 신고에 따라 정부가 부과·징수하는 조세의 경우에는 결정·고지하여야 할 세액을 말한다)의 100분의 30 이상인 경우
　　2. 포탈세액등이 5억원 이상인 경우….

E. 개성공업지구 세금규정

a. 개요

개성공업지구 세금규정은 조세법 체계상 어떤 위치에 있는지 여부가 불명확하다. 외국투자기업 및 외국인세금법과 개성공업지구 세금규정상의 내용이 충돌할 경우 어떤 법률을 우선 적용할 것인지 불분명한 것이다. 조세에 관한 법규를 법률 체계상 하위에 해당한다고 볼 수 있는 세금규정으로 운용할 수 있는지도 문제가 된다.

조세는 외국투자기업 및 외국인세금법처럼 북한의 최고인민회의 상임위원회가 제정한 법률에 의하여 규정되어야 법적 안정성이 보장될 여지가 높아질 것이다.

개성공업지구 세금규정은 개성공업지구 세금법과 같은 단계로 상향 조정하는 것이 필요하다. 또한 법률 체계상 외국투자기업 및 외국인세금법의 위임을 받은 것임을 명확히 해야 한다.

세율에 관한 사항은 동 규정의 부록이 아닌 본문에 규정하여야 자의적인 개정이나 적용 여지를 줄일 수 있다. 특히 증여소득에 대한 개인소득세율(부록 2)과 상속재산에 대한 세율이 각각 2%~14%와 6%~25%로 차이가 있어 사전증여를 이용한 조세회피 가능성이 있는바 이를 조정할 필요가 있다.

개성공업지구 세금규정에는 조세분쟁절차에 관한 규정이 한 개의 조문(제86조)밖에 없으며 이마저도 형식적인 언급에 그치고 있다. 신소와 소송에 관한 사항은 외국투자기업 및 외국인세금법상의 규정에 따라 처리하도록 유도해야 보다 명확하고 공정한 조세구제수단으로써 역할을 할 수 있다.

세금감면에 관련 사항도 법령에 감면대상이 되는 소득을 명확히 규정하여야 하고, 아울러 세금신고납부, 가산세 규정 합리화, 불복절차 제도화 및 청산 및 송금에 대한 보장 등이 규정되어야 한다.

b. 개성공업지구 세금규정 시행세칙

개성공업지구 세금규정 시행세칙 제1장에서 규정하고 있는 세금부과의 일반원칙은 외국투자기업 및 외국인세금법과 같은 법률에 규정되어야 할 조문들이다. 그런데 조세법의 안정성과 예측 가능성을 담보할 수 있는 이러한 규정마저 북한은 삭제하려 하고 있다.[117]

---

117   해당 내용은 중앙특구개발지도총국이 2012년 8월 2일 우리측에 보내온 동 규정 시행세칙 개정안

정부는 동 세금규정 시행세칙의 세부내역을 인정하지 않고 있다. 2006년 제정 당시 규정은 물론 2012년 개정 통보된 규정에 대한 시행 여부에 대한 합의를 포함하여 동 규정 시행세칙의 적용과 관련하여 남한과 북한 당국의 합의가 있어야 한다.

세금부과의 근거가 되는 조문들은 상위 단계에 있는 외국투자기업 및 외국인세금법 혹은 최소한 동 세금규정으로 이동하여 규정하는 것이 법적 안정성을 높이고 보다 공신력이 있는 규정이 될 것이다.

나아가 동 규정 시행세칙에 미비한 사항으로 보완이 필요한 가장 중요한 부분은 납세자의 권리 보호에 관한 규정이 될 것이다.

c. 남북조세합의서

남북투자보장합의서에 근거하여 체결된 남북조세합의서는 조세조약의 성격을 띠고 있으나 법령상의 형식적인 요건을 갖추었다고 볼 수 없다. 다시 말하여, 현재의 남북조세합의서는 남과 북의 경제협력 차원에서 체결된 합의서 성격을 가지고 있어 그 형식이나 실질 면에서 불안한 지위를 가지고 있다고 볼 수 있다.

개성공업지구가 잠정 폐쇄된 이후 남북경제협력은 사실상 중단된 바 남북조세합의서의 효력 또한 중지되었다. 동 합의서 제28조에 따르면, '합의서는 일방이 폐기를 제기하지 않는 한 효력을 가진다.'고 규정하고 있다. 북한당국이 언제든지 폐기 제기(통보)를 하게 되면 즉시 그 효력이 중단될 위험이 있는 것이다. 이는 투자기업 입장에서 불안요인으로 작용할 가능성이 높다.

남북조세합의서가 조세조약으로서 기능하려면 북한을 나라로 인정하여야 하는 전제가 필요한 부분이 걸림돌로 작용할 여지는 있다. 하지만 OECD Model 제31조[종료]를 참조하여 "합의서는 일방에 의해 종료될 때까지 효력을 가진다."로 변경하여야 한다.

남북조세합의서의 제10조에서 제12조까지의 각각의 규정에 실질귀속자에 대해서만 규정하고 있을 뿐, 실질귀속자의 거주자 요건 및 합의서혜택제한조항이 미비하다.

남북조세합의서의 제10조에서 제12조까지의 각각의 규정에 실질귀속자의 거주자 요건 및 합의서혜택제한조항을 보완하여 조세조약악용(Treat shopping) 사례에 대비하여야 할 것이다. 실질적 귀속자의 거주자 여건은 남북조세합의서의 제10조부터 제12

통지문에 담겨 있다.

조까지 보완하고 동 합의서혜택제한조항의 경우 한국과 미국과의 조세조약 제17조를 참조하여 다음과 같이 신설할 수 있을 것이다.

"제 ( ) 조 [투자회사/지주회사] 타방체약국 내의 원천으로부터 배당, 이자, 사용료를 발생시키는 일방체약국의 법인은 다음의 경우에 제10조(배당), 제11조(이자) 또는 제12조(사용료)상의 혜택을 받을 권리를 가지지 아니한다.

(a) 특별조치에 의한 이유로 동 배당, 이자, 사용료에 대하여 상기 일방 체약국이 동 법인에 부과하는 조세가, 동 일방체약국이 법인소득에 대하여 일반적으로 부과하는 조세보다 실질적으로 적으며, 또한 (b) 동 법인 자본의 25퍼센트 이상이 상기 일방체약국의 개인 거주자가 아닌 1인 이상의 인에 의하여 직접적으로 또는 간접적으로 소유되는 것으로 등록되어 있거나, 또는 양 체약국의 권한있는 당국 간의 협의를 거쳐 달리 결정되는 경우"

다. 남북연합단계(제2단계: 중국세제 및 홍콩식 경제특구세제의 도입)

(1) 개요

남북연합단계는 남북이 통일을 기정사실화한 단계에 이른 것을 전제로 한다. 정부는 남북연합단계를 2국 2체제로 설정하였다. 이 단계에 이르면 남한은 북한에 세제상의 개선방안을 직접 권고할 수 있을 것으로 본다.

중국과 홍콩은 각각 다른 조세 체계를 가지고 있다. 중국은 사회주의식 시장경제체제를 기반으로 하는 조세제도를 1983년부터 도입하여 유지하고 있다. 반면 홍콩은 자본주의식 전면시장경제체제 하의 조세제도를 현재까지 유지하고 있다.[118]

중국은 기존의 폐쇄정책을 개방정책으로 전환한 1978년부터 약 5년 정도 지난 시점부터 사회주의식 시장경제체제 지원을 위한 세제개혁을 단행하였는데 이러한 개혁 및 개방운동은 덩샤오핑의 이른바 남순강화(南巡講話) 발표 이후 더욱 강화된 것으로 평가받고 있다.[119]

---

118   조명환 · 정재호, 앞의 논문, 27면; 최정욱, 앞의 논문, 138면.
119   덩샤오핑이 1992년 1월 우한, 선전, 주하이 및 상하이 등 경제특구를 시찰하고 발표한 담화를 '남순강화'라 한다. 남순강화는 국가주도형 기업관체계에서 민간기업육성으로의 전환과 400여 가지의

중국은 1993년 3월 공식적으로 헌법에 사회주의 시장경제를 시행함을 천명하였다.[120] 이어 '국영기업 경영체제전환조례'를 제정하여 경제체제의 전환을 위한 기본조건을 정비하였다.[121] 중국은 2001년 세계무역기구(WTO) 가입을 교두보 삼아 외국투자자본과 앞선 기술력 그리고 자국의 풍부하고 경제적인 노동력을 활용한 가공무역으로 급성장하기에 이르렀다.

홍콩의 경우 1997년 중국이 영국으로부터 홍콩을 반환받은 시점부터는 '홍콩기본법'에 근거하여 조세행정을 운영하고 있다.

북한에 시장경제체제가 도입된다면 필연적으로 조세 법령을 정비할 필요가 생길 것이다. 홍콩과 같은 경제특구제도를 활성화하려는 경우, 기존의 외국법인투자 및 외국인세금법이나 개성공업지구 세금규정과 같은 단편적인 조세 체계로는 관리의 한계에 봉착할 수밖에 없을 것이다.

중국과 홍콩의 일국양제하의 조세제도는 1997년으로부터 50년이 되는 2044년까지는 최소한 유지될 것으로 보인다. 북한은 이를 조세제도 구축에 참조할 수 있을 것이다.

(2) 기본전제

북한의 개성공업지구 등의 경제특구는 그 자체를 개혁 및 개방의 일환으로 보기에는 무리가 있다.[122] 이러한 현실을 고려하면 북한은 현재 중국 등과의 제한적인 경제교류만을 실행하고 있지만 역내의 생산만으로 소비를 감당하거나 경제발전을 이룰 수는 없다는 현실을 인지하고 있는 것으로 보인다.

향후 북한이 경제특구개발에 더하여 관광특구를 개발한다고 발표하는 등 다양한 개혁 및 개방정책을 시도하면서 점진적으로 중국식의 사회주의 시장경제체제로 전환할 경우 조세제도의 필요성이 대두될 것이다.

중국이 사회주의 시장경제체제에 대한 조세제도를 구축한 것이 1983년으로 이

규제완화 등의 친기업정책이 주 내용이다.
120 第十五条 国家实行社会主义市场经济.
121 한상국, "체제 전환기 중국 조세정책과 북한에의 시사점", 한국조세연구원, 2003. 12. 32면.
122 한상국, 위의 논문, 4면.

미 37년이 지나 당시의 중국 정치 및 경제환경과 현재의 북한의 그것들과는 많은 차이가 있다. 하지만 궁극적으로 북한이 나아갈 방향은 그와 유사할 것이라는 가정하에 논의를 진행한다.

(3) 중국식 세제 도입

1) 헌법

북한의 사회주의 시장경제가 대내외적인 공신력을 가지려면 네 가지 규정이 헌법에 도입되어야 한다. 이하에서 차례대로 살핀다.

첫째, 중국 헌법 제15조처럼 사회주의 시장경제체제로의 전환을 대내외적으로 선포하는 것이 필요하다. 북한헌법 제19조 "조선민주주의인민공화국은 사회주의적생산관계와 자립적민족경제의 토대에 의거한다."는 삭제되어야 한다. 동 규정이 있는 상황에서 사회주의 시장경제체제를 운영하는 것은 상호모순이 된다. 외국인투자자, 외국기업 및 외국인은 물론 북한주민을 설득하는 데에 어려움이 있을 수 있다.

둘째, 조세법률주의의 천명이다. 현행 북한헌법 제25조의 규정은 삭제한다. 대신에 "공민은 법률에 따라 납세할 의무가 있다."는 규정을 신설할 필요가 있다. 이러한 헌법 규정이 신설되어야 조세법 체계상 하위 법률규정에 위임이 가능하여 공신력을 얻을 수 있을 것이다.

셋째, 경제개발특구에 적용할 기본법을 신설한다. 중국은 헌법 제31조에서 "국가는 필요한 경우에 특별행정구를 설립할 수 있다. 특별행정구 내에서 시행하는 제도는 구체적인 상황에 따라 전국인민대표대회가 법률로 정한다."고 규정하고 있다. 이는 홍콩을 특별행정구역으로 중국 본토와 다른 체제를 유지할 수 있는 근거가 된다.

넷째, 국제법이 국내법에 우선 적용된다는 원칙을 규정하여야 한다. 중국의 경우 세수징수관리법 부칙에, 북한은 개성공단 세금규정 제16조에 국제법 우선의 원칙을 밝히고 있다.

2) 세제 신설

북한헌법에서 조세법률주의를 선언하고 그 사항을 조세법률에 위임하게 되면 북한주민은 물론 북한 역내에서 사업을 영위하게 될 외국투자기업 및 외국인에게 공히 적용될 조세에 관하여 입법화할 수 있다. 다만, 최초 입법 시에는 북한주민에게 적용될 세제와 경제특구에 적용될 세제를 분리하여 시행하다가 경제 수준이 일정 단계에 이를 즈음 통합하는 방식을 고려할 수 있을 것이다.[123] 개성공업지구와 같은 경제특구 내에 적용될 세제에 대해서는 후술하는 홍콩식의 조세제도를 도입하는 것을 검토하는 것이 필요할 수 있다.

개별 세법의 신설에 대해서는 중국 사례를 참고하여 중앙세와 지방세 그리고 중앙과 지방의 공동세로 나누고 조세의 성질에 따라 자원세, 유통세, 소득세, 특정목적세, 재산세와 행위세 및 농수축산업관련세 등을 입법화할 수 있을 것으로 보인다. 북한에 광물이 풍부하게 매장이 된 점을 참고하면 자원에 대한 세금을 우선적으로 고려하고 또한 중국이 특정목적세류로 고정자산투자방향조절세, 연석세, 성시유지보호건설세, 차량구치세, 경지점용세 및 담배세를 입법화한 점도 참고가 될 수 있다.

(4) 홍콩식 특별행정구역세제 도입

1) 경제특구기본법의 보완

홍콩의 경제적 성장은 시장주도적인 정책을 유지해 온 바에 기인한 바가 크다. 홍콩은 중국과 별도의 행정체제를 유지하여 정부 간섭을 최소화하고 있다. 홍콩정부는 이러한 정책을 홍콩에 투자한 외국투자자 및 외국기업의 조세에 대한 부분에도 적용하여 다양한 세제상의 혜택을 제공하고 있다.

북한은 2002년 11월 20일 중국 · 홍콩의 관계에서 규정된 '홍콩기본법'에 해당하는 '개성공업지구법'을 제정한 바 있다. 하위 규정으로 '개성공업지구세금규정'과 동 규정 시행세칙을 규정하여 운영하였다.

홍콩기본법이 형식상 헌법에 해당하며 실질적으로도 조세 조례를 포함한 하위 법률 해석의 기본이 되고 있는 반면 개성공업지구법은 북한헌법의 하위 법률에 해당하여 차이가 있다.

중국의 중앙인민정부는 홍콩과 관련된 외교 사무 및 국방 사무에 국한하여 직접 책임(홍콩기본법 제13조 및 제14조)지며 그 외의 사안에 대해서 홍콩은 행정관리권, 입법권, 독립적인 사법권과 최종심판권을 향유한다(제2조). 이를 참고하여 북한은 입법, 사

---

123   중국의 경우 '중화인민공화국 외상투자기업과 외국기업 소득세법'은 2008. 1. 1자로 폐지되고, 전인대가 2007. 3. 16. 제정 및 공포한 기업소득세가 시행되고 있다.

법 및 행정권 중 최소한 행정권만이라도 우선 경제특구에 적용하는 방안을 고려해 볼 수 있을 것이다. 이후 경제특구의 활성화 정도에 따라 순차적으로 입법권과 사법권을 이양하는 방안도 생각해 볼 수 있다.

홍콩기본법의 해석과 개정 권한은 중국의 전인대 상무위원회와 전인대가 각각 가지고 있다. 이러한 점을 참고하여, 북한의 경제특구가 입법, 사법 및 행정권한을 가지고 행사하는 경우라 하더라도, 경제특구기본법의 해석과 개정 권한은 북한 최고인민회의가 가지게 함으로써 관리와 통제가 가능하도록 할 수 있을 것이다.

2) 조세 관련 보완
A. 저세금 정책의 도입

홍콩은 홍콩기본법에 근거하여 영국관할하에서 시행하던 낮은 세금정책을 일관되게 유지하고 있으며 단독의 관세지역으로 인정받아 무역특혜를 누리고 있다. 이러한 점을 북한의 경제특구에도 참고하여 적용하는 방안을 생각해 볼 수 있다.

외국인투자를 유치하기 위한 일환으로 관세를 포함하여 저세금 정책을 선언하여 입법화하는 것이다. 중국과 우리나라의 경우도 외국인투자를 촉진하기 위하여 초기 단계에서는 자국민들과 차별화되는 조세 혜택을 부여한 점을 상기하면 북한의 경우도 이와 다르지 않을 것이라는 추론이 가능하며 따라서 조세감면 혜택은 필수적이다.

B. 속지주의 과세방식의 적용

홍콩은 속지주의 원칙 하에 홍콩 내에서 발생한 소득에 한정하여 소득세를 과세하며 거주자 혹은 비거주자 여부에 관계없이 동일한 과세 방법과 세율을 적용한다. 일부 비거주자인 운동선수 등의 경우를 제외하고는 원천징수제도가 없다. 또한 자본소득에 대하여 원칙적으로 세금을 부과하지 않는다.

홍콩이 위와 같이 외국인투자자 및 외국법인 등에게 파격적인 조세 관련 혜택을 부여하는 이유는 외국자본 유치와 금융시장 활성화를 위한 조치로 볼 수 있다.

북한의 경제특구에도 홍콩식의 조치를 벤치마크하여 경제특구 내 소득에 대하여만 과세하는 속지주의를 채택하고 자본이득에 대하여는 원칙적으로 과세를 하지 않는 방안을 고려해 볼 수 있다.

C. 개별 세목의 단순화

홍콩 세법('IRO', '稅務條例')은 조세법의 개념과 개론에 관한 사항을 주로 명시하고 홍콩세무국은 동 조례의 해석 및 실무 참고사항을 특정 주제별로 DIPN에 별도 공개하고 있다.

북한 경제특구 내 적용될 개별 세목에 대하여는 경제특구기본법 내에 별도의 조세관련 사항을 위임하여 정리하는 것이 필요할 것으로 보인다.

홍콩의 세목은 영국의 식민지시절부터 주요한 세수원으로 과세되어 온 인지세를 비롯하여 개인의 근로소득에 대한 급여소득세, 개인과 법인의 사업소득에 대한 이윤세 및 부동산 소득에 대한 재산세 등으로 구분된다. 개인과 법인은 종합과세와 분류과세 중 하나를 선택할 수 있는데 종합과세 선택 시 합산과세로 인한 누적효과를 상쇄하기 위하여 다양한 혜택을 부여하고 있다.

북한 경제특구 내 조세의 경우 홍콩의 사례에서 보는 바와 같이, 세목을 단순하게 하여 외국인투자자나 법인 그리고 해당 법인 등에서 근무하게 될 외국인이 조세부담을 적게 느끼게 하여 외국자본 유치에 조세가 걸림돌이 되지 않도록 하는 것이 필요할 것이다.

D. 이중과세방지협약의 체결

홍콩의 경우 저세율정책, 자유무역주의, 속지주의 선택 등의 영향으로 이중과세방지협정을 체결할 필요성을 크게 느끼지 못하다가 2005년 9월 태국과 조세조약을 시작으로 본토인 중국을 포함하여 2020년 1월 1일 현재 총 43개 국과 조세협약을 맺고 있다.

북한 경제특구에도 여타 국가 간의 이중과세방지협약을 체결하는 것을 고려해 볼 수 있다. 이중과세방지협약의 체결 시기에 관한 사항이나 형식에 대해서는 상황에 따라 다를 수 있을 것으로 보인다. 이중과세방지협약 체결 시기는 해당 경제특구 내에 투자한 나라와의 협의가 우선되어야 할 것이므로 해당 나라의 사정에 따라 각 나라별로 다를 수가 있을 것으로 본다.

중국과 홍콩 간의 이중과세방지협약에서 보듯 조약의 형식은 일반적인 OECD 모델의 형식에서 크게 벗어날 일은 없을 것이므로 북한 본토와 경제특구 간 그리고 여타 투자국가와의 이중과세방지협약을 체결할 수 있을 것이다.

제6절 | 향후 보완과제

1. 통일세 도입에 따른 향후 보완과제

여기에서는 단계별 통일세 도입방안에 대한 제안 내용을 요약하고 향후 보완과제를 제시한다.

독일의 경우, 납세자 연맹 및 니더작센주 재정법원에서 연대부가세의 위헌 소송을 제기하였으나 연방헌법재판소는 받아들이지 않았다. 우리나라의 경우도, 헌법상에 규정된 개별 법적 쟁점항목에 대한 그동안의 헌법재판소 입장을 고려하면, 통일세가 헌법에 위배될 가능성은 높지 않다.

통일세 도입 시에는 그 입법 취지에서 통일정책의 추진 이념에 따라 통일재원 조달을 위한 조세임을 명확히 밝혀야 한다.

헌법상 규정과 헌법재판소의 결정례에 따르면, 통일세는 조세법률주의의 근간이 되는 과세요건 법정주의에 부합하고 조세평등권을 보장하는 데 문제가 없어 보이며 재산권 침해 우려 또한 인정되기 어렵다.

통일세의 입법목적에 정당성이 있는 상황이라면, 부과방식으로 독립세 형식이든 부가세 형식이든 입법권자의 재량에 달린 문제로 보여지는 바 헌법에 위배된다고 볼 가능성은 높지 않다.

통일세의 도입은, 재정수요 충족 목적으로 하는 정책적 조세로 조세감면의 특례에 따라 비과세나 감면이 되는 경우가 아니며 규제적 성격을 가진 바도 없어, 부과기한을 설정하지 않는다 하여 곧바로 헌법에 위배된다고 볼 수 없다.

통일세 부과시점으로는 통일 직후로 보는 것이 납세자의 입장에서 수용 여지를 높일 것이다. 다만, 통일 전단계에서 통일세 부과를 시작하려면 세목을 통일세로 하기보다는 '통일지원세'라 칭해야 한다. 왜냐하면, 입법의 취지나 부과의 정당성 면에서 납세자들의 수용 가능성을 높힐 것이기 때문이다. 따라서 통일 각 단계별로 화해 및 협력단계에서는 통일지원세, 남북연합단계 이후로는 통일세로 명칭을 부여하는 것을 제안한다.

통일세를 법제화하려는 경우 우선 국민의 공감대가 형성되어야 한다. 조세, 재정 및 법률 전문가의 후속 연구와 동 연구를 기반으로 한 공청회 개최 등 사회적 합의가 있어야 한다. 통일세는 궁극적으로 납세자인 국민들의 부담이 되는 것이므로 당사자인 국민들의 이해 없이 도입하려는 경우 조세저항에 직면할 가능성이 있다.

통일세는 목적세이다. 통일과 관련된 분야에 투입될 비용을 충당하기 위하여 부과되는 세금인 것이다. 따라서 통일과 관계된 분야의 범위를 명확히 하여야 하고 재정적 관점에서 통일비용을 합리적으로 추산하여야 한다. 또한 '통일세관리특별회계법안'의 통일세와 동시에 제정하고 남북협력기금법 등을 개정하여 통일세 재원의 활용방안에 대한 법적 근거를 마련하여야 한다.[124] 남북협력기금법 제4조(기금의 재원)에 따르면, 동 기금은 정부 및 정부 외의 자의 출연금, 다른 기금이나 금융기관으로부터의 장기차입금, '공공자금관리기금법'에 따른 공공자금관리기금으로부터의 예수금, 기금의 운용수익금, 남북협력기금의 운용 및 관리과정에서 징수되는 수입금 및 남북교류·협력사업 시행과정에서 징수되는 수입금 등으로 구성된다. 동 기금은 정부 외의 자의 출연금이 저조하여 전적으로 정부재정에 의존하고 있는 실정인 바 남북협력기금의 재원으로 통일세를 포함하는 방안도 고려해 볼 수 있다.[125]

남북 간에 통일에 대한 합의가 이루어지는 남북연합단계에서 통일지원세는 통일세로 세목의 명칭을 전환하여 남북간의 재정과 경제상황을 고려하여 일정 기간 동안 부과할 수 있을 것이다. 이 경우 통일세는 독일의 연대부가세가 동서독의 재정불균형을 완화하는 용도로 사용된 것과 같이 남한과 북한 간의 재정조정을 위한 재원으로 활용할 수 있다.

독일의 재정조정제도와 유사한 남한의 제도로서 지방교부세는 각 지역 간 경제력 편차에 따른 세원 및 재정불균형을 해소하기 위한 재정조정 기능과 각 지방자치단체

---

124 국회에서 2010년 통일세법(안)과 같이 입법을 추진한 '통일세관리특별회계법안'은 같은 해 본 회의에 상정되지 못하고 2012. 5. 임기만료로 폐기된 바 있다. 남북협력기금법은 '남북교류협력에 관한 법률'에 따른 남북 간의 상호교류와 협력을 지원하기 위하여 남북협력기금을 설치하고 남북협력기금의 운용과 관리에 필요한 사항을 정함을 목적으로 1993. 12. 31. 제정된 바 있다.

125 이효원·한동훈, 통일재정법제연구(I), 한국법제연구원, 2012. 6, 68면.

가 법정 수준의 행정운영에 필요한 적정 재원을 확보할 수 있도록 하는 재원보장 기능을 수행하고 있다.[126] 지방교부세는 2006년 기준 내국세의 19.24%를 법정 교부율로 정하고 있다.[127]

통일지원세 및 통일세의 부과로 확보된 재원은 남북협력기금으로 활용하거나 현행 지방교부세법을 개정 및 보완하여 지방교부세 형식으로 남북한 간의 재정조정 재원으로 활용하는 방안을 고려할 수 있다. 예컨대 독일의 주재정조정법과 같은 남북재정조정법을 제정할 수도 있을 것이다.

2. 남북투자보장합의서와 그 연관 세제에 대한 향후 보완과제

여기에서는 남북투자보장합의서와 그 연관 세제에 대하여 제안한 내용을 요약하고 향후 보완해야 할 과제를 제시한다.

남과 북이 통일로 나아가는 단계에서 상호 간 경제적 이익을 위한 목적의 경제교류는 남북 간의 접점을 유지하고 또한 넓히는 교두보 역할을 한다. 남과 북의 경제교류가 활성화되면, 상호 간 경제발전에도 당연히 도움이 될 것이다. 이는 남과 북의 화해와 협력의 관계를 유지하고 또한 향상시키는 역할을 할 수 있을 것이다. 나아가 궁극적으로 통일을 지향한다는 헌법상의 선언과도 부합할 수 있다.

정부는 남북의 통일이라는 지향점을 바탕으로 남한에는 통일세를 도입하는 한편, 북한에 대해서는 남북한 사이의 경제교류를 활성화하기 위한 목적으로 관련 세제를 개선해 나갈 것을 제안할 수 있을 것이다.

우선 화해 및 협력단계인 현 상황에서는 개성공업지구에 적용되는 세제가 남한의 기업들에게 최소한의 법적 안정성을 보장할 수 있도록 개선되어야 한다. 이와 같은 취지 하에서, 남북투자보장합의서 상의 남북조세합의서 및 그와 관련된 북한세제가 보완되어야 할 사안을 정리하였다.

다음으로 남북이 연합하는 단계에 접어들면, 북한의 경제정책도 개혁 및 개방의

---

126 이종후, 『2019 대한민국 지방재정』, 국회예산정책처, 2019, 150면. (지방교부세는 1962. 1. 1에 제정 및 시행된 「지방교부세법」에 따라 도입되어 1969년 내국세 지방교부세 비율을 법률에 정하고 있다.).

127 지방교부세법 제4조 제1항 제1호.

단계로 나아갈 것으로 본다. 따라서 북한세제 또한 중국·홍콩식의 일국양제하의 조세제도를 참고하여 북한식의 조세법을 제정할 필요가 대두될 것이다.

남북이 완전한 통일단계에 들어서면 1국가 1체제로 전환되고 세제 또한 하나의 체계로 통일될 것이다. 남과 북의 세제의 통합에 관한 논의는 별도의 연구로 이루어져야 할 사안으로 이 연구의 범위를 벗어난다. 따라서 여기에서는 추가로 논의하지 않는다.

남과 북의 정치적 상황은 가변적이어서 향후 어떻게 전개될 것인지 현재로서는 예단하기 어려우며, 북한의 경제적 상황 또한 객관적인 지표가 공개된 적이 없어 정확한 현황을 파악하는 데 어려움이 있다. 이런 상황에서 북한의 세제를 남과 북의 경제교류의 활성화를 위한 목표에 맞춰 수정 및 보완을 권고하는 주장에는 기본전제하에 전개할 수밖에 없는 한계를 가진다.

헌법에 따라 북한은 대한민국의 영토에 해당하지만, 우리의 실효적 지배가 미치지 못한다. 따라서 현 단계에서 경제교류를 목적으로 한 세제상의 보완권고 또한 실효성이 없는 일방적 주장에 그칠 가능성이 있다. 특히 남과 북의 대화 창구조차 열려 있지 않은 상황이라면 논의나 협의는 고사하고 우리 주장을 전달할 방법조차 용이하지 않다.

그럼에도 불구하고, 우리는 통일의 기회는 언제나 열려 있으며 부지불식간에 통일이 될 수도 있다는 믿음을 가져야 한다. 남북이 통일이 될 수 없다는 전제를 두게 되면, 상호 간 화해나 협력의 길은 요원해지게 된다. 그것은 상호 간의 발전에 전혀 도움이 되지 못하는 결과에 이를 수 있다.

그러므로 남과 북은 통일을 염두에 두고 상호 간 경제교류를 위한 노력을 지속적으로 전개해 나가야 한다. 경제교류가 원활히 이루어지려면 행정상의 지원이 뒷받침되어야 하며 그것은 법제화를 통하여 해결해 나갈 수 있다. 행정상의 지원에서 가장 중요한 분야 중 하나는 세금이다. 세금납부를 함에 있어서는 법적인 안정성과 예측 가능성이 담보되어야 한다. 그런 점에서 우리는 북한세제분야에 더욱더 관심을 가져야 하며 해당 분야의 연구 또한 간단없이 이어져야 한다.

제5장

결론

이상에서 단계별 통일세 도입방안에 대하여 살펴보았다. 여론조사 결과, 국민 대다수는 통일이 되어야 한다는 데 동의하고 있으며 통일에 있어 가장 중요하면서도 우려되는 부분은 통일재원이라는 점을 잘 인식하고 있다. 국민들은 통일세 도입의 필요성에 공감하며 기꺼이 부담할 용의가 있다고 답변하고 있다. 이 연구에서는 이 점에 주목하여 법적인 관점에서 통일세 도입방안을 연구하였다.

연구의 기초자료로서, 2010년에 국회에서 입법시도를 하였다가 기한만료로 폐기된 통일세 입법의안을 참조하였다. 독일은 통일 직후인 1991년부터 연대부가세를 부과 및 징수하여 온바, 이를 비교법적 관점에서 고찰하였다. 독일의 연대부가세법 도입 및 운영과정에서 나타난 법률적 쟁점들은 통일세 도입 시에도 주요 쟁점으로 부각될 수 있다.

이 연구는 법률적 쟁점에 초점을 맞추어 진행된바, 통일비용의 재정학적 분석은 범위에서 제외하였다. 통일세 도입에 관한 선행 연구는 2010년부터 2012년간 집중적으로 진행된 바 있으나 이후 연구논문은 더 이상 확인이 되지 않는다. 남과 북의 통일문제는 민감한 사안이다. 통일세를 포함한 통일관련 쟁점을 다루는 연구는 여러 가지 전제 하에 진행될 수밖에 없다는 점을 밝혀 둔다.

통일세 입법의안과 연대부가세법상의 쟁점을 비교하면 다음과 같다. 통일세법 입법의안의 근거는 헌법 제4조이며, 연대부가세법의 도입근거는 독일 기본법 제106조에 있다. 통일세 입법의안은 조세법률주의의 주요 내용인 과세요건 법률주의에 위배되지 않는다. 다만, 통일준비과정이라는 불명확개념을 사용하여 과세요건 명확주의에 위배될 소지는 있다. 독일의 연대부가세는 그 기원을 1968년 임시적으로 부과되었던 보충부담금에 두고 있어 계속적인 부과 및 징수에 대하여 위헌 가능성이 지속적으로 제기되어왔다. 연방헌법재판소는 조세의 성격을 공공수요조달을 목적으로 한 바 그 목적달성 시까지는 부과할 수 있다는 점을 들어 위헌으로 보지 않았다.

통일세 입법의안은 개인과 법인 그리고 상속세 및 증여세에 부과하는 세율이 각각 다르지만 헌법 제11조의 평등권을 침해하지는 않는다. 독일의 경우 연방헌법재판소는, 개인의 소득세 면세에 대해서는 연대부가세를 부과하지 않으면서 법인의 면세에 대해서는 연대부가세가 부과되는 점만으로는 형평의 원칙에 위배되지 않아 위헌이 될 수 없다고 판시하였다. 개인과 법인의 조세부담 정도가 다르다는 사실만으로는 위헌이라고 볼 수 없다. 통일세 입법의안과 연대부가세의 부과방식은 부가세 형식으로 동일하다. 통일세의 부과방식은 입법자의 고유권한으로 부가세 방식뿐만 아니라 독립세 방식도 가능하다고 본다.

통일세 입법의안에서 통일세의 부과기한을 설정하지 않았다. 연대부가세는 통일 직후인 1991년 한시적으로 부과되었다가, 1995년 다시 도입하여 현재까지 부과되고 있다. 통일세의 부과기한은 사정변경에 따를 사안이며 부과기한에 관한 사항을 두지 않는다고 하여 곧바로 헌법에 위배되지는 않는다.

독일 기본법 제14조 규정의 해석에 따르면, 연대부가세는 재산권을 침해하였다고 볼 수 없다. 헌법 제23조, 제38조 및 제59조의 해석상 통일세의 부과로 인하여, 곧바로 납세자의 재산권을 침해하였다고 볼 수는 없다.

통일세를 도입함에 있어 통일세 부과로 확보한 재원의 활용방안도 중요한 고려요소이다. 통일세 입법의안의 경우 통일세관리특별회계법이 동시에 발의되었다. 독일은 연대부가세 도입으로 부과징수된 세금을 주재정조정제도를 통하여 동서독 간의 재정격차 해소를 위한 재원으로 활용하였다.

통일세 입법의안과 독일 연대부가세 간에 제기된 법률적 쟁점비교를 통하여 획득한 시사점은 통일세 도입 시에 참고가 된다. 주요 내용은 다음과 같다.

첫째, 통일세법의 입법취지를 헌법상의 통일이념에 부합하도록 명확히 하고 통일세의 성격을 정의규정에 둔다. 통일 이후 단계뿐만 아니라 통일 전 단계에서도 부과할 수 있는 법적 근거가 마련되어 있어야 한다.

둘째, 새로운 세제의 신설은 개인의 소득이나 재산의 가치를 침해하는 결과를 가져올 수 있다. 헌법재판소 판례를 참고하면, 통일세 신설 그 자체만으로 재산권 침해로 이어지지는 않는다. 통일세 제정은 입법권자의 고유권한으로 통일재원 확보라는 수요에 대비한 조세인바 위헌 가능성은 높지 않을 것이다.

하지만, 통일세의 부과로 인한 제산권 침해는 최소한에 그쳐야 한다. 이러한 관점에서 통일세 제정 시에, 독일의 1995년 연대부가세법에서 제로존('NullZone')과 한계구간('Überleitungszone') 같은 규정을 두었다는 점을 참고하여, 통일세 도입 시에 납세자의 세부담이 급격하게 증가하지 않도록 입법적으로 조정하여야 한다.

셋째, 조세는 법률에 따라 과세요건을 규정하여야 하며 그 내용이 일의적이고 명확하여야 한다. 통일세의 경우도 헌법상 조세법률주의, 즉 과세요건 법정주의와 과세요건 명확주의의 부합 여부를 면밀히 살펴야 한다.

넷째, 통일세의 신설에는 조세평등권에 대한 논쟁이 발생할 수 있을 것이나 헌법재판소의 선결정례에 따르면 해소될 것으로 본다.

다섯째, 독일 연대부가세와 같이 통일세 신설 시 부과방식으로 부가세 형식을 취하거나 혹은 독립세 방식을 선택할 수도 있다. 통일 이전에 해당하는 화해 및 협력단계와 남북연합단계에서는 부가세 형식으로, 통일 이후에는 독립세로 제정할 수 있을 것이다.

여섯째, 통일세의 도입시기와 부과기한에 관한 사항들도 쟁점으로 부각될 수 있다. 통일 이전과 이후로 나누어 각각 살펴야 한다. 헌법재판소 선결정례를 참고하면, 통일세는 정책목적 달성을 위한 조세인바 해당 목적을 달성할 때까지 부과기한에 대한 제한을 두지 않아도 될 것이다.

일곱째, 통일세 외 통일재원 확보 방안으로 남북협력기금이나 부담금 같은 방식을 포함하여 다양한 방안에 대해서도 계속하여 연구할 필요가 있다. 이러한 방안들은 조세제도와 달리 정부 혹은 특정 집단에만 부담을 지우는 한계가 있으나 통일세의 부과징수만으로는 부족한 재원을 보충하는 역할을 할 것으로 본다.

통일세는 정부의 공식적인 통일정책인 '민족공동체통일방안'에서 천명한 3단계 통일론에 부합하여 단계적으로 도입하는 것이 타당하다. 통일세는 성격상 국민개세주의에 따라 가능한 모든 국민에게 부과하여야 한다.

통일세는 소득세와 법인세에 부가하여 과세하는 것이 납세자의 부담을 최소화하면서 조세행정을 단순화할 수 있다는 관점에서 타당하다. 소득세와 법인세에 대한 과세는 계속적이며 반복적으로 과세할 수 있어 공공목적인 통일재원 확보에 적합하다. 상속세와 증여세는 재산의 무상 이전(승계)에 관한 조세로 일시적이고 임의적일 뿐만 아니라 세수도 전체 국가 세수에 비하여 미미한 수준인바 안정적인 통일재원 확보에는 적합하지 않다.

통일세는 헌법상 위헌 가능성이 있는 법적 쟁점들을 고려하면서 통일단계별로 도입하는 것이 합목적적이다. 단계별 통일세 도입방안은 다음과 같다.

현재와 같은 화해 및 협력단계에서는 '통일지원세'라는 명칭을 사용하는 것이 입법의 취지나 정당성 면에서 납세자의 수용 가능성이 높다.

남북연합단계에서는 소득세, 법인세, 재산세 및 종합부동산세에까지 통일세 부과를 확대한다. 재산세와 종합부동산세는 부동산에 매년 반복적으로 부과되는바 통일세 부과대상재산에 포함시킬 수 있다.

완전통일단계에 이르면 부가세인 통일세를 독립세로 전환하고 부과범위를 더욱 확대하여야 한다. 재산의 취득단계에 부과되는 취득세에도 통일세를 부과하는 것으로 제안한다. 완전통일단계에서 부과되는 통일세는 통일 후 설정될 조세 체계에 부합하도록 규정되어야 한다는 점에 유의하여야 한다.

'통일세관리특별회계법안'과 남북협력기금법 등은 통일세의 활용방안에 대한 법령이다. 통일세 도입 시에 함께 제정되거나 개정되어야 할 분야이다.

통일지원세 외 통일재원 확보수단으로는 부가가치세 및 개별소비세의 인상, 남북협력기금법 개정, 통일기금 조성, 부담금, 국채발행 및 차입, 해외자본, 국제기구의 재건기금도입, 복권발행, 국유자산매각 발급 및 전국민기부금모금운동 등도 고려할 수 있다.

통일재원을 마련하기 위한 방안으로 통일세를 제안했지만, 현 시점에서 도입하는 것이 적절한가에 대한 여론이 형성될 수 있다. 또한 통일세가 궁극적으로 남북한 간의 재정격차 해소를 위하여 사용될 것임에도 불구하고, 남한의 흡수통일을 전제로 한다는 이유로 북한이 반발할 가능성이 있다는 점도 염두에 두어야 한다.

남과 북 사이에는 경제교류의 접점역할을 하는 개성공업지구가 있다. 남북은 2000년 남북 사이의 투자보장에 관한 합의서를 체결한 바 있다. 동 합의서에 근거하여 남북조세합의서 등이 체결 및 시행되었다. 개성공업지구에 진출한 남한의 기업들에는 개성공업지구 세금규정 등이 적용되었다.

정부는 개성공업지구에 적용되고 있는 시행세칙의 입법절차상의 문제점을 파악하고 개선방안을 마련하기 위한 노력을 지속적으로 기울여 오고 있다. 정부는 2017년 이러한 취지의 연구용역을 민간에 발주한 바 있다. 향후 남북관계가 진전될 경우에 대비하여 개성공단의 발전적 운영방안을 마련하기 위한 목적을 가지고 있다.

또한 정부는 개성공업지구에 입주한 남한의 기업이나 개인에게 적용되는 법규와 세제의 미비점에 대한 보완과제를 북한에 전달한 바 있다. 북한의 경제특구인 개성공업지구는 현재 중단 상태에 있으나 사정변경에 따라 언제든지 재개될 수 있다. 향후 남북 간의 원활한 경제교류에 도움이 될 수 있도록 관련 법규와 세제에 관한 보완사항을 살펴야 한다.

이와 같은 취지 하에서 북한세제의 보완과제를 연구하였다. 남북 사이의 투자보장에 관한 합의서 및 북한세제에 대한 보완과제도 또한 정부의 단계별 통일론에 맞춰 살펴보았다.

화해 및 협력단계에서는 남북 사이의 투자보장에 관한 합의서와 개성공업지구 세금 규정을 포함한 관련세제를, 남북연합단계에서는 경제특구제도를 활성화하는 방안을 중심으로 연구하였다.

북한은 최근 경제특구지역의 추가 지정하고 금강산지역 등을 관광특구로 지정하는 등 경제적 측면에서 개혁 및 개방하려는 의지를 보이고 있다. 정부도 개성공업지구의 운영재개를 미래지향적 관점에서 추진하고 있다.

유엔안전보장이사회의 대북제재[1] 및 제3자 제재(Secondary boycott)[2]가 여전히 유효한 상황이다. 남북한의 관계는 정치적 그리고 경제적 환경변화에 따라 언제든지 변할 수 있다. 그러므로 남북 간의 다각적 교류, 특히 경제적 교류는 미래지향적인 관점에서 이루어져야 한다.

남북은 궁극적으로 화해 및 협력, 연합단계 및 통합의 과정을 거쳐 완전통일로 나아갈 것이다. 남북은, 현재로서는 시기를 확정할 수는 없으나, 미래의 그 어느 시점에는 통일된 나라로 존재할 것이다.

통일비용의 선제적 조달은 통일의 초석을 놓는 데 필수 불가결하다. 단순히 통일비용의 크기를 추산하고 확보하여야 한다는 주장만으로는 부족하다. 결코 통일준비에 최선을 다하였다고 말할 수 없다. 통일비용을 확보할 도구를 법제화하고 하시라도 실행하여야 한다. 그런 의미에서 통일세는 가능한 한 빠른 시일 안에 도입되어야 한다.

나아가 남북 관계에 있어 교류의 접점을 넓히고 또한 밀접하게 다가가기 위한 노력도 간단없이 기울여야 한다. 남북 사이의 경제적 교류의 접점이 되고 있는 개성공단의 운영 재개를 염두에 두고 그와 연관된 법령과 세제에 대한 연구도 지속적으로 이루어져야 한다. 남북 사이의 투자보장에 관한 합의서 및 그와 연관 있는 북한 세제에 대한 연구는 그런 점에서 의미를 가진다.

---

1   주예진, "대북경제제재 현황과 그 효과에 관한 연구", 중앙대학교 대학원, 2020, 34면. (UN안보리의 대북제재는 UN헌장에 근거한다. UN헌장 제7장 제39조는 UN안보리가 국제사회의 평화와 안정을 위협하는 상황에 대하여 조치를 취할 수 있다고 명시하고 있다. UN안보리는 군사 외적인 방법으로 제재를 시행할 수 있으며, 대북제재 결의안은 국제법적 효력을 가지기 때문에 UN회원국은 UN헌장 제2조 제5항 및 제25조 그리고 제48조 제1항에 근거하여 이를 이행해야 할 의무를 가진다.).
2   주예진, 위의 논문, 49면. (미국에 의한 대북 제재의 수단으로 미국의 관련 법률에 의한 직접적인 제재뿐 아니라 북한과의 무기 거래를 하는 등 불법적인 행위와 연련된 제3국의 개인 및 단체를 제재대상으로 지정한다.).

참고문헌

I. 국내문헌

1. 단행본

국중호 · 김준현 · 안종석 · 안창남 · 최정희, 『주요국의 조세제도』제2권, 한국조세재
　　정연구원, 2020

_____, 『주요국의 조세제도』제1권, 한국조세재정연구원, 2019

김유찬 · 이유향, 『주요국의 소비세제도』제1권, 한국조세재정연구원, 2019

안치우, 『중국세법과 상법』, 삼일인포마인, 2018

유호림, 『(최신)중국세법』, 세학사, 2011

이동식, 『조세법과 헌법』, 준커뮤니케이션즈, 2012

이승현 · 김갑식, 『한반도 통일비용의 쟁점과 과제』 NARS 현안보고서 제105호, 국회
　　입법조사처, 2010

이종후, 『2019 대한민국 지방재정』, 국회예산정책처, 2019

이준봉, 『조세법총론』, 삼일인포마인, 2020

이창희, 『세법강의』, 박영사, 2020

임승순, 『조세법』, 박영사, 2020

조명환 · 정재호, 『주요국의 조세제도(홍콩편)』, 한국조세연구원, 2011

정만희, 『헌법학개론』, 피앤씨미디어, 2020

최명근, 『세법학총론』, 세경사, 2006

2. 논문

고상두, "통일 25주년 동서독 사회통합에 대한 경제적 평가", 『국가안보와 전략』제15

권 제4호, 통권 제60호 (2015)

기석도, "주요 OECD 국가의 소득세부담에 관한 비교분석", 『산업경제연구』 제33권 제5호(2020. 10)

김영조, "독일의 조세불복제도", 『사회과학연구』 제21권 (2005)

김은영, "통일비용 관련 기존 연구자료", 『KDI북한경제리뷰』(2010. 8)

노영돈 · 최영춘, "홍콩기본법에 관한 연구", 『법학논총』 제31권 제4호(2014. 12)

박성진 · 선은정, "통일세와 조세부담에 관한 연구", 『회계와 정책연구』 제16권 제4호 (2011. 12)

박유현, "북한의 민주개혁과 탈식민적 조세제도의 형성, 1945~1949", 『현대북한연구』, 제20권 제2호(2017. 8)

_____, "북한의 조세정치와 세금제도 폐지, 1945~1974", 북한대학원대학교 박사학위논문, 2013

박재옥 · 오용식, "개혁개방에 대비한 북한의 조세법제 정비의 문제(중국의 WTO가입의 경험을 참고하여)", 법제처(2002. 11)

박종수, "통일세 신설의 필요성과 방향에 대한 법적 검토", 『공법연구』 제39집 제2호 (2010)

박종수, "통일재정법제연구(II)", 『재정법제연구』 제12권 제18호(2012. 6)

박진, "북한재정의 현황과 추이", 『정책보고서』 제94권 제23호(1994. 9)

백권호, "중공의 자본 및 기술도입 추이와 전망" 『연구보고서』 제45호(1985. 3)

서보혁 · 김일한 · 송영훈 · 손유나, "문재인 정부의 2018 대북정책방향", 북한연구학회(2018. 5)

안동인, "북한의 투자보장협정 및 이중과세방지협정연구", 『법학논문집』 제42권 제3호(2018)

안창남, "개성공업지구와 세금", 『조세법연구』 제11권 제2호(2005)

양용모, "평화리더십과 한반도신경제구상 (문재인 정부의 남북교류협력을 중심으로)", 『한국과 국제사회』 제3권 제2호(2019. 가을)

염명배 · 유일호, "독일과 한국의 통일비용 및 통일재원 비교연구", 한국재정학회 (2011)

오윤, "개성공단에 대한 이중과세 방지합의서 적용방안" 『조세학술논집』 제2집 제2호(2008)

_____, "개성공단에 대한 이중과세방지합의서 적용방안", 『조세학술논집』 제24집 제2호(2008)

이영대, "사유화(privatization)를 넘어서 안정화(stabilization)로 – 통독 법제통합 과정에서 발생한 분쟁 판례를 중심으로 –", 남북법제연구소(2011)

이재권, "통일세 도입의 적정성에 관한 연구", 한남대학교 대학원 박사학위논문, 2012

이재권 · 심석무, "통일세 도입방안에 관한 고찰", 『경영연구』 제30집(2011. 12)

이효원, "통일비용의 법률적 쟁점", 『재정법제 이슈페이퍼』 제11권 제15호(2011)

이효원 · 한동훈, "통일재정법제연구(I)", 한국법제연구원(2012. 6)

전상진 · 강지원 · 원진실, "통일에 대비한 한국의 통일비용 재원조달방안에 관한 논의–독일의 통일비용의 재원조달과 문제점을 중심으로–", 『한 · 독 사회과학논총』 제17권 제3호(2007. 겨울)

정연부, "한국형 일국양제의 특징 및 북한법제에의 적용 방안", 『공법연구』 제46권 제4호(2018. 6)

정찬우, "북한주민의 남한재산 상속 시 세제상 거주자 지위 여부와 과세문제", 『조세연구』 제18권 제4호(2018. 12)

정태현, "중국의 경제특구의 성격과 결과에 관한 연구", 성균관대학교 석사학위논문, 1994

조정찬, "한시법에 관한 연구", 『법제연구』 제15호(1998. 12)

주예진, "대북경제제재 현황과 그 효과에 관한 연구", 중앙대학교 석사학위논문, 2020

최정욱, "북한의 세금제도 폐지와 재도입 가능성에 관한 연구", 『조세연구』 제19권 제3호(2019. 9)

_____, "북한 세금관련 법제의 시기별 변화에 관한 연구", 북한대학원대학교 박사학위 논문, 2020

하연섭, "독일통일과 재정개혁: 통일비용, 예산제도 및 지방재정제도 개편을 중심으로", 『사회과학논집』 제29집(1998)

한상국, "개성공단 투자활성화를 위한 조세제도 개선방안", 북한법연구 제15호(2013)

_____, "입주기업 경영활동 지원을 위한 조세제도 연구", 한국조세연구원(2006. 8)

_____, "체제 전환기 중국 조세정책과 북한에의 시사점", 한국조세연구원(2003. 12)

한상국 · 김진수, "개성공단과 중국 경제특구 조세법제의 비교연구", 한국조세연구원(2006. 12)

홍종현, "남북협력기금법의 주요 쟁점 및 개정소요 분석", 『통일법제 이슈페이퍼』 제
5호(2020. 9)

3. 헌법재판소 · 대법원 판례 등

헌법재판소 1989. 7. 21. 선고 89헌마38 결정
헌법재판소 1990. 9. 3. 선고 89헌가95 결정
헌법재판소 1998. 12. 24. 선고 98헌가1 결정
헌법재판소 2002. 8. 29. 선고 2001헌가24 결정
헌법재판소 2003. 7. 24. 선고 2000헌바28 결정
헌법재판소 2004. 7. 15. 선고 2002헌바42 결정
헌법재판소 2004. 10. 28. 선고 2002헌바70 결정
헌법재판소 2005. 3. 31. 선고2003헌가20 결정
헌법재판소 2005. 6. 30. 선고 2003헌바114 결정
헌법재판소 2006. 7. 27. 선고 2004헌바68 결정
헌법재판소 2007. 12. 27. 선고 2006헌바25 결정
헌법재판소 2008. 2. 28. 선고 2006헌바70 결정
헌법재판소 2008. 11. 13. 선고 2006헌자112 결정
헌법재판소 2008. 11. 27. 선고 2007헌마860 전원재판부
헌법재판소 2009. 3. 26. 선고 2006헌바102 결정
헌법재판소 2010. 10. 28. 선고 2009헌바67 결정
헌법재판소 2011. 10. 25. 선고 2010헌바57 결정
대법원 2012. 10. 11. 선고 2012두12532 판결

4. 기타자료

국가예산정책처(이종후), "2019 대한민국 지방재정", 국회예산정책처, 2019
남북교류협력단, 『2020 국민통일의식조사』, 한국방송, 2020
통일교육원, 『통일문제이해』, 통일교육원, 2019

II. 해외문헌

1. 단행본

Birk, Steuer und Wirtschaft (StuW), 2000

Bock, Der Steuerberater (StB), 2007

Drenseck, EStG, 26. Aufl. 2007

Schuster, Eric, Solidaritätszuschlag und Solidarpakt (Perspektiven für den „Aufbau Ost" nach 2019), Hamburg, Diplomica Verlag GmbH 2015

Hey, Deutschen Steuerjuristischen Gesellschaft (DStJG Sonderband), 2001

Hidien · Tehler, Die Steuerberater Woche (StBW), 2010

Tipke, Klaus · Lang, Joachim, Steuerrecht, ottoschmidt, 2018

Müller–Franken, Berliner Kommentar zum GG, Stand Febr. 2008

Rekow, KStG mit Nebenbestimmungen, Std. Dez. 2007, SolZG 1995

Siegel · Bareis, Strukturen der Besteuerung, 4. Aufl. 2004

Streck · Binnewies, Der Betrieb (DB), 2007

Sureth, Steuerreform und Übergangsprobleme bei Beteiligungsinvestitionen, 1. Aufl. 2006

金子 宏,『租税法』第二十三版, 弘文堂, 2019

2. 논문

Bareis, Zur Verfassungsmäßigkeit des Körperschaftsteuer–Moratoriums, DStRE 2007

Broer, Michael, Die Besteuerung von gewerblichen und nicht gewerblichen Personenunternehmen im Lichte der Reform des Solidaritätszuschlags, dfv Mediengruppe, Frankfurt am Main, BB 2020

Cord Grefe · Steuerberater · Schweich · Trier, Auswirkungen des Solidaritätszuschlags auf die Dividendenbesteuerung, Verlag Recht und Wirtschaft, Frankfurt, BB 1995

Dötsch, Ewald, Solidaritätszuschlag zur Körperschaftsteuer ab 1995, Verlag Dr. Otto Schmidt, Köln, GmbHR 1994

Hartmann · Rainer, Solidarity surcharge: survey of wages, INF 1995

Heidemann · Otto, Solidaritätszuschlag und Ausschüttungspolitik, INF 1991

Heinstein, Ralf · Hohenheim, Realisierung des Guthabens aus Körperschaftsteuer und Solidaritätszuschlag (!) nach § 37 Abs. 5 KStG, DStR 2008

Hilgers, Dennis · Holly, Isabelle, Die Verfassungskonformität des Solidaritätszuschlags, DB 2010

Hoch, Veronica, Verfassungsrechtliche Fragen des Solidaritätszuschlags: Abschaffen, abschmelzen oder beibehalten?, DStR 2018

Holly, Isabelle · Hilgers, Dennis, Die Verfassungskonformität des Solidaritätszuschlags, LSK 2010

Höppner, Dino · Schewe, Martin, Die Folgen des Gesetzesvorhabens zur Rückführung des Solidaritätszuschlags – eine betriebswirtschaftliche Steuerwirkungsanalyse, Verlag Dr. Otto Schmidt, Köln, FR 2019

Kube, Hanno, Verfassungsrechtliche Problematik der fortgesetzten Erhebung des Solidaritätszuschlags, DStR 2017

Lindberg, Klaus, Solidaritätszuschlags, 142. EL Juni 2018

Orth · Manfred, Solidaritätszuschlag: Renaissance einer Doppelbelastung von Dividenden, DB 1991

Papier, Hans−Jürgen, Solidaritätszuschlag abschaffen?, Zeitschrift für rechtspolitik (ZRP, Journal of legal policy) 2018

Plenker, Literatur z. B. · Jürgen, The charging of the solidarity surcharge in the wage tax deduction process, BB 1995

Rödder · Thomas, Belastungs−und Gestaltungswirkungen des geplanten Solidaritätszuschlags, DB 1991

Rohde · Geschwandtner, Ist das Solidaritätszuschlaggesetz 1995 verfassungswidrig?, NJW 2006

Rüter, Monika · Reinhardt, Michael, Die Belastungswirkungen des Solidaritätszuschlages 1995, DStR 1994

Schult · Eberhard · Hundsdoerfer · Jochen, Solidaritätszuschlag 1995 − Nur teilweise geglückte 'mittelbare Anrechnung' beim Dividendenempfänger, DB 1994

Steuern, Wissenschaftlicher Beirat, Verfassungskonformität und Zukunft des Solidaritätszuschlags − auch unter Berücksichtigung der Diskussion um den Abbau der kalten Progression, DStR 2014

Tappe, Henning · Trier, Solidaritätszuschlag abschaffen?, ZRP 2018

Wernsmann, Teilabschaffung des Solidaritätszuschlags verfassungsmäßig?, NJW 2018

3. 연방대법원 · 연방재정법원 · 주 재정법원 판례 등

BFH−Beschluss v. 28. 6. 2006, VII B 324/05, BFHE 213, 573, BStBl II 2006, 692, DStR2006

BFH−Beschluss vom 24. 07. 2008 II B 38/08, BFH/NV 2008, 1817, betr. Solidaritätszuschlag für 1995 bis 2001

BFH−Urteil v. 27. 9. 2006, X R 25/04, BFHE 215, 176, BStBl II 2007, 694, DStR 2007

BFH−Urteil vom 11. August 1999 − XI R 77/97, BStBl. 1999 II

BFH−Urteil vom 21. 07. 2011 II R 50/09, BFH/NV 2011

BFH 24. 7. 2008 − II B 38/08

BFH 28. 6. 2006 − VII B 324/05

BFH v. 28. 2. 1996, XI R 83, 84/94, BFH/NV 1996

BFH XR 51/06 v. 11.2.09

BGBl I 1991, 1318, BStBl I 1991, 640, zum Solidaritätszuschlag für 1991 und 1992

BGBl I 1997, 2743, BStBl I 1997

BStBl II 1972, 408, NJW 1972, 757 i. S. des Artikel 105 Abs. 2 Nr. 2 GG i. d. F. vor der Änderung durch das Finanzreformgesetz (FRefG) v. 12. 5. 1969 (BGBl I 1969, 359)

Bundestags—Drucksache ("BT—Drs.") 5/2087

BT—Drs 12/4401: BT—Drs. 12/220: BT—Drs. 14/2683

BVerfG—Beschluss in BVerfGE 115, 97, DStR 2006

BVerfG—Beschluss in BVerfGE 116, 164, DStR 2006

BVerfG—Beschluss in BVerfGE 32, 333, BStBl II 1972, 408, NJW 1972

BFH—Beschluss in BFHE 213, 573, BStBl II 2006, 692, DStR 2006

BVerfG—Beschluss in NJW 2000

BVerfG—Beschluss v. 11. 1. 2005, 2 BvR 167/02, BVerfGE 112, 164, DStR 2005

BVerfG—Beschluss v. 15. 1. 2008, 1 BvL 2/04, BVerfGE 120, 1, DStRE 2008,
     1003, m. w. N.

BVerfG—Beschluss v. 15. 12. 1970, 1 BvR 559, 571, 586/70, BVerfGE 29, 402,
     BStBl II 1971, 39, NJW 1971

BVerfG—Beschluss v. 18. 1. 2006, 2 BvR 2194/99, BVerfGE 115, 97, DStR
     2006

BVerfG—Beschluss v. 19. 11. 1999, 2 BvR 1167/96, NJW 2000

BVerfG—Beschluss v. 21. 6. 2006, 2 BvL 2/99, BVerfGE 116, 164, DStR 2006

BVerfG—Beschluss v. 8. 6. 2004, 2 BvL 5/00, BVerfGE 110, 412, BeckRS 2004

BVerfG—Beschluss v. 9. 2. 1972, 1 BvL 16/69, BVerfGE 32

BVerfG—Beschluss vom 08. 09. 2010 2 BvL 3/10, BFH/NV 2010

BVerfG—Beschluss vom 18. 01. 2006 2 BvR 2194/99, BVerfGE 115

BVerfG—Beschluss vom 22. 06. 1995 2 BvL 37/91, BVerfGE 93

BVerfG—Beschlüsse vom 09. 02. 1972 1 BvL 16/69

BVerfG (1999); Artikel 15 Ma ß stG (2001)

BVerfG Beschluss in BVerfGE 115, 97, DStR 2006

BVerfG Beschluss in BFH / NV 2010, 2217, unter II.2.b

BVerfG v. 11. 02. 2008 — 2 BvR 1708/06

BVerfG v. 4. 11. 2010, 1 BvR 1981/07, NVwZ—RR 2011

BVerfG, Beschluss der 1. Kammer des Zweiten Senats vom 8. September
     2010 — 2 BvL 3/10 — Rn. (1 — 20),

BVerfG, Beschluss vom 18. Januar 2006 - 2 BvR 2194/99

BVerfG, Beschluss vom 22. Juni 1995 − 2 BvL 37/91

BVerfG, Neue Juristische Wochenschrift (NJW) 2006, S. 1191; vgl. Oliver Sauer, Abschied vom Halbteilungsgrundsatz, Forum Recht 2006

DStRE 2010, 1061: DStRE 2011, 92: DStRE 2014

FG Köln 13. Senat, 14. Januar 2010

FG Münster 1. Senat, 8. Dezember 2009

FG Niedersachen v. 21. 8. 2013 − 7 K 143/08.

FG Niedersachsen 25. 11. 2009 − 7 K 143/08

FG Niedersachsen 27. 5. 2010 − 12 V 58/10

FG Nürnberg 25. 9. 2014 − 4 K 273/12

FG Saarland 20. 10. 2009 − 2 K 1260/07

Niedersächsisches Finanzgericht 7. Senat, 25. November 2009

III. 기타자료

Bundesministerium der Finanzen, Finanzbericht 2003, Bonn, 2002.

http://kosis.kr/statisticsList/statisticsListIndex.do?menuId=M_02_01_01&vwcd=MT_RTITLE&parmTabId=M_02_01_01#SelectStatsBoxDiv

http://world.moleg.go.kr/web/wli/lgslInfoReadPage.do?A=A&searchType=all&searchPageRowCnt=10&CTS_SEQ=11496&AST_SEQ=385&searchNtnl=DE&searchLgslCode=

http://world.moleg.go.kr/web/wli/nationReadPage.do?ISO_NTNL_CD=HK

http://www.bverfg.de/e/lk20100908_2bvl000310.html

https://www.lawmaking.go.kr/lmKnlg/jdgStd/info?astSeq=40&astClsCd=

http://www.mofa.go.kr/www/wpge/m_4058/contents.do

https://beck−online.beck.de

https://kosis.kr/bukhan/nkAnals/selectNkAnalsList.do?menuId=M_02_01

https://nkinfo.unikorea.go.kr/nkp/openapi/NKStats.do

https://stats.nts.go.kr/national/major_detail.asp?year=2019&catecode=A02001#

https://taxsummaries.pwc.com/ID/Germany-Corporate-Taxes-on-corporate-income

https://taxsummaries.pwc.com/ID/Hong-Kong

https://taxsummaries.pwc.com/ID/Hong-Kong-Overview

https://taxsummaries.pwc.com/ID/Peoples-Republic-of-China-Corporate-Taxes-on-corporate-income

https://www.bgbl.de

https://www.haufe.de/personal/entgelt/entwurf-zur-teilweisen-abschaffung-des-solidaritaetszuschlags_78_497972.html

https://www.haufe.de/personal/entgelt/entwurf-zur-teilweisen-abschaffung-des-solidaritaetszuschlags_78_497972.html

https://www.irs.gov/newsroom/tax-quotes

https://www.kidmac.or.kr/ko/index

PricewaterhouseCoopers, International tax summaries 2018/2019 tax treaties

Pwc, Worldwide tax summaries Corporate taxes 2018/19

Statistisches Jahrbuch 2010 für die Bundesrepublik Deutschland

ABSTRACT

A Study on Phase-in of the Reunification Tax Legislation

Article 4 of the Constitution stipulates that "the Republic of Korea aims for reunification and establishes and implements a policy for peaceful reunification based on the basic order of free democracy." According to a government poll, although there are some differences between generations, most people generally agree that reunification should be realized one day. Also, the public recognizes the provision of reunification funds as the most important preparation for reunification.

Reunification funds can be raised through the Inter-Korean Cooperation Fund, levies, issuance of government bonds, or loan and fund-raising campaigns, but the introduction of the Reunification Tax is most appropriate from a legal perspective. The Reunification Tax is a tax that can be imposed and collected repeatedly, so it can secure reunification funds stably.

The National Assembly proposed a bill to legislate a Reunification Tax in 2010, but it was scrapped due to the expiration of the deadline. Germany introduced a Solidarity Tax in 1991 to finance a surge in fiscal demand after reunification. Germany's Solidarity Tax system has much to suggest in introducing our Reunification Tax. Therefore, in this paper, the taxation system of Germany was considered from a comparative legal point of view.

The basis of the legislative bill of the Reunification Tax Act is Article 4 of the Constitution, and the basis for the introduction of the Solidarity Tax is Article 106 of the Basic Act on Germany. The bill to legislate the Reunification Tax Law does not violate the main content of tax legalism. However, using the unclear concept of the preparation process for reunification in this legislative bill may violate clarity. In the case of Germany, legal issues have been raised constantly over the possible unconstitutionality of the Solitarity tax.

The legislative bill of the Reunification Tax Act stipulated that individuals and corporations and the tax rates imposed on inheritance and gift taxes were different. However, in itself, it does not infringe on the right to equality as stipulated in Article 11 of the Constitution. This is because if there is a reasonable reason for discrimination based on taxpayers' ability to borrow money, it is allowed. In the case of Germany, the Federal Constitutional Court once decided that the fact that the Solidarity Tax is imposed on a corporation's tax exemption alone cannot be unconstitutional. This is because individuals and corporations have different legal status and tax burden rates.

The Reunification Tax legislation bill and the method of levying the Solidarity Tax are the same in the form of taxation. Under the unique authority of the legislator, an independent tax system is also possible. The Reunification Tax legislation bill did not set a deadline for imposing the Reunification Tax. Germany's Solidarity Tax was temporarily introduced in 1991 shortly after reunification but was reintroduced in 1995 and is still being imposed. The term of imposition is subject to change of circumstances and does not immediately violate the Constitution just because there is no matter concerning the period of imposition.

According to the interpretation of Articles 23, 38 and 59 of the Constitution, it cannot be regarded as an infringement of property rights due to the imposition of a Reunification Tax. According to the interpretation of the provisions of Article 14 of the Basic Law of Germany, the Solidarity Tax does not constitute an infringement of property rights.

Along with the Reunification Tax Act, the Reunification Tax Management Special Account Act was proposed simultaneously as a measure to utilize tax revenues collected by the imposition of the Reunification Tax. Germany used the settlement system. Taxes collected by the imposition of the Solidarity Tax were used as financial resources to bridge the financial gap between East and West Germany.

The implications of comparing the Reunification Tax legislation bill with the legal issues of the Solidarity Tax are as follows:

First, the legislative purpose and legal nature of the Reunification Tax should be clarified. The legal grounds that can be imposed not only at the post-reunification stage but also at the pre-reunification stage should be clearly defined.

Second, the creation of a new tax system inevitably results in infringing on the value of an individual's income or property. It should not be overlooked that there is room for dispute over property rights infringement when introducing the Reunification Tax. The determination of the tax base and tax rate depends on the legislative discretion of the legislative authority, but the infringement of the taxpayer's property rights shall be minimized so that the tax burden does not violate the Constitution's rules of overpayment.

In addition, the government will make legislative adjustments to prevent a sharp increase in taxpayers' tax burden upon the introduction of the Reunification Tax, noting that Germany had regulations such as "Tax free amount" and "Maginal section" when it enacted the Solitarity taxation law in 1995.

Thirdly, taxation is based on the constitutional principle of taxation. The case should be workable and clear. The Reunification Tax should also be legislated in accordance with the constitutional principle of tax legislation, namely, legalism, and clarifications.

Fourth, the creation of a new Reunification Tax could lead to disputes over the right to taxation equality, but it will be dissolved according to the Constitutional Court's precedent.

Fifth, the German Solidarity Tax was enacted in the form of surtax. When the Reunification Tax is newly established, the additional tax or the independent tax system can be selected as a tax-bearing method. In terms of tax acceptance, the surtax method is reasonable in the pre-reunification stage and the independent tax method after reunification.

Sixth, matters concerning the timing and time limit of the Reunification

Tax are also major issues. The legislative intent and appurtenances of the Reunification Tax Act shall contain the relevant regulations. The German Solidarity Tax was introduced shortly after reunification. The Reunification Tax can also be imposed on reunification wars in terms of preparing for reunification. Given that taxation is a statute enacted to meet public financial needs, the deadline for imposing the Reunification Tax may be until the legislative purpose is achieved.

Seventh, the government should also study ways to secure reunification funds other than the Reunification Tax. In this case, the approach shall be taken from the complementary perspective of the Reunification Tax. Other means of securing reunification funds other than Reunification Tax include raising value–added tax and individual consumption tax, the inter–Korean cooperation fund, the reunification fund, levies, issuance of government bonds, overseas capital, and the introduction of reconstruction funds by international organizations, lottery issuance, sale of state–owned assets, and the campaign to raise public funds.

The Reunification Tax should be introduced step by step to meet the government's reunification theory.

First of all, a new Reunification support tax will be established in the reconciliation and cooperation phase. The purpose of using the name "Reunification support tax" at this point in the reconciliation and cooperation stage will be more likely to be accepted by taxpayers in terms of the purpose or legitimacy of legislation. Next, at the inter–Korean joint stage, the reunification support tax will be converted into a Reunification Tax. And when it reaches the stage of complete reunification, it transforms the Reunification Tax into an independent tax and expands the scope of taxation.

The imposition of the Reunification Tax should secure the reunification funds, while continuing efforts for multilateral exchanges between the two Koreas at this point in line with the government's reunification theory.

The Kaesong industrial zone, where South Korean companies were operating in, is an area that has become a point of contact between South and North Korea. The tax regulations for the Kaesong Industrial District and the enforcement rules of the same Act apply to the Kaesong Industrial District. On December 16, 2000, the South and the North prepared the Agreement on Investment Guarantee between the two Koreas. The agreement was drawn up to protect the investment of the other investors and to provide favorable conditions for investment in order to promote economic exchanges and cooperation between the two Koreas.

The government has been continuously making efforts to identify problems in the legislative procedures of the enforcement rules applied to the Kaesong Industrial District and to come up with measures to improve them. The government ordered research services to that effect from the private sector in 2017. It aims to come up with ways to develop the complex in case inter-Korean relations move forward in the future.

In order to boost economic exchanges between the two Koreas, the government should identify problems with laws and tax systems applied to the Kaesong industrial zone and find improvements. In addition, the implementation rules of the Kaesong Industrial Zone, which the North unilaterally legislated, should be prepared to improve the future progress of inter-Korean relations.

Research on tax regulations for the Kaesong industrial zone will also be considered in line with the government's step-by-step reunification theory. Specifically, the reconciliation and cooperation phase propose to revise and supplement the tax system to be applied to the Kaesong industrial zone in North Korea based on the agreement on investment guarantee between the two Koreas.

Economic exchanges between the two Koreas will be smooth if they reach the inter-Korean joint stage on the premise of reunification. During this period, improvement measures for the North Korean tax system could be proposed in a direct manner. It is recommended that the North Korean Constitution establish a new provision on taxation that applies to foreigners or foreign investors, and that the "Foreign Investment Companies and Foreign Taxes Act" revise and supplement the definition provisions, the basic principles of the tax law, the tax relief system, and the rational calculation of tax penalties.

North Korea has recently shown a willingness to reform and open up its economy. The government is also pushing for the resumption of operations in the Kaesong industrial zone from a future−oriented perspective.

Although the U.N. Security Council's sanctions on North Korea and third−party sanctions are still in effect, inter−Korean relations can change at any time depending on political and economic changes. The two Koreas are expected to eventually move on to the process of unity through reconciliation and cooperation and joint steps. The procurement of reunification funds is essential for laying the foundation for reunification. In this sense, the introduction of the Reunification Tax should be legislated as soon as possible. Furthermore, studies on the North Korean tax system, which is related to the inter−Korean investment guarantee agreement, should continue without a hitch.

Complementary tasks for this study include the revision or supplementation of the Reunification Tax Management Special Account Act or the Inter−Korean Cooperation Fund Act, a tax on how to utilize the Reunification Tax.

Key word: **Reunification Assistance Tax, Reunification Tax, German Solidarity Tax, China and Hong Kong Tax System, North Korean tax system**

부록

별첨 1 연대부가세법(1991년 신설법률)

Solidaritätszuschlaggesetz (SolZG)

SolZG Ausfertigungsdatum: 24.06.1991

Vollzitat:

"Solidaritätszuschlaggesetz vom 24. Juni 1991 (BGBl. I S. 1318), das durch Artikel 19 des Gesetzes vom 25.

Februar 1992 (BGBl. I S. 297) geändert worden ist"

Stand: Geändert durch Art. 19 G v. 25.2.1992 I 297

Fu ß note

(+++ Textnachweis Geltung ab: 28.6.1991 +++)

Das G wurde als Art. 1 d. G v. 24.6.1991 I 1318 (SolG) vom Bundestag beschlossen. Es ist gem. Art. 6 dieses G

am 28.6.1991 in Kraft getreten.

§ 1 Erhebung eines Solidaritätszuschlags

Zur Einkommensteuer und zur Körperschaftsteuer wird ein Solidaritätszuschlag als Ergänzungsabgabe erhoben.

§ 2 Abgabepflicht Abgabepflichtig sind

1. natürliche Personen, die nach § 1 des Einkommensteuergesetzes

einkommensteuerpflichtig sind,

2. Körperschaften, Personenvereinigungen und Vermögensmassen, die nach § 1 oder § 2 des Körperschaftsteuergesetzes körperschaftsteuerpflichtig sind, es sei denn, die jeweilige Steuerpflicht hat vor dem 14. Mai 1991 geendet.

§ 3 Bemessungsgrundlage

(1) Der Solidaritätszuschlag bemißt sich vorbehaltlich Absatz 2,

1. soweit eine Veranlagung zur Einkommensteuer vorzunehmen ist:

nach der für die Veranlagungszeiträume 1991 und 1992 festgesetzten Einkommensteuer;

2. soweit eine Veranlagung zur Körperschaftsteuer vorzunehmen ist:

nach der für die Veranlagungszeiträume 1991 und 1992 festgesetzten positiven Körperschaftsteuer;

3. soweit Vorauszahlungen zur Einkommensteuer oder Körperschaftsteuer zu leisten sind:

nach den im Zeitraum vom 1. Juli 1991 bis 30. Juni 1992 zu leistenden Vorauszahlungen für die Kalenderjahre 1991 und 1992;

4. soweit Lohnsteuer zu erheben ist:

nach der Lohnsteuer, die

a) vom laufenden Arbeitslohn zu erheben ist, der für einen nach dem 30. Juni 1991 und vor dem 1. Juli 1992 endenden Lohnzahlungszeitraum gezahlt wird,

b) von sonstigen Bezügen zu erheben ist, die nach dem 30. Juni 1991 und vor dem 1. Juli 1992 zufließen;

5. soweit ein Lohnsteuer-Jahresausgleich durchzuführen ist:

nach der Jahreslohnsteuer für die Ausgleichsjahre 1991 und 1992;

6. soweit Kapitalertragsteuer zu erheben ist außer in den Fällen des § 44d des Einkommensteuergesetzes:

nach der im Zeitraum vom 1. Juli 1991 bis 30. Juni 1992 zu erhebenden Kapitalertragsteuer;

7. soweit bei beschränkt Steuerpflichtigen ein Steuerabzugsbetrag nach §

50a des Einkommensteuergesetzes zu erheben ist:

nach dem im Zeitraum vom 1. Juli 1991 bis 30. Juni 1992 zu erhebenden Steuerabzugsbetrag.

Ein Service des Bundesministeriums der Justiz und für Verbraucherschutz sowie des Bundesamts für Justiz — www.gesetze—im—internet.de— Seite 2 von 2 —

(2) § 51a Abs. 2 des Einkommensteuergesetzes ist nicht anzuwenden. Steuerermäßigungen nach den §§ 21 und 26 des Berlinförderungsgesetzes mindern die Bemessungsgrundlage nicht.

§ 4 Tarifvorschriften

Der Solidaritätszuschlag beträgt in den Fällen

1. des § 3 Abs. 1 Nr. 1, 2 und 5 3,75 vom Hundert,
2. des § 3 Abs. 1 Nr. 3, 4, 6 und 7 7,5 vom Hundert

der Bemessungsgrundlage. Bruchteile eines Pfennigs bleiben außer Ansatz.

§ 5 Doppelbesteuerungsabkommen

Werden auf Grund eines Abkommens zur Vermeidung der Doppelbesteuerung im Geltungsbereich dieses Gesetzes erhobene Steuern vom Einkommen ermäßigt, so ist diese Ermäßigung zuerst auf den Solidaritätszuschlag zu beziehen.

별첨 2   연대부가세법(1995년 제정법률 2002년 기준)

Bekanntmachung der Neufassung des
Solidaritätszuschlaggesetzes 1995
Vom 15. Oktober 2002

Auf Grund des Artikels 15 des Fünften Gesetzes zur Änderung des Steuer—
beamten—Ausbildungsgesetzes und zur Änderung von Steuergesetzen vom
23. Juli 2002 (BGBl. I S. 2715) wird nachstehend der Wortlaut des Solidaritäts—
zuschlaggesetzes 1995 in der seit dem 27. Juli 2002 geltenden Fassung
bekannt gemacht. Die Neufassung berücksichtigt:

1. das am 27. Juni 1993 in Kraft getretene Gesetz vom 23. Juni 1993 (BGBl.
I S. 944, 975),

2. den am 30. Dezember 1993 in Kraft getretenen Artikel 21 des Gesetzes
vom 21. Dezember 1993 (BGBl. I S. 2310),

3. den am 21. Oktober 1995 in Kraft getretenen Artikel 4 des Gesetzes vom 11.
Oktober 1995 (BGBl. I S. 1250),

4. den am 1. Januar 1996 in Kraft getretenen Artikel 3 des Gesetzes vom 18.
Dezember 1995 (BGBl. I S. 1959),

5. den am 29. November 1997 in Kraft getretenen Artikel 1 des Gesetzes
vom 21. November 1997 (BGBl. I S. 2743),

6. den am 1. Januar 2001 in Kraft getretenen Artikel 4 des Gesetzes vom 23.
Oktober 2000 (BGBl. I S. 1433),

7. den am 1. Januar 2002 in Kraft getretenen Artikel 6 des Gesetzes vom 19.
Dezember 2000 (BGBl. I S. 1790), der vor seinem Inkrafttreten durch Artikel 35
Nr. 5 des Gesetzes vom 20. Dezember 2001 (BGBl. I S. 3794) geändert worden ist,

8. den am 1. Januar 2001 in Kraft getretenen Artikel 2 des Gesetzes vom 21.
Dezember 2000 (BGBl. I S. 1978),

9. den am 1. Januar 2002 in Kraft getretenen Artikel 4 des Gesetzes vom 16.
August 2001 (BGBl. I S. 2074),

10. den am 23. Dezember 2001 in Kraft getretenen Artikel 5 des Gesetzes vom 20. Dezember 2001 (BGBl. I S. 3794),

11. den am 27. Juli 2002 in Kraft getretenen Artikel 12 des Gesetzes vom 23. Juli 2002 (BGBl. I S. 2715).

§ 1 Erhebung eines Solidaritätszuschlags

(1) Zur Einkommensteuer und zur Körperschaftsteuer wird ein Solidari tätszuschlag als Ergänzungsabgabe erho— ben.

(2) Auf die Festsetzung und Erhebung des Solidaritäts—zuschlags sind die Vor schriften des Einkommensteuer— gesetzes und des Körperschaftsteuergesetzes entspre— chend anzuwenden.

(3) Ist die Einkommen— oder Körperschaftsteuer für Ein— künfte, die dem Steuerabzug unterliegen, durch den Steuerabzug abgegolten oder werden solche Einkünfte bei der Veranlagung zur Einkommen— oder Körper— schaftsteuer oder beim Lohnsteuer—Jahresausgleich nicht erfasst, gilt dies für den Solidaritätszuschlag entspre— chend.

(4) Die Vorauszahlungen auf den Solidaritätszuschlag sind gleichzeitig mit den festgesetzten Vorauszahlungen auf die Einkommensteuer oder Körperschaftsteuer zu ent— richten; § 37 Abs. 5 des Einkommensteuergesetzes ist nicht anzuwenden. Solange ein Bescheid über die Voraus— zahlungen auf den Solidaritätszuschlag nicht erteilt wor— den ist, sind die Vorauszahlungen ohne besondere Auf— forderung nach Maßgabe der für den Solidaritätszuschlag geltenden Vorschriften zu entrichten. § 240 Abs. 1 Satz 3 der Abgabenordnung ist insoweit nicht anzuwenden;

§ 254 Abs. 2 der Abgabenordnung gilt insoweit sinn— gemäß.

(5) Mit einem Rechtsbehelf gegen den Solidaritäts— zuschlag kann weder die Bemessungsgrundlage noch die Höhe des zu versteuernden Einkommens angegriffen wer— den. Wird die Bemessungsgrundlage geändert, ändert sich

der Solidaritätszuschlag entsprechend.

§ 2 Abgabepflicht Abgabepflichtig sind

1. natürliche Personen, die nach § 1 des Einkommen— steuergesetzes einkommensteuerpflichtig sind,

2. natürliche Personen, die nach § 2 des Auß ensteuer— gesetzes erweitert beschränkt steuerpflichtig sind,

3. Körperschaften, Personenvereinigungen und Vermö— gensmassen, die nach § 1 oder § 2 des Körper— schaftsteuergesetzes körperschaftsteuerpflichtig sind

§ 3 Bemessungsgrundlage und zeitliche Anwendung

(1) Der Solidaritätszuschlag bemisst sich vorbehaltlich der Absätze 2 bis 5,

1. soweit eine Veranlagung zur Einkommensteuer oder Körperschaftsteuer vorzunehmen ist:

nach der nach Absatz 2 berechneten Einkommen— steuer oder der festgesetzten Körperschaftsteuer für Veranlagungszeiträume ab 1998, vermindert um die anzurechnende oder vergütete Körperschaftsteuer, wenn ein positiver Betrag verbleibt;

2. soweit Vorauszahlungen zur Einkommensteuer oder Körperschaftsteuer zu leisten sind:

nach den Vorauszahlungen auf die Steuer für Veranla— gungszeiträume ab 2002;

3. soweit Lohnsteuer zu erheben ist:

nach der nach Absatz 2a berechneten Lohnsteuer für

a) laufenden Arbeitslohn, der für einen nach dem 31. Dezember 1997 endenden Lohnzahlungszeit— raum gezahlt wird,

b) sonstige Bezüge, die nach dem 31. Dezember 1997 zuflie ß en;

4. soweit ein Lohnsteuer—Jahresausgleich durchzuführen ist, nach der nach Absatz 2a sich ergebenden Jahres— lohnsteuer für Ausgleichsjahre ab 1998;

5. soweit Kapitalertragsteuer oder Zinsabschlag zu erhe— ben ist au ß er in

den Fällen des § 43b des Einkommen− steuergesetzes:

nach der ab 1. Januar 1998 zu erhebenden Kapital− ertragsteuer oder dem ab diesem Zeitpunkt zu erhe− benden Zinsabschlag;

6. soweit bei beschränkt Steuerpflichtigen ein Steuer− abzugsbetrag nach § 50a des Einkommensteuergeset− zes zu erheben ist:

nach dem ab 1. Januar 1998 zu erhebenden Steuer− abzugsbetrag.

(2)   Bei der Veranlagung zur Einkommensteuer ist Be− messungsgrundlage für den Solidaritätszuschlag die Ein− kommensteuer, die abweichend von § 2 Abs. 6 des Ein− kommensteuergesetzes unter Berücksichtigung von Frei− beträgen nach § 32 Abs. 6 des Einkommensteuergesetzes in allen Fällen des § 32 des Einkommensteuergesetzes festzusetzen wäre.

(2a) Beim Steuerabzug vom Arbeitslohn ist Bemes− sungsgrundlage die Lohnsteuer; beim Steuerabzug vom laufenden Arbeitslohn und beim Jahresausgleich ist die Lohnsteuer ma ß gebend, die sich ergibt, wenn der nach

§ 39b Abs. 2 Satz 6 des Einkommensteuergesetzes zu versteuernde Jahresbetrag für die Steuerklassen I, II und III im Sinne des § 38b des Einkommensteuergesetzes um den Kinderfreibetrag von 3 648 Euro sowie den Freibetrag für den Betreuungs− und Erziehungs− oder Ausbildungs− bedarf von 2 160 Euro und für die Steuerklasse IV im Sinne des § 38b des Einkommensteuergesetzes um den Kinder− freibetrag von 1 824 Euro sowie den Freibetrag für den Betreuungs− und Erziehungs− oder Ausbildungsbedarf von 1 080 Euro für jedes Kind vermindert wird, für das eine Kürzung der Freibeträge für Kinder nach § 32 Abs. 6 Satz 4 des Einkommensteuergesetzes nicht in Betracht kommt.

(3) Der Solidaritätszuschlag ist von einkommensteuer− pflichtigen Personen nur zu erheben, wenn die Bemes− sungsgrundlage nach Absatz 1 Nr. 1 und 2

1. in den Fällen des § 32a Abs. 5 oder 6 des Einkommen− steuergesetzes 1 944 Euro,

2. in anderen Fällen 972 Euro übersteigt.

(4) Beim Abzug vom laufenden Arbeitslohn ist der Soli- daritätszuschlag nur zu erheben, wenn die Bemessungs- grundlage im jeweiligen Lohnzahlungszeitraum

1. bei monatlicher Lohnzahlung

a) in der Steuerklasse III mehr als 162 Euro und

b) in den Steuerklassen I, II, IV bis VI mehr als 81 Euro,

2. bei wöchentlicher Lohnzahlung

a) in der Steuerklasse III mehr als 37,80 Euro und

b) in den Steuerklassen I, II, IV bis VI mehr als 18,90 Euro,

3. bei täglicher Lohnzahlung

a) in der Steuerklasse III mehr als 5,40 Euro und

b) in den Steuerklassen I, II, IV bis VI mehr als 2,70 Euro

beträgt. § 39b Abs. 4 des Einkommensteuergesetzes ist sinngemäß anzuwenden.

(5) Beim Lohnsteuer-Jahresausgleich ist der Solida- ritätszuschlag nur zu ermitteln, wenn die Bemessungs- grundlage in Steuerklasse III mehr als 1 944 Euro und in den Steuerklassen I, II oder IV mehr als 972 Euro beträgt.

§ 4 Zuschlagsatz

Der Solidaritätszuschlag beträgt 5,5 vom Hundert der Bemessungsgrundlage. Er beträgt nicht mehr als 20 vom Hundert des Unterschiedsbetrags zwischen der Bemes- sungsgrundlage und der nach § 3 Abs. 3 bis 5 jeweils maßgebenden Freigrenze. Bruchteile eines Cents bleiben außer Ansatz.

§ 5 Doppelbesteuerungsabkommen

Werden auf Grund eines Abkommens zur Vermeidung der Doppelbesteuerung im Geltungsbereich dieses Gesetzes erhobene Steuern vom Einkommen ermäßigt, so ist diese Ermäßigung zuerst auf den Solidaritäts- zuschlag zu beziehen.

§ 6 Anwendungsvorschrift

(1) § 2 in der Fassung des Gesetzes vom 18. Dezember 1995 (BGBl. I S. 1959) ist ab dem Veranlagungszeitraum 1995 anzuwenden.

(2) Das Gesetz in der Fassung des Gesetzes vom 11. Oktober 1995 (BGBl. I S. 1250) ist erstmals für den Veranlagungszeitraum 1996 anzuwenden.

(3) Das Gesetz in der Fassung des Gesetzes vom 21. November 1997 (BGBl. I S. 2743) ist erstmals für den Veranlagungszeitraum 1998 anzuwenden.

(4) Das Gesetz in der Fassung des Gesetzes vom 23. Oktober 2000 (BGBl. I S. 1433) ist erstmals für den Ver− anlagungszeitraum 2001 anzuwenden.

(5) Das Gesetz in der Fassung des Gesetzes vom 21. Dezember 2000 (BGBl. I S. 1978) ist erstmals für den Veranlagungszeitraum 2001 anzuwenden.

(6) Das Solidaritätszuschlaggesetz 1995 in der Fassung des Artikels 6 des Gesetzes vom 19. Dezember 2000 (BGBl. I S. 1790) ist erstmals für den Veranlagungszeit− raum 2002 anzuwenden.

(7) § 1 Abs. 2a in der Fassung des Gesetzes zur Rege− lung der Bemessungsgrundlage für Zuschlagsteuern vom

21. Dezember 2000 (BGBl. I S. 1978, 1979) ist letztmals für den Veranlagungs zeitraum 2001 anzuwenden.

(8) § 3 Abs. 2a in der Fassung des Gesetzes zur Rege− lung der Bemessungsgrundlage für Zuschlagsteuern vom

21. Dezember 2000 (BGBl. I S. 1978, 1979) ist erstmals für den Veranlagungs zeitraum 2002 anzuwenden.

별첨 3 연대부가세법(1995년 제정법률 2019년 개정)

Solidaritätszuschlaggesetz 1995(SolzG 1995)

SolzG 1995

Ausfertigungsdatum: 23.06.1993

Vollzitat:

"Solidaritätszuschlaggesetz 1995 in der Fassung der Bekanntmachung vom 15. Oktober 2002 (BGBl. I S. 4130), das zuletzt durch Artikel 1 des Gesetzes vom 10. Dezember 2019 (BGBl. I S. 2115) geändert worden ist"

<u>Stand:</u>   Neugefasst durch durch Bek. v. 15.10.2002 I 4130;
            zuletzt geändert durch Art. 5 G v. 29.11.2018 I 2210

<u>Hinweis:</u> Änderung durch Art. 72 G v. 20.11.2019 I 1626 (Nr. 41) mWv 26.11.2019 textlich nachgewiesen, dokumentarisch noch nicht abschließend bearbeitet
Änderung durch Art. 1 G v. 10.12.2019 I 2115 (Nr. 46) mWv 13.12.2019 textlich nachgewiesen, dokumentarisch noch nicht abschließend bearbeitet

Fußnote

(+++ Textnachweis ab: 27.6.1993 +++)

(+++ Zur Anwendung vgl. § 6 +++)

Überschrift: Legalabkürzung eingef. durch Bek. v. 15.10.2002 I 4130 mWv 27.7.2002

Das G wurde als Artikel 31 G 105-16 v. 23.6.1993 I 944 vom Bundestag mit Zustimmung des Bundesrates beschlossen. Es ist gem. Art. 43 Abs. 1 dieses G am 27.6.1993 in Kraft getreten.

§ 1 Erhebung eines Solidaritätszuschlags

(1) Zur Einkommensteuer und zur Körperschaftsteuer wird ein Solidaritätszuschlag als Ergänzungsabgabe
erhoben.

(2) Auf die Festsetzung und Erhebung des Solidaritätszuschlags sind die Vorschriften des
Einkommensteuergesetzes mit Ausnahme des § 36a des Einkommensteuergesetzes und des
Körperschaftsteuergesetzes entsprechend anzuwenden. Wird die Einkommen- oder Körperschaftsteuer im Wege des Steuerabzugs erhoben, so dürfen die zu diesem Zweck verarbeiteten personenbezogenen Daten auch für die Erhebung des Solidaritätszuschlags im Wege des Steuerabzugs verarbeitet werden.

(3) Ist die Einkommen- oder Körperschaftsteuer für Einkünfte, die dem Steuerabzug unterliegen, durch den Steuerabzug abgegolten oder werden solche Einkünfte bei der Veranlagung zur Einkommen- oder Körperschaftsteuer oder beim Lohnsteuer-Jahresausgleich nicht erfasst, gilt dies für den Solidaritätszuschlag entsprechend.

(4) Die Vorauszahlungen auf den Solidaritätszuschlag sind gleichzeitig mit den festgesetzten Vorauszahlungen auf die Einkommensteuer oder Körperschaftsteuer zu entrichten; § 37 Abs. 5 des Einkommensteuergesetzes ist nicht anzuwenden. Solange ein Bescheid über die Vorauszahlungen auf den Solidaritätszuschlag nicht erteilt worden ist, sind die Vorauszahlungen ohne besondere Aufforderung nach Ma ß gabe der für den
Solidaritätszuschlag geltenden Vorschriften zu entrichten. § 240 Abs. 1 Satz 3 der Abgabenordnung ist insoweit nicht anzuwenden; § 254 Abs. 2 der Abgabenordnung gilt insoweit sinngemä ß.

(5) Mit einem Rechtsbehelf gegen den Solidaritätszuschlag kann weder die Bemessungsgrundlage noch die Höhe des zu versteuernden Einkommens angegriffen werden. Wird die Bemessungsgrundlage geändert, ändert sich

der Solidaritätszuschlag entsprechend.

§ 2 Abgabepflicht

Abgabepflichtig sind

1. natürliche Personen, die nach § 1 des Einkommensteuergesetzes einkommensteuerpflichtig sind,

2. natürliche Personen, die nach § 2 des Auß ensteuergesetzes erweitert beschränkt steuerpflichtig sind,

3. Körperschaften, Personenvereinigungen und Vermögensmassen, die nach § 1 oder § 2 des

   Körperschaftsteuergesetzes körperschaftsteuerpflichtig sind.

§ 3 Bemessungsgrundlage und zeitliche Anwendung

(1) Der Solidaritätszuschlag bemisst sich vorbehaltlich der Absätze 2 bis 5,

1. soweit eine Veranlagung zur Einkommensteuer oder Körperschaftsteuer vorzunehmen ist:

   nach der nach Absatz 2 berechneten Einkommensteuer oder der festgesetzten Körperschaftsteuer für Veranlagungszeiträume ab 1998, vermindert um die anzurechnende oder vergütete Körperschaftsteuer, wenn ein positiver Betrag verbleibt;

2. soweit Vorauszahlungen zur Einkommensteuer oder Körperschaftsteuer zu leisten sind: nach den Vorauszahlungen auf die Steuer für Veranlagungszeiträume ab 2002;

3. soweit Lohnsteuer zu erheben ist:

   nach der nach Absatz 2a berechneten Lohnsteuer für

   a) laufenden Arbeitslohn, der für einen nach dem 31. Dezember 1997 endenden Lohnzahlungszeitraum gezahlt wird,

   b) sonstige Bezüge, die nach dem 31. Dezember 1997 zuflie ß en;

4. soweit ein Lohnsteuer—Jahresausgleich durchzuführen ist, nach der nach Absatz 2a sich ergebenden Jahreslohnsteuer für Ausgleichsjahre

ab 1998;

5. soweit Kapitalertragsteuer oder Zinsabschlag zu erheben ist auß er in den Fällen des § 43b des Einkommensteuergesetzes:
nach der ab 1. Januar 1998 zu erhebenden Kapitalertragsteuer oder dem ab diesem Zeitpunkt zu erhebenden Zinsabschlag;

6. soweit bei beschränkt Steuerpflichtigen ein Steuerabzugsbetrag nach § 50a des Einkommensteuergesetzes zu erheben ist:
nach dem ab 1. Januar 1998 zu erhebenden Steuerabzugsbetrag.

(2) Bei der Veranlagung zur Einkommensteuer ist Bemessungsgrundlage für den Solidaritätszuschlag die Einkommensteuer, die abweichend von § 2 Abs. 6 des Einkommensteuergesetzes unter Berücksichtigung von Freibeträgen nach § 32 Abs. 6 des Einkommensteuergesetzes in allen Fällen des § 32 des Einkommensteuergesetzes festzusetzen wäre.

(2a) Vorbehaltlich des § 40a Absatz 2 des Einkommensteuergesetzes ist beim Steuerabzug vom Arbeitslohn Bemessungsgrundlage die Lohnsteuer; beim Steuerabzug vom laufenden Arbeitslohn und beim Jahresausgleich ist die Lohnsteuer maß gebend, die sich ergibt, wenn der nach § 39b Absatz 2 Satz 5 des Einkommensteuergesetzes zu versteuernde Jahresbetrag für die Steuerklassen I, II und III im Sinne des § 38b des Einkommensteuergesetzes um den Kinderfreibetrag von 4 980 Euro sowie den Freibetrag für den Betreuungsund Erziehungs− oder Ausbildungsbedarf von 2 640 Euro und für die Steuerklasse IV im Sinne des § 38b des Einkommensteuergesetzes um den Kinderfreibetrag von 2 490 Euro sowie den Freibetrag für den Betreuungsund Erziehungs−oder Ausbildungsbedarf von 1 320 Euro für jedes Kind vermindert wird, für das eine Kürzung der Freibeträge für Kinder nach § 32 Absatz 6 Satz 4 des Einkommensteuergesetzes nicht in Betracht kommt. Bei der Anwendung des § 39b des Einkommensteuergesetzes für die Ermittlung des Solidaritätszuschlages ist die als Lohnsteuerabzugsmerkmal gebildete Zahl der Kinderfreibeträge ma ß gebend. Bei Anwendung des § 39f des Einkommensteuergesetzes ist beim Steuerabzug vom laufenden Arbeitslohn die Lohnsteuer ma ß gebend, die sich bei Anwendung des nach § 39f Abs. 1 des Einkommensteuergesetzes ermittelten Faktors auf den nach den Sätzen 1 und 2 ermittelten Betrag ergibt.

(3) Der Solidaritätszuschlag ist von einkommensteuerpflichtigen Personen nur zu erheben, wenn die Bemessungsgrundlage nach Absatz 1 Nummer 1 und 2, vermindert um die Einkommensteuer nach § 32d Absatz 3 und 4 des Einkommensteuergesetzes,

1. in den Fällen des § 32a Absatz 5 und 6 des Einkommensteuergesetzes 33 912 Euro,

2. in anderen Fällen 16 956 Euro

übersteigt. Auf die Einkommensteuer nach § 32d Absatz 3 und 4 des Einkommensteuergesetzes ist der Solidaritätszuschlag ungeachtet des Satzes 1 zu erheben.

(4) Beim Abzug vom laufenden Arbeitslohn ist der Solidaritätszuschlag nur zu erheben, wenn die Bemessungsgrundlage im jeweiligen Lohnzahlungszeitraum

1. bei monatlicher Lohnzahlung

    a) in der Steuerklasse III mehr als 2 826 Euro und

    b) in den Steuerklasse I, II, IV bis VI mehr als 1 413 Euro,

2. bei wöchentlicher Lohnzahlung

    a) in der Steuerklasse III mehr als 659,40 Euro und

    b) in den Steuerklassen I, II, IV bis VI mehr als 329,70 Euro,

3. bei täglicher Lohnzahlung

    a) in der Steuerklasse III mehr als 94,20 Euro und

    b) in den Steuerklassen I, II, IV bis VI mehr als 47,10 Euro

beträgt.

(4a) Beim Abzug von einem sonstigen Bezug ist der Solidaritätszuschlag nur zu erheben, wenn die Jahreslohnsteuer im Sinne des § 39b Absatz 3 Satz 5 des Einkommensteuergesetzes unter Berücksichtigung des Kinderfreibetrags und des Freibetrags für den Betreuungs- und Erziehungs- oder Ausbildungsbedarf für jedes Kind entsprechend den Vorgaben in Absatz 2a folgende Beträge übersteigt:

1.   in den Steuerklassen I, II, IV bis VI 16 956 Euro und

2.   in der Steuerklasse III 33 912 Euro.

Die weiteren Berechnungsvorgaben in § 39b Absatz 3 des Einkommensteuergesetzes finden Anwendung.

(5) Beim Lohnsteuer-Jahresausgleich ist der Solidaritätszuschlag nur zu ermitteln, wenn die

Bemessungsgrundlage in Steuerklasse III mehr als 33 912 Euro und in den Steuerklassen I, II oder IV mehr als 16 956 Euro beträgt.

Fu ß note

(+++ § 3 Abs. 2a: Zur Anwendung vgl. § 6 Abs. 17 u. 18 +++)

§ 4 Zuschlagsatz

Der Solidaritätszuschlag beträgt 5,5 Prozent der Bemessungsgrundlage. Er beträgt nicht mehr als 11,9 Prozent des Unterschiedsbetrages zwischen der Bemessungsgrundlage, vermindert um die Einkommensteuer nach § 32d Absatz 3 und 4 des Einkommensteuergesetzes, und der nach § 3 Absatz 3, 4 und 5 jeweils maßgebenden Freigrenze. Bruchteile eines Cents bleiben außer Ansatz. Der Solidaritätszuschlag auf die Einkommensteuer nach § 32d Absatz 3 und 4 des Einkommensteuergesetzes und auf die Lohnsteuer nach § 39b Absatz 3 des Einkommensteuergesetzes beträgt ungeachtet des Satzes 2 5,5 Prozent.

§ 5 Doppelbesteuerungsabkommen

Werden auf Grund eines Abkommens zur Vermeidung der Doppelbesteuerung im Geltungsbereich dieses Gesetzes erhobene Steuern vom Einkommen ermäßigt, so ist diese Ermäßigung zuerst auf den Solidaritätszuschlag zu beziehen.

§ 6 Anwendungsvorschrift

(1) § 2 in der Fassung des Gesetzes vom 18. Dezember 1995 (BGBl. I S. 1959) ist ab dem Veranlagungszeitraum 1995 anzuwenden.

(2) Das Gesetz in der Fassung des Gesetzes vom 11. Oktober 1995 (BGBl. I S. 1250) ist erstmals für den Veranlagungszeitraum 1996 anzuwenden.

(3) Das Gesetz in der Fassung des Gesetzes vom 21. November 1997 (BGBl. I S. 2743) ist erstmals für denVeranlagungszeitraum 1998 anzuwenden.

(4) Das Gesetz in der Fassung des Gesetzes vom 23. Oktober 2000 (BGBl. I S. 1433) ist erstmals für den Veranlagungszeitraum 2001 anzuwenden.

(5) Das Gesetz in der Fassung des Gesetzes vom 21. Dezember 2000 (BGBl. I S. 1978) ist erstmals für den Veranlagungszeitraum 2001 anzuwenden.

(6) Das Solidaritätszuschlaggesetz 1995 in der Fassung des Artikels 6 des Gesetzes vom 19. Dezember 2000 (BGBl. I S. 1790) ist erstmals für den Veranlagungszeitraum 2002 anzuwenden.

(7)§ 1 Abs. 2a in der Fassung des Gesetzes zur Regelung der Bemessungsgrundlage für Zuschlagsteuern vom 21. Dezember 2000 (BGBl. I S. 1978, 1979) ist letztmals für den Veranlagungszeitraum 2001 anzuwenden.

(8) § 3 Abs. 2a in der Fassung des Gesetzes zur Regelung der Bemessungsgrundlage für Zuschlagsteuern vom 21. Dezember 2000 (BGBl. I S. 1978, 1979) ist erstmals für den Veranlagungszeitraum 2002 anzuwenden.

(9) § 3 in der Fassung des Artikels 7 des Gesetzes vom 20. Dezember 2007 (BGBl. I S. 3150) ist erstmals für den Veranlagungszeitraum 2008 anzuwenden.

(10) § 3 in der Fassung des Artikels 5 des Gesetzes vom 22. Dezember 2008 (BGBl. I S. 2955) ist erstmals für den Veranlagungszeitraum 2009 anzuwenden.

(11) § 3 in der Fassung des Artikels 9 des Gesetzes vom 22. Dezember 2009 (BGBl. I S. 3950) ist erstmals für den Veranlagungszeitraum 2010 anzuwenden.

(12) § 3 Absatz 3 und § 4 in der Fassung des Artikels 31 des Gesetzes vom 8. Dezember 2010 (BGBl. I S. 1768) sind erstmals für den Veranlagungszeitraum 2011 anzuwenden. Abweichend von Satz 1 sind § 3 Absatz 3 und § 4 in der Fassung des Artikels 31 des Gesetzes vom 8. Dezember 2010 (BGBl. I S. 1768) auch für die Veranlagungszeiträume 2009 und 2010 anzuwenden, soweit sich dies zu Gunsten des Steuerpflichtigen auswirkt.

(13) § 3 Absatz 2a Satz 2 in der Fassung des Artikels 6 des Gesetzes vom 7. Dezember 2011 (BGBl. I S. 2592) ist erstmals für den Veranlagungszeitraum 2012 anzuwenden.

(14) § 3 Absatz 2a Satz 1 in der am 23. Juli 2015 geltenden Fassung ist erstmals anzuwenden auf laufenden Arbeitslohn, der für einen nach dem 30. November 2015 endenden Lohnzahlungszeitraum gezahlt wird, und auf sonstige Bezüge, die nach dem 30. November 2015 zufließen. Bei der Lohnsteuerberechnung auf laufenden Arbeitslohn, der für einen nach dem 30. November 2015, aber vor dem 1. Januar 2016 endenden täglichen, wöchentlichen und monatlichen Lohnzahlungszeitraum gezahlt wird, ist zu berücksichtigen, dass § 3 Absatz 2a Satz 1 in der am 23. Juli 2015 geltenden Fassung bis zum 30. November 2015 nicht angewandt wurde (Nachholung). Das Bundesministerium der Finanzen hat dies im Einvernehmen mit den obersten Finanzbehörden der Länder bei der Aufstellung und Bekanntmachung der entsprechenden Programmablaufpläne zu berücksichtigen (§ 52 Absatz 32a Satz 3 des Einkommensteuergesetzes).

(15) § 3 Absatz 2a in der am 1. Januar 2016 geltenden Fassung ist erstmals auf den laufenden Arbeitslohn anzuwenden, der für einen nach dem 31. Dezember 2015 endenden Lohnzahlungszeitraum gezahlt wird, und auf sonstige Bezüge, die nach dem 31. Dezember 2015 zufließen.

(16) Das Gesetz in der Fassung des Gesetzes vom 19. Juli 2016 (BGBl. I S. 1730) ist erstmals für den Veranlagungszeitraum 2016 anzuwenden.

(17) § 3 Absatz 2a in der am 1. Januar 2017 geltenden Fassung ist erstmals auf den laufenden Arbeitslohn anzuwenden, der für einen nach dem 31. Dezember 2016 endenden Lohnzahlungszeitraum gezahlt wird, und auf sonstige Bezüge, die nach dem 31. Dezember 2016 zufließen.

(18) § 3 Absatz 2a in der am 1. Januar 2018 geltenden Fassung ist erstmals auf den laufenden Arbeitslohn anzuwenden, der für einen nach dem 31. Dezember 2017 endenden Lohnzahlungszeitraum gezahlt wird, und auf sonstige Bezüge, die nach dem 31. Dezember 2017 zufließen.

(19) § 3 Absatz 2a in der am 1. Januar 2019 geltenden Fassung ist erstmals auf den laufenden Arbeitslohn anzuwenden, der für einen nach dem 31. Dezember 2018 endenden Lohnzahlungszeitraum gezahlt wird, und auf sonstige Bezüge, die nach dem 31. Dezember 2018 zufließen.

(21) § 3 Absatz 3 und § 4 Satz 2 in der Fassung des Gesetzes vom 10. Dezember 2019 (BGBl. I S. 2115) sind erstmals im Veranlagungszeitraum 2021 anzuwenden. § 3 Absatz 4 und 4a und § 4 Satz 2 und 4 in der Fassung des Gesetzes vom 10. Dezember 2019 (BGBl. I S. 2115) sind erstmals auf den laufenden Arbeitslohn anzuwenden, der für einen nach dem 31. Dezember 2020 endenden Lohnzahlungszeitraum gezahlt wird, und auf sonstige Bezüge, die nach dem 31. Dezember 2020 zufließen. § 3 Absatz 5 in der Fassung des Gesetzes vom 10. Dezember 2019 (BGBl. I S. 2115) ist beim Lohnsteuer-Jahresausgleich durch den Arbeitgeber (§ 42b des Einkommensteuergesetzes) erstmals für das Ausgleichsjahr 2021 anzuwenden.

별첨 4   BFH_ Verfassungsma ß igkeit des Solidaritatszuschlags (연방재정법원판결문 원문)

BFH: Verfassungsmä ß igkeit des
Solidaritätszuschlags

Verfassungsmä ß igkeit des Solidaritätszuschlags

SolZG §§ 1 ff.; GG Art. 2 Abs. 1, Art. 3 Abs. 1, Art. 14 Abs. 1, Art. 19 Abs. 3, Art. 20 Abs. 2 und Abs. 3, Art. 105 Abs. 2, Art. 106 Abs. 1 Nr. 6 und Abs. 3; EStG 2007 § 35

Die Erhebung des Solidaritätszuschlags zur Körperschaftsteuer für 2007 ist verfassungsgemä ß .

BFH, Urteil vom 21. 7. 2011 − II R 52/10 (FG Köln 14. 1. 2010 13 K 1287/09)DStRE 2010, 1061

Sachverhalt:

1 I. Die Kl. und Revisionsklägerin (Kl.) ist eine GmbH. Der Beklagte und Revisionsbeklagte (das FA) setzte im Bescheid v. 20. 1. 2009 gegenüber der Kl. den Solidaritätszuschlag für 2007 ausgehend von der als Bemessungsgrundlage ma ß gebenden Körperschaftsteuer auf ⋯ € fest.

2 Einspruch und Klage, mit denen die Kl. geltend machte, die Erhebung des Solidaritätszuschlags sei verfassungswidrig, blieben ohne Erfolg. Das Urteil des FG Köln v. 14. 1. 2010, 13 K 1287/09 ist in DStRE 2010, 1061 veröffentlicht.

3 Mit der Revision rügt die Kl. die Verletzung von Art. 3 Abs. 1, Art. 14 Abs. 1, Art. 20 Abs. 2 und 3, Art. 105 Abs. 2 und Art. 106 Abs. 1 Nr. 6 GG. Der als Ergänzungsabgabe erhobene Solidaritätszuschlag habe spätestens im Jahr 2005 seine verfassungsmä ß ige Berechtigung verloren. Die immanente

Befristung des Solidaritätszuschlags ergebe sich aus dem ursprünglichen Gesetzeszweck. An einen Fortbestand des Solidaritätszuschlags über das Jahr 2005 hinaus sei nicht gedacht gewesen. Deshalb sei das Solidaritätszuschlaggesetz 1995 i. d. F. des Gesetzes zur Umsetzung des Föderalen Konsolidierungsprogramms v. 23. 6. 1993 (BGBl I 1993, 944, 975, BStBl I 1993, 510, 523) sowie der Neufassung v. 15. 10. 2002 (BGBl I 2002, 4130, BStBl I 2002, 1154) und der Änderung durch das JStG 2007 v. 13. 12. 2006 (BGBl I 2006, 2878, BStBl I 2007, 28) - SolZG - für das Streitjahr 2007 verfassungswidrig.

4 Die Kl. beantragt, die Vorentscheidung und den Bescheid über den Solidaritätszuschlag für 2007 v. 20. 1. 2009 sowie die Einspruchsentscheidung v. 20. 3. 2009 aufzuheben.

5 Das FA beantragt, die Revision als unbegründet zurückzuweisen.

Gründe:

6 II. Die Revision ist unbegründet und war deshalb nach § 126 Abs. 2 FGO zurückzuweisen. Das FG hat die Festsetzung des Solidaritätszuschlags für das Streitjahr 2007 zutreffend als rechtmäß ig angesehen. Das SolZG in der für den Veranlagungszeitraum

2007 geltenden Fassung ist nicht verfassungswidrig. Eine Anrufung des BVerfG gemäß Art. 100 Abs. 1 Satz 1 GG ist nicht geboten.

Solidaritätszuschlag als Ergänzungsabgabe zur Einkommen— und Körperschaftsteuer

7 1. Nach § 1 SolZG wird zur Einkommensteuer und zur Körperschaftsteuer ein Solidaritätszuschlag als Ergänzungsabgabe erhoben. Der Solidaritätszuschlag bemisst sich, soweit eine Veranlagung zur Einkommensteuer oder Körperschaftsteuer vorzunehmen ist, grundsätzlich nach der nach § 3 Abs. 2 SolZG berechneten Einkommensteuer oder der festgesetzten

Körperschaftsteuer für Veranlagungszeiträume ab 1998, vermindert um die anzurechnende oder vergütete Körperschaftsteuer, wenn ein positiver Betrag verbleibt (§ 3 Abs. 1 Nr. 1 SolZG). Der Solidaritätszuschlag beträgt 5,5 % der Bemessungsgrundlage (§ 4 Satz 1 SolZG).

8 Zwischen den Beteiligten ist unstreitig, dass der gegenüber der Kl. festgesetzte Solidaritätszuschlag für 2007 den einfachgesetzlichen Bestimmungen des SolZG entspricht.

SolZG verfassungsgemäß zustande gekommen

9 2. Die angefochtenen Vorschriften des SolZG verstoßen nicht gegen Art. 2 Abs. 1 GG. Das Grundrecht, nur aufgrund solcher Vorschriften mit einem Nachteil belastet zu werden, die formell und materiell verfassungsgemäß sind (vgl. BVerfG–Beschluss v. 15. 12. 1970, 1 BvR 559, 571, 586/70, BVerfGE 29, 402, BStBl II 1971, 39, NJW 1971, 319), gilt zwar auch für die Kl. als juristische Person (Art. 19 Abs. 3 GG). Eine Verletzung dieses Grundrechts liegt aber nicht vor. Das SolZG ist verfassungsgemäß zustande gekommen. Die Gesetzgebungskompetenz des Bundes umfasst die Erhebung des Solidaritätszuschlags als Ergänzungsabgabe in Höhe von 5,5 % der Bemessungsgrundlage für Veranlagungszeiträume ab 1998.

10 a) Der Bund hat die konkurrierende Gesetzgebung über die Steuern (mit Ausnahme der Zölle und Finanzmonopole), wenn ihm das Aufkommen dieser Steuern ganz oder zum Teil zusteht (Art. 105 Abs. 2 GG). Da nach Art. 106 Abs. 1 Nr. 6 GG dem Bund das Aufkommen der Ergänzungsabgabe zur Einkommensteuer und zur Körperschaftsteuer zusteht, hat er hierfür auch die Gesetzgebungshoheit.

Bei einer „Ergänzungsabgabe" handelt es sich um eine „Steuer vom Einkommen"

11 b) Der Begriff der Ergänzungsabgabe ist im Grundgesetz nicht definiert.

Nach der verfassungsgerichtlichen Rechtsprechung (vgl. BVerfG–Beschluss v. 9. 2. 1972, 1 BvL 16/69, BVerfGE 32, 333, BStBl II 1972, 408, NJW 1972, 757) handelt es sich bei der Ergänzungsabgabe um eine „Steuer vom Einkommen" i. S. des Art. 105 Abs. 2 Nr. 2 GG i. d. F. vor der Änderung durch das Finanzreformgesetz (FRefG) v. 12. 5. 1969 (BGBl I 1969, 359). Nach dieser mit Wirkung ab 1. 1. 1970 geänderten Vorschrift hatte der Bund die konkurrierende Gesetzgebung über die Steuern vom Einkommen, Vermögen, von Erbschaften und Schenkungen. Im Rahmen der Neufassung durch das FRefG wurde Art. 105 Abs. 2 GG durch die bis heute geltende Generalklausel ersetzt; der Bund hat jetzt die konkurrierende Gesetzgebung über die „übrigen" Steuern (vgl. Vogel/ Walter, in: Dolzer/Vogel/Gra ß hof (Hg.), Bonner Kommentar zum GG, Art. 105 Rz. 6). Daraus ergibt sich jedoch keine Änderung für die Einordnung der Ergänzungsabgabe als Steuer vom Einkommen. Auch der Einleitungssatz des Art. 106 Abs. 1 GG, nach dem der Ertrag der Finanzmonopole und das Aufkommen der folgenden „Steuern" dem Bund zustehen, deutet darauf hin, dass die in Art. 106 Abs. 1 Nr. 6 GG genannte Ergänzungsabgabe eine Steuer ist. Der aufgrund des SolZG v. 24. 6. 1991 (BGBl I 1991, 1318, BStBl I 1991, 640) erhobene Solidaritätszuschlag für die Veranlagungszeiträume 1991 und 1992 ist ebenfalls als (verfassungsgemä ß e) Steuer angesehen worden (vgl. Urteil des BFH v. 28. 2. 1996, XI R 83, 84/94, BFH/NV 1996, 712, die Verfassungsbeschwerde wurde im BVerfG–Beschluss v. 19. 11. 1999, 2 BvR 1167/96, NJW 2000, 797, nicht zur Entscheidung angenommen).

Einführung einer Ergänzungsabgabe unterliegt gewissen Einschränkungen

12 c) Die Zuständigkeit des Bundes nach Art. 105 Abs. 2 GG zur Einführung einer Ergänzungsabgabe als einer besonderen Steuer vom Einkommen unterliegt jedoch wegen des Charakters einer solchen Abgabe gewissen Einschränkungen. Der Bund darf unter der Bezeichnung "Ergänzungsabgabe" keine Steuer einführen, die den erkennbaren Vorstellungen des Verfassungsgebers zur

Ergänzungsabgabe widerspricht (vgl. BVerfG–Beschluss in BVerfGE 32, 333, BStBl II 1972, 408, NJW 1972, 757). Insbesondere darf durch die Ergänzungsabgabe das finanzielle Ausgleichssystem zulasten der Länder nicht verändert werden. Der Bund ist deshalb nicht berechtigt, eine Ergänzungsabgabe einzuführen, die wegen ihrer Ausgestaltung, vor allem wegen ihrer Höhe die Bund und Ländern gemeinschaftlich zustehende Einkommen– und Körperschaftsteuer (Art. 106 Abs. 3 Sätze 1 und 2 GG) aushöhlen würde (vgl. BVerfG–Beschluss in BVerfGE 32, 333, BStBl II 1972, 408, NJW 1972, 757).

Solidaritätszuschlag als Ergänzungsabgabe entspricht den verfassungsrechtlichen Anforderungen

13 d) Mit dem Erlass des SolZG hat der Bund seine Gesetzgebungszuständigkeit nicht überschritten. Der als Ergänzungsabgabe (vgl. § 1 Abs. 1 SolZG) für Veranlagungszeiträume ab 1998 erhobene Solidaritätszuschlag entspricht den Anforderungen, die verfassungsrechtlich an eine Ergänzungsabgabe zu stellen sind (vgl. BFH–Beschluss v. 28. 6. 2006, VII B 324/05, BFHE 213, 573, BStBl II 2006, 692, DStR 2006, 1362, betr. Solidaritätszuschlag für 2002, die Verfassungsbeschwerde wurde im BVerfG–Beschluss v. 11. 2. 2008, 2 BvR 1708/06, DStZ 2008, 229, BeckRS 2008, 35233, nicht zur Entscheidung angenommen; BFH–Beschlüsse v. 24. 7. 2008, II B 38/08, BFH/NV 2008, 1817, BeckRS 2008, 25013871, betr. Solidaritätszuschlag für 1995 bis 2001; und v. 28. 4. 2009, I B 199/08, BeckRS 2009, 25015187, nicht veröffentlicht, betr. Solidaritätszuschlag 2004; Urteil des FG Münster v. 8. 12. 2009, 1 K 4077/08 E, DStRE 2011, 92, betr. Solidaritätszuschlag 2007, rechtskräftig nach Rücknahme der Revision II R 20/10;
Hilgers/Holly, DB 2010, 1419; Hidien/Tehler, StBW 2010, 993, unter II.1.; Dötsch, in:
Dötsch/Jost/Pung/Witt, Kommentar zum KStG und EStG, SolZG, Rz. 2; Brinkmeier, in:

Gosch/Schwedhelm/Spiegelberger, GmbH–Beratung, KStG, Tz. 5 Solidaritätszuschlag; a. A. Beschluss des Niedersächsischen FG v. 25. 11. 2009, 7 K 143/08, DStR 2010, 854; Schemmel, Verfassungswidriger Solidaritätszuschlag, Karl–Bräuer–Institut des Bundes der Steuerzahler, Heft 102, 2008).

14 aa) Durch die Erhebung des Solidaritätszuschlags wird die Finanzordnung des Grundgesetzes nicht in verfassungswidriger Weise beeinträchtigt. Der Zuschlagsatz, der bei der (erneuten) Einführung des Solidaritätszuschlags zunächst 7,5 % der Bemessungsgrundlage betrug (§ 4 Satz 1 SolZG in der für die Veranlagungszeiträume 1995 bis einschließlich 1997 geltenden Fassung), wurde ab dem Veranlagungszeitraum 1998 auf 5,5 % der Bemessungsgrundlage vermindert (vgl. § 4 Satz 1 i. V. m. § 6 Abs. 3 SolZG i. d. F. des Gesetzes zur Senkung des Solidaritätszuschlags v. 21. 11. 1997, BGBl I 1997, 2743, BStBl I 1997, 967). Damit ist der − auch für das Streitjahr 2007 geltende - Zuschlagsatz von 5,5 % nur geringfügig höher als die vom Bundesrat während der Beratungen des Finanzverfassungsgesetzes vergeblich angestrebte Begrenzung von Ergänzungsabgaben auf 5 % der Einkommen− und Körperschaftsteuer (vgl. BVerfG–Beschluss in BVerfGE 32, 333, BStBl II 1972, 408, NJW 1972, 757, m. w. N.).

Solidaritätszuschlag von 5,5 % ist verfassungsgemäß

15 Das BVerfG hat bisher noch nicht die Grenze festgelegt, bei der eine Ergänzungsabgabe eine verfassungswidrige Aushöhlung der Bund und Ländern nach Art. 106 Abs. 3 Satz 2 GG gemeinschaftlich zustehenden Steuern bewirken würde. In der Entscheidung des BVerfG in BVerfGE 32, 333, BStBl II 1972, 408, NJW 1972, 757 wird lediglich ausgeführt, durch eine Ergänzungsabgabe in Höhe von 3 % werde diese Grenze offensichtlich nicht überschritten. Die primär am Steuersatz messbare Aushöhlungsschwelle lässt sich nur schwer betragsmäßig bestimmen (vgl. Hidien, in: Dolzer/Vogel/Graßhof (Hg.), Bonner Kommentar zum GG, Art. 106 Rz. 1433). Eine Aushöhlung

der Bund und Ländern gemeinschaftlich zustehenden Einkommen- und Körperschaftsteuer setzt aber schon vom Begriff her eine schwerwiegende Belastung durch die dem Bund allein zustehende Ergänzungsabgabe voraus.

16 Der Solidaritätszuschlag i. S. des § 4 Satz 1 SolZG in Höhe von 5,5 % ist keine solche Belastung. Er steht in einem angemessenen Verhältnis zur Einkommen- und Körperschaftsteuer und ist damit verfassungsgemäß. Zum einen liegt der Zuschlagsatz nahe der vom Bundesrat ursprünglich vorgeschlagenen, letztendlich aber nicht durchgesetzten Begrenzung für Ergänzungsabgaben. Zum anderen knüpft der Solidaritätszuschlag an die Einkommensteuer oder Körperschaftsteuer als Bemessungsgrundlage an (§ 3 Abs. 1 Nr. 1 SolZG). Eine höhere Einkommen- oder Körperschaftsteuer führt also zu einem höheren Solidaritätszuschlag. Die unterschiedliche Beteiligung des Bundes am Aufkommen der Einkommen- und Körperschaftsteuer einerseits und des Solidaritätszuschlags andererseits bewirkt keine verfassungswidrige Benachteiligung der Länder. Dies belegen auch die kassenmäßigen Steuereinnahmen nach der Verteilung auf Bund, Länder und Gemeinden (Art. 106 Abs. 3 Sätze 1 und 2, Abs. 5 GG). So beliefen sich im Kalenderjahr 2007 die jeweiligen Einnahmen des Bundes und der Länder aus Lohn- und veranlagter Einkommensteuer - nach Abzug von Kindergeld - auf 66,640 Mrd. €, aus nicht veranlagten Steuern vom Ertrag und Körperschaftsteuer - nach Abzug von Erstattungen des Bundeszentralamts für Steuern - auf 18,360 Mrd. - und aus der Abgeltungsteuer auf 4,918 Mrd. €, also insgesamt jeweils auf 89,918 Mrd. €; die Einnahmen des Bundes aus dem Solidaritätszuschlag betrugen dagegen nur 12,349 Mrd. € (vgl. Statistisches Jahrbuch 2010 für die Bundesrepublik Deutschland, S. 578 f.). Auch wenn der Bund mit dem Solidaritätszuschlag erhebliche Einnahmen erhält, werden dadurch die Bund und Ländern gemeinschaftlich zustehenden Steuern nicht ausgehöhlt.

Die fehlende zeitliche Befristung des Solidaritätszuschlags ist verfassungsrechtlich nicht zu beanstanden

17 bb) Die fehlende zeitliche Befristung des Solidaritätszuschlags beim Erlass des SolZG ist verfassungsrechtlich nicht zu beanstanden. Denn es ist von Verfassungs wegen nicht geboten, eine Ergänzungsabgabe von vornherein zu befristen oder sie nur für einen kurzen Zeitraum zu erheben (vgl. BVerfG-Beschlüsse in BVerfGE 32, 333, BStBl II 1972, 408, NJW 1972, 757; v. 19. 11. 1999, 2 BvR 1167/96, NJW 2000, 797; v. 8. 9. 2010, 2 BvL 3/10, DStR 2010, 1982). Die Ergänzungsabgabe hat die Funktion, einen zusätzlichen Finanzbedarf des Bundes ohne Erhöhung der Verbrauchsteuern zu decken. Dadurch soll die Vorrangigkeit der Einkommen- und Körperschaftsteuer für die Finanzierung des öffentlichen Haushalts auch dann sichergestellt werden, wenn sich ein ausschließlicher Mehrbedarf des Bundes ergibt, für dessen Deckung die Erhöhung der Einkommen- und Körperschaftsteuer keine befriedigende Lösung darstellt und eine zusätzliche Anhebung der Verbrauchsteuern unerlässlich ist (vgl. BVerfG-Beschluss in NJW 2000, 797).

18 Der ab 1995 eingeführte Solidaritätszuschlag sollte zur Abdeckung der im Zusammenhang mit der deutschen Vereinigung entstandenen finanziellen Belastungen dienen (BT-Drs. 12/4401, S. 4 f., 51). In der Gesetzesbegründung wird hierzu ausgeführt, dass ein solidarisches finanzielles Opfer aller Bevölkerungsgruppen zur Finanzierung der Vollendung der Einheit Deutschlands unausweichlich sei. Deshalb werde mit Wirkung ab 1. 1. 1995 ein – mittelfristig zu überprüfender – Zuschlag zur Lohn-, Einkommen- und Körperschaftsteuer für alle Steuerpflichtigen vorgeschlagen. Dies sei auch unter dem Gesichtspunkt der Steuergerechtigkeit der richtige Lösungsweg. Der Zuschlag ohne Einkommensgrenzen belaste alle Steuerpflichtigen entsprechend ihrer Leistungsfähigkeit. Mehrfachbelastungen würden vermieden.

19 Die Angabe in der Gesetzesbegründung, dass der Solidaritätszuschlag wegen der Bewältigung der durch die Wiedervereinigung entstandenen Finanzierungslasten eingeführt werde, und die Auflistung der ab 1995 zu lösenden finanziellen Probleme mit einem Volumen i. H. von insgesamt 110 Mrd. DM (BT-Drs. 12/4401, S. 1 ff.) reichen aus, um darzustellen, dass auch ein ausschließ licher Mehrbedarf des Bundes zur Finanzierung der Lasten vorhanden war. Die Anforderungen an die Begründung sind insoweit nicht zu hoch zu stecken (vgl. Hidien, a. a. O., Art. 106 Rz. 1431). Es war deshalb nicht erforderlich, im Einzelnen anzugeben, welche konkreten Ausgaben mit den Einnahmen aus dem Solidaritätszuschlag finanziert werden und inwieweit andere Ma ß nahmen (z. B. die Neuverteilung der Umsatzsteueranteile) ebenfalls die vom Bund zu tragenden zusätzlichen Ausgaben abdecken sollten.

20 Der Entscheidung des BVerfG (in BVerfGE 32, 333, BStBl II 1972, 408, NJW 1972, 757) kann nicht entnommen werden, dass die Erhebung einer Ergänzungsabgabe nur dann zulässig ist, wenn ein Finanzbedarf für eine bestimmte Aufgabe ausschließ lich beim Bund und nicht zusätzlich bei den Ländern entsteht.

Solidaritätszuschlag dient der allgemeinen Einnahmeverbesserung, keine zweckgebundene Verwendung erforderlich

21 cc) Unerheblich ist, ob die Einnahmen aus dem Solidaritätszuschlag zweckgebunden für den „Aufbau Ost" verwendet wurden. Der Solidaritätszuschlag ist eine Steuer, die dem Bund zur Deckung seiner Ausgaben zur Verfügung steht. Die Entscheidung darüber, welche Aufgaben in Angriff genommen werden und wie sie finanziert werden sollen, gehört zur Gestaltungsfreiheit des Gesetzgebers, die sich grundsätzlich der gerichtlichen Nachprüfung entzieht (vgl. BVerfG-Beschluss in BVerfGE 32, 333, BStBl II 1972, 408, NJW 1972, 757). Au ß erdem wurde der Solidaritätszuschlag

nicht nur zur Finanzierung des Aufholprozesses in den neuen Bundesländern eingeführt. Er dient vielmehr der allgemeinen Einnahmeverbesserung zur Abdeckung der im Zusammenhang mit der Wiedervereinigung entstehenden Ausgaben; dazu gehören u. a. auch die sog. Erblastschulden (vgl. BT-Drs. 12/4401, S. 1 ff.).

22 dd) Der Begriff „Solidaritätszuschlag" ist — entgegen der Auffassung der Kl. — nicht irreführend, so dass die gesetzlichen Regelungen insoweit nicht unbestimmt sind (vgl. BVerfG-Beschluss v. 19. 11. 1999, 2 BvR 1167/96, NJW 2000, 797). Der Solidaritätszuschlag stellt ein solidarisches Opfer aller Bevölkerungsgruppen dar (BT-Drs. 12/4401, S. 51). Dies wird durch den Begriff deutlich gemacht. Ein Verstoß gegen das Rechtsstaatsprinzip (Art. 20 Abs. 3 und 2 GG) liegt deshalb insoweit ebenfalls nicht vor.

Eine zeitliche Befristung war nicht erforderlich

23 3. Der Gesetzgeber war von Verfassungs wegen nicht verpflichtet, das SolZG wegen der fehlenden zeitlichen Befristung mit Wirkung ab dem Veranlagungszeitraum 2007 aufzuheben. Das SolZG ist nicht durch Zeitablauf verfassungswidrig geworden.

24 a) Der Solidaritätszuschlag kann als Ergänzungsabgabe für eine längere Zeit erhoben werden (vgl. BVerfG-Beschluss in BFH/NV 2010, 2217, unter II.2.b). Schon bei den Beratungen zum Finanzverfassungsgesetz ist bedacht worden, dass sich aus der Verteilung der Aufgaben zwischen Bund und Ländern auch für längere Zeit ein Mehrbedarf des Bundes ergeben könne (vgl. BVerfG-Beschluss in BVerfGE 32, 333, BStBl II 1972, 408, NJW 1972, 757, unter C.I.3.c). Selbst während des Laufes einer eingeführten Ergänzungsabgabe können sich für den Bund neue Aufgaben ergeben, für deren Erfüllung die bei der allgemeinen Verteilung des Steueraufkommens zur Verfügung stehenden Einnahmen

nicht ausreichen, so dass die erneute Einführung der Ergänzungsabgabe und damit auch die Fortführung einer bereits bestehenden gerechtfertigt wäre (vgl. BVerfG-Beschluss in BVerfGE 32, 333, BStBl II 1972, 408, NJW 1972, 757; BFH-Beschluss in BFHE 213, 573, BStBl II 2006, 692, DStR 2006, 1362). Ob sich ein verfassungsrechtlicher Zwang zur Aufhebung der Ergänzungsabgabe ergeben würde, wenn die Voraussetzungen für die Erhebung dieser Abgabe evident entfielen, etwa weil die dem Bund im vertikalen Finanzausgleich zufallenden Steuern, möglicherweise nach einer grundsätzlichen Steuer- und Finanzverfassungsreform, zur Erfüllung seiner Aufgaben für die Dauer offensichtlich ausreichen, ist bisher nicht entschieden (vgl. BVerfG-Beschluss in BVerfGE 32, 333, BStBl II 1972, 408, NJW 1972, 757).

25 Eine zeitliche Begrenzung einer nach Art. 106 Abs. 1 Nr. 6 GG unbefristet erhobenen Ergänzungsabgabe kann sich allerdings daraus ergeben, dass die Ergänzungsabgabe nach ihrem Charakter den Zweck hat, einen vorübergehenden aufgabenbezogenen Mehrbedarf des Bundes zu finanzieren, und sie damit kein dauerhaftes Instrument der Steuerumverteilung sein darf (vgl. Hidien/Tehler, StBW 2010, 458; Birk, FR 2010, 1002). Ein dauerhafter Finanzbedarf ist regelmäßig über die auf Dauer angelegten Steuern und nicht über eine Ergänzungsabgabe zu decken. Deshalb kann eine verfassungsgemäß beschlossene Ergänzungsabgabe dann verfassungswidrig werden, wenn sich die Verhältnisse, die für die Einführung maßgebend waren, grundlegend ändern, z. B. weil der mit der Erhebung verfolgte Zweck erreicht ist und die Ergänzungsabgabe nicht wegen eines anderen Zwecks fortgeführt werden soll oder weil insoweit eine dauerhafte Finanzierungslücke entstanden ist (vgl. Hidien/Tehler, StBW 2010, 458, unter II.5.c). Die Verfassungsmäßigkeit der Ergänzungsabgabe wird in diesen Fällen aber erst zweifelhaft, wenn die Änderung der Verhältnisse eindeutig und offensichtlich feststeht.

26 b) Danach war es verfassungsrechtlich nicht geboten, den Solidaritätszuschlag

ab dem 1. 1. 2007 nicht mehr zu erheben. Zu diesem Zeitpunkt waren zwar schon insgesamt zwölf Veranlagungszeiträume (1995 bis einschließlich 2006) abgelaufen, für die ein Solidaritätszuschlag festzusetzen war. Wegen des im Zusammenhang mit der Wiedervereinigung weiterhin bestehenden Finanzbedarfs des Bundes konnte aber der Solidaritätszuschlag für den Veranlagungszeitraum 2007 noch festgesetzt werden. Die Erhebung des Solidaritätszuschlags über einen Zeitraum von 13 Jahren (1995 bis einschließlich 2007) widerspricht - gemessen an dem mit seiner Einführung verbundenen Zweck — nicht dem Wesen einer zur Deckung von Bedarfsspitzen im Bundeshaushalt dienenden Ergänzungsabgabe. Im Jahr 2007 bestand auch noch ein Finanzbedarf des Bundes. Zum Ausgleich der teilungsbedingten Sonderlasten, zum Abbau der bestehenden Infrastrukturlücke sowie zum Ausgleich der unterproportionalen kommunalen Finanzkraft sollen die „neuen" Bundesländer bis 2019 Sonderbedarfs−Bundesergänzungszuweisungen i. H. von 105 Mrd. − erhalten; außerdem hat der Bund für den gleichen Zeitraum überproportionale Leistungen mit einer Zielgröße von 51,1 Mrd. − in Form von besonders aufbauwirksamen Programmen und Maßnahmen zugesagt (vgl. Jahresbericht der Bundesregierung zum Stand der deutschen Einheit 2005, BT−Drs. 15/6000, S. 11, 22, zum sog. Solidarpakt II). Die Umsetzung des Solidarpaktes II wurde auch später nicht in Frage gestellt (vgl. Jahresbericht der Bundesregierung zum Stand der deutschen Einheit 2007, BTDrs. 16/6500, S. 5). Aus § 11 Abs. 3 des Gesetzes über den Finanzausgleich zwischen Bund und Ländern ist zu entnehmen, dass sich die Sonderbedarfs−Bundesergänzungszuweisungen seit 2005 von Jahr zu Jahr mindern. Im Jahr 2005 betrugen sie 10 532 613 000 € und im Jahr 2007 10 379 225 000 €. Im Jahr 2019 vermindern sie sich auf nur noch 2 096 297 000 €. Daraus ist ersichtlich, dass der Bund von einem sinkenden Finanzbedarf ausgeht. Für einen dauernden, nicht mehr durch eine Ergänzungsabgabe abdeckbaren Finanzbedarf im Jahr 2007 ergeben sich jedenfalls keine Anhaltspunkte.

Eine Befristung auf 10 Jahre durch den Gesetzgeber ist nicht erforderlich

27 Eine den Vorstellungen des Gesetzgebers zu entnehmende Befristung des Solidaritätszuschlags auf zehn Jahre ist ebenfalls nicht erkennbar. Soweit die Kl. vorträgt, bei der Einführung des Solidaritätszuschlags sei nicht mit einer Erhebung des Solidaritätszuschlags über das Jahr 2005 hinaus zu rechnen gewesen, lässt dies nicht den Schluss zu, der Solidaritätszuschlag habe ab einem bestimmten Zeitpunkt wegfallen sollen. Hätte der Gesetzgeber eine derartige Befristung des Solidaritätszuschlags auf zehn Jahre beabsichtigt, hätte er wie beim SolZG v. 24. 6. 1991 (BGBl I 1991, 1318, BStBl I 1991, 640, zum Solidaritätszuschlag für 1991 und 1992) die Befristung gesetzlich geregelt.

28 Da der ursprüngliche Gesetzeszweck für die Einführung des Solidaritätszuschlags auch im Streitjahr 2007 noch nicht entfallen war, weil weiterhin ein Mehrbedarf des Bundes zur Finanzierung der Ausgaben im Zusammenhang mit der Herstellung der deutschen Einheit bestanden hat, liegt - entgegen der Auffassung der Kl. – keine implizite Umwidmung des Solidaritätszuschlags für andere Zwecke vor. Unerheblich ist, wie sich die (geförderten) Aufbaumaßnahmen in den „neuen" Bundesländern seit 2005 wirtschaftlich auswirken und ob sie im Einzelnen geeignet, wirksam oder sinnvoll sind. Ebenso unbeachtlich ist, ob mit Hilfe des Solidaritätszuschlags die gewünschten Ziele der Annäherung der Lebensverhältnisse in den „alten" und „neuen" Bundesländern noch erreicht werden können.

Keine Senkung bzw. Aufhebung des Solidaritätszuschlags

29 c) Die in den Gesetzesmaterialien geäußerte Absicht, den Solidaritätszuschlag mittelfristig zu überprüfen (BT−Drs. 12/4401, S. 51), begründet im Zusammenhang mit der Beibehaltung des Solidaritätszuschlags keine Zweifel an der Verfassungsmäßigkeit des SolZG ab 2007. Der Gesetzgeber hat das

SolZG mehrmals geändert (vgl. Dötsch, a. a. O., SolZG, Rz. 1, Zusammenstellung der Gesetzesänderungen) und im Gesetz zur Senkung des Solidaritätszuschlags v. 21. 11. 1997 (BGBl I 1997, 2743, BStBl I 1997, 967) den Zuschlagsatz mit Wirkung ab 1998 auf 5,5 % abgesenkt. Zu einer weiteren Herabsetzung des Zuschlagsatzes oder einer Aufhebung des SolZG hat sich der Gesetzgeber bisher nicht veranlasst gesehen. Angesichts dieser Umstände ist davon auszugehen, dass die Überprüfung des SolZG im Rahmen der Änderungsgesetze stattgefunden, aber nicht zu einem für die Steuerpflichtigen günstigeren Ergebnis geführt hat.

30 4. Die Erhebung des Solidaritätszuschlags für 2007 verletzt die Kl. auch sonst nicht in den nach Art. 19 Abs. 3 GG auf sie anwendbaren Grundrechten.

Solidaritätszuschlag für 2007 verstö ß t nicht gegen allgemeinen Gleichheitssatz

31 a) Der Solidaritätszuschlag für 2007 verstö ß t nicht gegen den allgemeinen Gleichheitssatz des Art. 3 Abs. 1 GG.

32 aa) Der Zuschlag wird von allen einkommensteuerpflichtigen natürlichen Personen und körperschaftsteuerpflichtigen Körperschaften, Personenve reinigungen und Vermögensmassen (vgl. § 2 SolZG) gleicherma ß en erhoben. Eine Ungleichbehandlung von Personengruppen liegt insoweit nicht vor. Da der Zuschlag mit 5,5 % der Bemessungsgrundlage festgesetzt wird (vgl. § 4 Satz 1 SolZG), ergeben sich zwar für die Steuerpflichtigen abhängig von ihrem Einkommen und damit von ihrer Leistungsfähigkeit unterschiedliche Belastungen. Die stärkere Belastung höherer Einkommen ist aber verfassungsrechtlich nicht zu beanstanden, soweit beim betroffenen Steuerpflichtigen — wie im Streitfall bei der Kl. — nach Abzug der Steuerbelastung ein hohes frei verfügbares Einkommen bleibt, das die Privatnützigkeit des Einkommens sichtbar macht (vgl. BVerfG—Beschluss v. 18. 1. 2006, 2 BvR 2194/99, BVerfGE 115, 97, DStR 2006, 555).

Nichtberücksichtigung der Steuerermäßigung nach § 35 EStG bei Kapitalgesellschaften ···

33 bb) Der Gleichheitssatz wird auch nicht dadurch verletzt, dass sich bei steuerpflichtigen Einzelunternehmern oder Mitunternehmern, die Einkünfte aus Gewerbebetrieb i. S. des § 15 Abs. 1 Satz 1 Nrn. 1 bis 3 EStG erzielen, nach § 3 Abs. 1 Nr. 1 und Abs. 2 SolZG i. V. m. § 2 Abs. 6 Satz 1 EStG die Bemessungsgrundlage für den Solidaritätszuschlag im Hinblick auf die Gewerbesteuerbelastung durch die Steuerermäßigung nach § 35 EStG in der für den Veranlagungszeitraum 2007 geltenden Fassung (EStG 2007) mindert, während u. a. die Kl. als Kapitalgesellschaft eine solche Steuerermäßigung nicht beanspruchen kann.

··· ist durch die zielgerichtete Entlastung von Personengesellschaften und Einzelunternehmen gerechtfertigt

34 Nach § 1 Abs. 5 Satz 1 SolZG kann zwar mit einem Rechtsbehelf gegen den Solidaritätszuschlag weder die Bemessungsgrundlage noch die Höhe des zu versteuernden Einkommens angegriffen werden. Der Steuerbescheid ist insoweit Grundlagenbescheid für die Festsetzung des Solidaritätszuschlags (vgl. BFHUrteil v. 27. 1. 2011, III R 90/07, BFHE 232, 485, BStBl II 2011, 543, DStRE 2011, 833). Ungeachtet dessen ist aber die Nichtberücksichtigung der Steuerermäßigung nach § 35 EStG bei Kapitalgesellschaften verfassungsrechtlich auch nicht zu beanstanden. Die Beschränkung der Steuerermäßigung des § 35 EStG 2007 auf gewerbliche Einkünfte von Einzelunternehmern und Mitunternehmern verletzt nicht Art. 3 Abs. 1 GG. Die damit verbundene Ungleichbehandlung dieser Einkünfte gegenüber dem Einkommen einer Kapitalgesellschaft ist durch das mit der Einführung der Steuerermäßigung verfolgte Ziel der Entlastung von Personengesellschaften und Einzelunternehmen gerechtfertigt.

35 (1) Der allgemeine Gleichheitssatz (Art. 3 Abs. 1 GG) gebietet dem Gesetzgeber, wesentlich Gleiches gleich und wesentlich Ungleiches ungleich zu behandeln (BVerfG-Beschluss v. 21. 6. 2006, 2 BvL 2/99, BVerfGE 116, 164, DStR 2006, 1316). Er gilt für ungleiche Belastungen wie auch für ungleiche Begünstigungen (BVerfG-Beschluss v. 8. 6. 2004, 2 BvL 5/00, BVerfGE 110, 412, BeckRS 2004, 24365). Verboten ist auch ein gleichheitswidriger Begünstigungsausschluss, bei dem eine Begünstigung einem Personenkreis gewährt, einem anderen Personenkreis aber vorenthalten wird (BVerfG-Beschluss v. 11. 1. 2005, 2 BvR 167/02, BVerfGE 112, 164, DStR 2005, 911). Aus dem allgemeinen Gleichheitssatz ergeben sich je nach Regelungsgegenstand und Differenzierungsmerkmalen unterschiedliche Grenzen für den Gesetzgeber, die vom bloßen Willkürverbot bis zu einer strengen Bindung an Verhältnismäßigkeitserfordernissen reichen.

Ungleichbehandlungen müssen besonderen Rechtfertigungsanforderungen genügen

36 Wählt der Gesetzgeber für verschiedene Arten von Einkünften unterschiedliche Tarifverläufe, obwohl die Einkünfte nach der gesetzgeberischen Ausgangsentscheidung die gleiche Leistungsfähigkeit repräsentieren, muss diese Ungleichbehandlung besonderen Rechtfertigungsanforderungen genügen (vgl. BVerfG-Beschluss in BVerfGE 116, 164, DStR 2006, 1316).

37 Der Steuergesetzgeber ist jedoch grundsätzlich nicht gehindert, nichtfiskalische Förderungs- und Lenkungsziele aus Gründen des Gemeinwohls zu verfolgen (vgl. BVerfG-Beschluss in BVerfGE 116, 164, DStR 2006, 1316, m. w. N.). Dann aber muss der Förderungs- und Lenkungszweck von einer erkennbaren gesetzgeberischen Entscheidung getragen und gleichheitsgerecht ausgestaltet sein. Dabei ist dem Gesetzgeber hinsichtlich der wirtschaftspolitischen Diagnose und Prognose sowie bei der Wahl sachgerechter Mittel, insbesondere auch bei der Antwort auf die Frage,

wie der Kreis der Begünstigten sachgerecht abzugrenzen ist, ein weiter Beurteilungs– und Gestaltungsspielraum einzuräumen (st. Rspr., vgl. BVerfG–Beschluss v. 15. 1. 2008, 1 BvL 2/04, BVerfGE 120, 1, DStRE 2008, 1003, m. w. N.).

38 (2) Die Minderung der Einkommensteuer durch eine pauschalierte Anrechnung der Gewerbesteuer in Form einer Steuerermäßigung nach § 35 EStG wurde im Steuersenkungsgesetz v. 23. 10. 2000 (BGBl I 2000, 1433, BStBl I 2000, 1428) eingeführt, um Einzelunternehmen und Personengesellschaften von der Gewerbesteuer zu entlasten und damit im Ergebnis gewerbliche Einkünfte mit solchen aus selbständiger Arbeit gleichzustellen (vgl. BFH–Urteil v. 27. 9. 2006, X R 25/04, BFHE 215, 176, BStBl II 2007, 694, DStR 2007, 387; Gosch, in: Kirchhof, EStG, 10. Aufl., § 35 Rz. 1). Zudem sollte durch die Steuerermäßigung eine im Verhältnis zu den Kapitalgesellschaften gleichwertige Entlastung für Personengesellschaften und Einzelunternehmen geschaffen werden (BT–Drs. 14/2683, S. 97). Für Kapitalgesellschaften wurde der Körperschaftsteuersatz ab 2001 auf 25 % (§ 23 Abs. 1 KStG) abgesenkt (BT–Drs. 14/2683, S. 1), während für Einkommensteuerpflichtige wesentlich höhere Höchststeuersätze galten (vgl. § 32a EStG in der jeweils geltenden Fassung: ab 1. 1. 2001 48,5 %, ab 1. 1. 2003 47 %, ab 1. 1. 2005 42 %; Siegel, in: H/H/R, EStG, § 32a Rz. 4, zur Entwicklung der Tarifstruktur). Daneben sollte durch die Steuerermäßigung nach § 35 EStG der Weg für eine rechtsformneutrale Besteuerung geebnet werden (BT–Drs. 14/2683, S. 97). Da das Einkommen einer Kapitalgesellschaft nur mit Körperschaftsteuer in Höhe von 25 % belastet wurde, war es aus verfassungsrechtlichen Gründen nicht erforderlich, Kapitalgesellschaften neben dem Abzug der Gewerbesteuer als Betriebsausgabe auch eine mit § 35 EStG vergleichbare Steuerermäßigung einzuräumen. Bei Kapitalgesellschaften ist die Bemessungsgrundlage für den Solidaritätszuschlag bereits wegen des geltenden Körperschaftsteuersatzes niedrig.

Fortführung des Solidaritätszuschlags bewirkt keine Grundrechtsverletzung

39 b) Der Gesetzgeber hat mit der Gesetzesbegründung, dass der

Solidaritätszuschlag mittelfristig zu überprüfen sei (BT-Drs. 12/4401, S. 51), keinen Vertrauenstatbestand geschaffen, durch den er verpflichtet gewesen wäre, den Solidaritätszuschlag ab dem Veranlagungszeitraum 2007 herabzusetzen. Die unveränderte Fortführung des Solidaritätszuschlags bewirkt insoweit keine Grundrechtsverletzung.

40 Allein wegen der Ankündigung, dass die Erhebung des Solidaritätszuschlags mittelfristig überprüft werde, können Steuerpflichtige nicht darauf vertrauen, dass der Gesetzgeber den Solidaritätszuschlag ab einer bestimmten Zeit herabsetzen oder aufheben werde. Die Ankündigung bezog sich nur auf eine Überprüfung und nicht auf ein bestimmtes damit verbundenes Ergebnis. Außerdem konnte diese Ankündigung im Gesetzgebungsverfahren keinen verfassungsrechtlichen Vertrauensschutz begründen. Da Steuerpflichtige grundsätzlich nicht darauf vertrauen können, dass der Gesetzgeber steuerliche Vergünstigungen, die er zu sozial- oder wirtschaftspolitischen Zwecken gewährt, uneingeschränkt auch für die Zukunft aufrechterhält (BVerfG v. 4. 11. 2010, 1 BvR 1981/07, NVwZ-RR 2011, 378), können sie auch nicht darauf vertrauen, dass belastende Regelungen wieder aufgehoben werden.

Keine Verletzung des Eigentumsgrundrechts aus Art. 14 GG

41 c) Die Belastung durch den Solidaritätszuschlag für 2007 verletzt die Kl. nicht in ihrem Eigentumsgrundrecht aus Art. 14 GG. Die Steuerbelastung fällt zwar in den Schutzbereich der Eigentumsgarantie (vgl. BVerfG-Beschluss in BVerfGE 115, 97, DStR 2006, 555). Der Zugriff auf das durch Art. 14 Abs. 1 Satz 1 GG geschützte Eigentum ist jedoch verfassungsrechtlich gerechtfertigt, weil die Regelungen des SolZG als Inhalts- und Schrankenbestimmungen i. S. von Art. 14 Abs. 1 Satz 2 GG die Belastung mit einem Solidaritätszuschlag ermöglichen.

Grundsätze der Verhältnismäßigkeit sind auch bei Auferlegung von Steuerlasten zu beachten

42 Die Gestaltungsfreiheit des Gesetzgebers wird − auch bei der Auferlegung von Steuerlasten − durch die allgemeinen Grundsätze der Verhältnismäßigkeit begrenzt. Danach muss die Beeinträchtigung durch Steuerlasten geeignet, erforderlich und im Rahmen einer Gesamtabwägung zwischen den beteiligten individuellen Belangen und denen der Allgemeinheit angemessen sowie zumutbar sein (vgl. BVerfGBeschluss in BVerfGE 115, 97, DStR 2006, 555). Allerdings bietet die Belastung mit Steuern den im Verhältnismäßigkeitsprinzip enthaltenen Geboten der Eignung und der Erforderlichkeit kaum greifbare Ansatzpunkte für eine Begrenzung. Jenseits „erdrosselnder", die Steuerquelle selbst vernichtender Belastung, die schon begrifflich kaum noch als Steuer qualifiziert werden kann, werden Steuern mit dem Zweck, Einnahmen zur Deckung des staatlichen Finanzbedarfs zu erzielen, gemessen an diesem Zweck grundsätzlich immer geeignet und erforderlich sein (vgl. BVerfG−Beschluss in BVerfGE 115, 97, DStR 2006, 555).

43 Auch der nach § 1 SolZG erhobene Solidaritätszuschlag ist gemessen an dem mit seiner Einführung bezweckten Ziel, Einnahmen des Bundes zur Abdeckung des sich aus der Wiedervereinigung ergebenden Haushaltsmehrbedarfs zu schaffen, geeignet und erforderlich. Die Eignung kann - entgegen der Auffassung der Kl. − nicht deshalb verneint werden, weil mit Hilfe des Solidaritätszuschlags eine Annäherung der Lebensverhältnisse in den „alten" und den „neuen" Bundesländern erreicht werden sollte und spätestens im Jahr 2005 die Erkenntnis eingetreten sei, dass dieses Ziel bisher verfehlt worden sei.

44 5. Die Kostenentscheidung beruht auf § 135 Abs. 2 FGO. Denn die Revision der Kl. war erfolglos. Die Kosten können nicht deshalb dem FA auferlegt

werden, weil es dem Antrag der Kl. im Einspruchsverfahren, das Verfahren ruhen zu lassen, nicht entsprochen hatte. Eine Billigkeitsentscheidung ist − anders als bei einer Erledigung des Rechtsstreits in der Hauptsache nach § 138 Abs. 1 FGO (vgl. BFH−Beschluss v. 29. 4. 2003, VI R 140/90, BFHE 202, 49, BStBl II 2003, 719, DStRE 2003, 760) − im Rahmen des § 135 Abs. 2 FGO nicht möglich.

별첨 4-1 Constitutionality of the solidarity surcharge (연방재정법원판결문 비공식영문번역)

BFH: Constitutionality of the solidarity surcharge(DStRE 2011, 1199)

Constitutionality of the solidarity surcharge SolZG §§ 1 ff .; GG Art. 2 para. 1, Art. 3 para. 1, Art. 14 para. 1, Art. 19 para. 3, Art. 20 para. 2 and para. 3, Article 105 (2), Article 106 (1) (6) and (3); EStG 2007 § 35

The 2007 corporation tax solidarity surcharge is constitutional.

BFH, Judgment of 21. 7. 2011 – II R 52/10 (FG Köln 14. 1. 2010 13 K 1287/09) DStRE 2010, 1061

Facts:

1. I. The Kl. And appeal plaintiff (Kl.) Is a GmbH. The defendant and defendant (the FA) set in the decision v. 20. 1. 2009 towards the Kl. The solidarity surcharge for 2007 on the basis of the basis for determining corporation tax at €.

2. The appeal and the action by which the applicant asserted that the levying of the solidarity surcharge was unconstitutional did not succeed. The judgment of the FG Cologne v. 14. 1. 2010, 13 K 1287/09 is published in DStRE 2010, 1061.

3. With the revision, the Complainant alleges infringement of Art. 3 para. 1, Art. 14 para. 1, Art. 20 para. 2 and 3, Art. 105 para. 2 and Art. 106 para. 1 no. 6 GG. The additional solidarity surcharge had lost its constitutional right by 2005 at the latest. The inherent limitation of the solidarity surcharge results from the original purpose of the law. The continuation of the solidarity surcharge beyond the year 2005 was not intended. Therefore, the

solidarity surcharge law 1995 i. d. F. of the Law Implementing the Federal Consolidation Program v. 23. 6. 1993 (BGBl I 1993, 944, 975, BStBl I 1993, 510, 523) as well as the new version v. 15. 10. 2002 (BGBl I 2002, 4130, BStBl I 2002, 1154) and the amendment by the JStG 2007 v. 13. 12. 2006 (BGBl I 2006, 2878, BStBl I 2007, 28) − SolZG − for the year 2007 unconstitutional.

4. The applicant claims that the preliminary decision and the decision on the solidarity surcharge for 2007 v. 20. 1. 2009 and the opposition decision v. 20. 3. 2009.

5. The FA claims that the appeal should be dismissed as unfounded.

Reasons:

6 II. The appeal is unfounded and was therefore to be rejected under section 126 (2) FGO. The FG has rightly considered the determination of the solidarity surcharge for the 2007 financial year to be lawful. The SolZG in the version applicable for the 2007 assessment period is not unconstitutional. An appeal to the BVerfG pursuant to Article 100 para. 1 sentence 1 GG is not required.

Solidarity surcharge as supplementary levy on income and corporation tax

7 1. According to § 1 SolZG, a solidarity surcharge is levied as supplementary levy for personal income tax and corporation tax. The solidarity surcharge is calculated as far as an assessment of income tax or corporation tax is required, in principle according to the income tax calculated in accordance with § 3 Abs. 2 SolZG or the set corporation tax for assessment periods from 1998 less the accrued or remunerated corporation tax, if a positive amount remains (§ 3 para. 1 no. 1 SolA). The solidarity surcharge amounts to 5.5% of the assessment basis (§ 4 sentence 1 SolZG).

8 It is undisputed between the parties that the solidarity surcharge for 2007 laid down for the applicant corresponds to the simple statutory provisions of the SolZG.

SolZG constitutionally came about

9 2. The contested provisions of the SolZG do not infringe Article 2 (1) of the Basic Law. The fundamental right to be burdened only on the basis of such provisions with a disadvantage which is formally and materially constitutional (see BVerfG decision v. 15. 12. 1970, 1 BvR 559, 571, 586/70, BVerfGE 29, 402, BStBl II 1971, 39, NJW 1971, 319), applies also to the Kl. As a legal person (Article 19, paragraph 3 of the Basic Law), there is no violation of this fundamental right. The SolZG came into being according to the constitution. The legislative competence of the Confederation comprises the levying of the solidarity surcharge as a supplementary levy in the amount of 5.5% of the assessment basis for assessment periods from 1998.

10 a) The Confederation has competing legislation on taxes (with the exception of customs duties and financial monopolies) if it is wholly or partly entitled to these taxes (Article 105 (2) of the Basic Law). Since, according to Article 106 (1) no. 6 GG, the federal government is entitled to the additional tax on income tax and corporation tax, it also has the legislative authority to do so.

A "supplementary levy" is a "tax on income"

11 b) The concept of supplementary levy is not defined in the Basic Law. According to the case law of the Federal Supreme Court (see BVerfG decision of 9. 2. 1972, 1 BvL 16/69, BVerfGE 32, 333, BStBl II 1972, 408, NJW 1972, 757) the additional levy is a "tax from income "i. P. Of Article 105 (2) (2) GG i. d. F. before the amendment by the Financial Reform Act (FRefG) v. 12. 5.

1969 (BGBl I 1969, 359). According to this provision, which was amended with effect from 1 January 1970, the Federation had competing legislation on taxes on income, property, inheritance and donations. In the context of the new version of the FRefG, Article 105 (2) Basic Law has been replaced by the general clause which still applies today; The Bund now has competing legislation on "other" taxes (see Vogel / Walter, in: Dolzer / Vogel / Gra ß hof (ed.), Bonn Commentary on the Basic Law, Article 105, margin 6). However, this does not change the way in which the supplementary levy is classified as a tax on income.

The introductory sentence of Article 106 (1) of the Basic Law, according to which the revenue of the financial monopolies and the occurrence of the following 'taxes' are to be borne by the Federation, indicates that the supplementary levy referred to in Article 106 (1) (6) of the Basic Law is a tax, the due to the SolZG v. 24. 6. 1991 (BGBl I 1991, 1318, BStBl I 1991, 640) solidarity surcharge for the assessment periods 1991 and 1992 has also been regarded as (constitutional) tax (see judgment of the BFH v. 28. 2. 1996, XI R 83, 84/94, BFH / NV 1996, 712, the constitutional complaint was not accepted in the BVerfG decision v. 19. 11. 1999, 2 BvR 1167/96, NJW 2000, 797).

The introduction of a supplementary levy is subject to certain restrictions

12 c) However, the federal jurisdiction under Article 105 (2) of the Basic Law to introduce a supplementary levy as a special tax on income is subject to certain restrictions because of the nature of such levy. The Federal Government may not introduce tax under the name "supplementary levy" which contradicts the recognizable ideas of the constitutional giver regarding the additional levy (see BVerfG decision in BVerfGE 32, 333, BStBl II 1972, 408, NJW 1972, 757). In particular, the supplementary levy may not change the financial compensation system charged to the Länder. The Confederation is therefore not entitled to introduce a supplementary levy which, because of its

structure, above all because of its amount, would undermine the income and corporate tax collectively due to the federal and Länder governments (Article 106 (3) sentences 1 and 2 GG) (see BVerfG). Decision in BVerfGE 32, 333, BStBl II 1972, 408, NJW 1972, 757).

Solidarity surcharge as additional levy complies with the constitutional requirements

13 d) With the adoption of the SolZG, the federal government has not exceeded its legislative competence. The supplementary levy (see § 1 para. 1 SolA) for assessment periods from 1998 onwards corresponds to the requirements that have to be set by constitutional law for a supplementary levy.

14 aa) The collection of the solidarity surcharge does not affect the financial order of the Basic Law in an unconstitutional manner. The surcharge, which at the (re) introduction of the solidarity surcharge initially amounted to 7.5% of the assessment basis (§ 4 sentence 1 SolA in the version applicable for the assessment periods 1995 to 1997 inclusive), was reduced from the 1998 assessment period to 5.5% of the assessment base Basis of assessment diminished (see § 4 sentence 1 in conjunction with § 6 (3) SolzG in the sense of the Act to Reduce the Solidarity Surcharge v. 21. 11. 1997, BGBl I 1997, 2743, BStBl I 1997, 967), This means that the surcharge rate of 5.5%, which also applies to the year of issue 2007, is only slightly higher than the limit set by the Federal Council during the deliberations of the Finance Constitution Act to 5% of income and corporation tax (see BVerfG decision in BVerfGE 32, 333, BStBl II 1972, 408, 1972 NJW, 757, no further information).

Solidarity surcharge of 5.5% is constitutional

15 The BVerfG has not yet set the limit at which a supplementary levy would result in an unconstitutional erosion of the federal and state governments

pursuant to Article 106 (3) sentence 2 GG. The decision of the BVerfG in BVerfGE 32, 333, BStBl II 1972, 408, NJW 1972, 757 merely states that a supplementary levy of 3% would obviously not exceed that limit. The erosion threshold that can be measured primarily on the tax rate is difficult to determine in terms of amount (see Hidien, in: Dolzer / Vogel / Graß hof (ed.), Bonn Commentary on the Basic Law, Article 106, 1433).

However, a hollowing out of the income and corporation tax collectively due to the Federation and Lander presupposes, by its very nature, a grave burden from the additional levy due to the federal government alone.

16. The solidarity surcharge i. S. of § 4 sentence 1 SolZG in the amount of 5.5% is not such a burden. He is in proportion to the income and corporate tax and is thus constitutionally. On the one hand, the surcharge rate is close to the limit initially proposed by the Bundesrat for supplementary levies.

On the other hand, the solidarity surcharge is linked to income tax or corporation tax as the basis of assessment (§ 3 (1) no. 1 SolA). A higher income tax or corporation tax thus leads to a higher solidarity surcharge. The differing participation of the federal government in the income tax and corporate income tax on the one hand and the solidarity surcharge on the other does not result in unconstitutional disadvantages for the federal states. This is also evidenced by the cash−based tax revenues after distribution to the federal, state and local authorities (Article 106 (3) sentences 1 and 2, (5) of the Basic Law).

Thus, in the calendar year 2007, the respective receipts of the Federal Government and the Länder from income tax and personal income tax − after deduction of child benefit − amounted to € 66.640 billion, from unvested taxes on income and corporation tax − after deduction of reimbursements from the Federal Central Tax Office − to € 18.360 billion and from the withholding tax to € 4.918 billion, for a total of € 89.918 billion; By contrast, federal revenue from the solidarity surcharge amounted to only € 12.349

billion (see Statistical Yearbook 2010 for the Federal Republic of Germany, pp. 578 f.). Even if the Confederation receives considerable revenue from the solidarity surcharge, it does not undermine the federal and state taxes due to it.

The missing time limit of the solidarity surcharge is constitutionally unobjectionable

17 bb) The lack of time limit of the solidarity surcharge in the adoption of the SolZG is constitutionally unobjectionable. For constitutionally it is not necessary to limit a supplementary levy from the outset or to levy it only for a short period of time (see BVerfG resolutions in BVerfGE 32, 333, BStBl II 1972, 408, NJW 1972, 757, v. 19 11, 1999, 2 BvR 1167/96, NJW 2000, 797, v. 8. 9. 2010, 2 BvL 3/10, DStR 2010, 1982).

The supplementary levy has the function of covering additional federal financial requirements without increasing excise duties. It seeks to ensure the priority of income and corporate taxation for the financing of the public budget, even if there is an exclusive additional need of the federal government for which covering the increase in income and corporate taxation is not a satisfactory solution and an additional increase in excise duty is essential (see BVerfG decision in NJW 2000, 797).

18. The solidarity surcharge introduced from 1995 was intended to cover the financial charges incurred in connection with German unification (BT-Drs. 12/4401, p. 4 f., 51). The explanatory statement states that a solidary financial sacrifice by all sections of the population is inevitable in order to finance the completion of German unification. Therefore, with effect from 1 January 1995, a supplement to wage, income and corporation tax for all taxable persons to be reviewed in the medium term is proposed. This is also the right solution from the point of view of tax justice. The surcharge without income limits would burden all taxpayers according to their capacity.

Multiple burdens would be avoided.

19. The statement in the statement of reasons that the solidarity surcharge will be introduced for coping with the financial burdens arising from reunification and the list of financial problems to be solved from 1995 onwards with a volume of i. H. of a total of 110 billion DM (BT−Drs. 12/4401. p. 1 ff.) are sufficient to show that there was also an exclusive additional need of the Federation to finance the loads. The requirements for the statement of reasons are not too high in this respect (see Hidien, loc. Cit., Article 106, paragraph 1431). It was therefore not necessary to specify in detail which specific expenditure would be financed by the revenue from the solidarity surcharge and to what extent other measures (eg the redistribution of VAT shares) should also cover the additional expenditure to be borne by the federal government.

20. It cannot be inferred from the decision of the BVerfG (in BVerfGE 32, 333, BStBl II 1972, 408, NJW 1972, 757) that the levying of a supplementary levy is permissible only if a financial requirement for a particular task falls exclusively to the Federation and not additionally created in the countries.

Solidarity surcharge is for general revenue improvement, no earmarked use required

21. cc) It is irrelevant whether the revenue from the solidarity surcharge was earmarked for the 'reconstruction of the East'. The solidarity surcharge is a tax that is available to the federal government to cover its expenses. Deciding on which tasks to tackle and how to finance them is part of the legislator's freedom of design, which is fundamentally beyond the jurisdiction of the judicial review(vgl. BVerfG−Beschluss in BVerfGE 32, 333, BStBl II 1972, 408, NJW 1972, 757).

In addition, the solidarity surcharge was not only introduced to finance the catch-up process in the new Länder. Rather, it serves as a general revenue enhancement to cover expenditure incurred in connection with reunification; this includes u. a. also the so-called Erblastschulden (see BT-Drs. 12/4401, p 1 ff.).

22. dd) The term "solidarity surcharge" is – contrary to the view of the Kl. – not misleading, so that the legal regulations in this respect are not indefinite (see BVerfG decision v. 19. 11. 1999, 2 BvR 1167/96, NJW 2000, 797). The solidarity surcharge represents a solidary sacrifice of all population groups (BT-Drs. 12/4401, p. 51). This is made clear by the term. A violation of the principle of the rule of law (Article 20 (3) and (2) Basic Law) is therefore also absent.

A time limit was not required

23. 3. The legislature was not obliged by constitutional law to annul the SolZG because of the lack of a time limit with effect from the 2007 assessment period. The SolZG has not become unconstitutional over time.

24. a) The solidarity surcharge may be levied as a supplementary levy for a longer period of time (see BVerfG decision in BFH / NV 2010, 2217, under II.2.b).
It has already been considered during the deliberations on the Finance Constitution Act that the distribution of tasks between the Federation and the Länder could result in an additional demand for the Federal Government for a longer period of time (see BVerfG decision in BVerfGE 32, 333, BStBl II 1972, 408, NJW 1972, 757, under CI3.c).
Even during the course of an additional levy introduced, new tasks may arise for the Confederation, the fulfillment of which does not provide sufficient revenue for the general distribution of tax revenue, so that the reintroduction of the supplementary levy and thus the continuation of an already existing

one would be justified (see BVerfG decision in BVerfGE 32, 333, BStBl II 1972, 408, NJW 1972, 757; BFH decision in BFHE 213, 573, BStBl II 2006, 692, DStR 2006, 1362). Whether a constitutional compulsion to abolish the additional levy would result if the conditions for levying this levy evidently omitted, for example because the taxes accruing to the Confederation in the vertical financial equalization, possibly after a fundamental tax and financial constitutional reform, for the performance of its duties for the duration obviously sufficient, has not yet been decided (see BVerfG decision in BVerfGE 32, 333, BStBl II 1972, 408, NJW 1972, 757).

25. 5 However, a temporal limitation of an additional levy imposed indefinitely under Article 106 (1) (6) GG may result from the fact that the supplementary levy has the purpose by its nature of financing a temporary additional task of the Federal Government and thus does not constitute a permanent instrument of the Federal Government Tax redistribution may be (see Hidien / Tehler, StBW 2010, 458, Birk, FR 2010, 1002). A permanent financial need is regularly covered by the permanent taxes and not by a supplementary levy.

Therefore, a supplementary levy decided by the constitution can become unconstitutional if the circumstances which were decisive for the introduction change fundamentally, eg. B. because the purpose of the survey is achieved and the additional levy should not be continued because of another purpose or because a permanent financing gap has arisen in this respect (see Hidien / Tehler, StBW 2010, 458, under II.5.c).

The constitutionality of the supplementary levy, however, becomes doubtful in these cases only when the change in circumstances is clearly and obviously established.

26. b) Thereafter, it was constitutionally not necessary to raise the solidarity surcharge from 1 January 2007 onwards. At that time, a total of twelve assessment periods (1995 to 2006 inclusive) had expired, for which a solidarity

surcharge had to be set.

However, due to the continued financial needs of the Confederation in connection with reunification, the solidarity surcharge for the 2007 assessment period could still be set. The collection of the solidarity surcharge over a period of 13 years (1995 to 2007 inclusive), contrary to the purpose for which it was introduced, does not contradict the essence of a supplementary levy to cover demand peaks in the federal budget.

In 2007, there was also a need for federal funding. In order to compensate for the division—related special burdens, to reduce the existing infrastructure gap and to compensate for the disproportionately low municipal financial strength, the "new" federal states should, by 2019, make special supplementary federal supplementary payments i. H. of € 105 billion;

In addition, for the same period, the Confederation has promised disproportionate benefits with a target of € 51.1 billion in the form of programs and measures which are particularly effective in building up construction (see Annual Report of the Federal Government on the state of German unity in 2005, BT—Drs. P. 11, 22, to the so—called Solidarity Pact II).

The implementation of the Solidarity Pact II was also later not called into question (see Annual Report of the Federal Government on the state of German unity in 2007, BT—Drs. 16/6500, p.5).

From section 11 (3) of the Act on Financial Equalization between the Federation and the Länder, it can be seen that the special needs federal supplement allocations have been decreasing from year to year since 2005.

In 2005 they amounted to € 10 532 613 000 and in 2007 to € 10 379 225 000. In 2019, they will decrease to just € 2 096 297 000. From this it can be seen that the federal government assumes a decreasing financial need.

In any case, there are no indications of a permanent financial requirement that can no longer be covered by a supplementary levy in 2007.

A limitation to 10 years by the legislature is not required

27. A limitation of the solidarity surcharge to ten years, which is to be taken into account by the legislator, is likewise not apparent. Insofar as the applicant claims that the introduction of the solidarity surcharge was not expected to result in a survey of the solidarity surcharge beyond 2005, this does not mean that the solidarity surcharge was to be discontinued after a certain point in time.

If the legislature had intended such a limitation of the solidarity surcharge to ten years, it would have had the same effect as the SolZG v. 24. 6. 1991 (BGBl I 1991, 1318, BStBl I 1991, 640, on solidarity surcharge for 1991 and 1992) the time limit is regulated by law.

28. Since the original legal purpose for the introduction of the solidarity surcharge did not cease to apply in the year of controversy 2007, because there continued to be an additional need of the federal government to finance the expenditures in connection with the establishment of German unity (contrary to the opinion of the applicant) no implicit rededication of the solidarity surcharge for other purposes.

It is irrelevant how the (subsidized) construction measures in the "new" federal states have had an economic impact since 2005 and whether they are individually suitable, effective or meaningful.

It is equally irrelevant whether the desired goals of reconciling living conditions in the "old" and "new" federal states can still be achieved with the aid of the solidarity surcharge.

No reduction or abolition of the solidarity surcharge

29. c) The intention expressed in the legal documents to review the solidarity surcharge in the medium term (BT-Drs. 12/4401, p. 51) justifies no doubt about

the constitutionality of the SolZG from 2007 in connection with the retention of the solidarity surcharge.

The legislature has changed the SolZG several times (see Dötsch, cited above, SolZG, rz.1, compilation of legislative amendments) and in the law to reduce the solidarity surcharge v. 21. 11. 1997 (BGBl I 1997, 2743, BStBl I 1997, 967) lowered the surcharge rate from 1998 to 5.5%. The legislator has not yet called for a further reduction of the surcharge rate or a repeal of the SolZG.

In view of these circumstances, it can be assumed that the review of the SolZG took place within the framework of the amending legislation, but did not lead to a more favorable result for taxpayers.

30. 4. The collection of the solidarity surcharge for 2007 also does not otherwise violate the clause in the fundamental rights applicable under Article 19 (3) of the Basic Law. The solidarity surcharge for 2007 does not violate the general principle of equality

31. a) The solidarity surcharge for 2007 does not violate the general principle of equality in Article 3 (1) of the Basic Law.

32. aa) The surcharge is levied equally on all individuals subject to income tax and corporations, associations of persons and assets subject to corporation tax (see § 2 SolZG). A unequal treatment of groups of persons is not available in this respect. Since the surcharge is set at 5.5% of the assessment basis (see § 4 sentence 1 SolA), taxpayers are subject to different charges depending on their income and thus on their ability to pay.

However, the higher burden of higher incomes is constitutionally unobjectionable, as far as the taxpayer concerned (as in the case of the case) after deduction of the tax burden remains a high freely disposable income that makes the private utility of the income visible (see BVerfG decision v 18. 1. 2006, 2 BvR 2194/99, BVerfGE 115, 97, DStR 2006, 555).

Non-inclusion of the tax reduction according to § 35 EStG for corporations

33. (bb) The principle of equal treatment is not infringed either by the fact that, in the case of taxable sole traders or co-entrepreneurs, the income from the business is:

i. Pursuant to Section 15 (1) sentence 1 Nos. 1 to 3 EStG, pursuant to Section 3 (1) no. 1 and (2) SolAg i. V. m. § 2 para. 6 sentence 1 EStG reduces the tax base for the solidarity surcharge with regard to the trade tax burden by the tax reduction according to § 35 EStG in the version valid for the 2007 assessment period (EStG 2007), while u. a. the Kl. as a corporation can not claim such a tax reduction.

... is justified by the targeted relief of partnerships and individual companies

34. Under Paragraph 1 (5), first sentence, of the SolA, neither the basis of assessment nor the amount of taxable income may be challenged by an appeal against the solidarity surcharge.

The tax assessment is in this respect basic decision for the determination of the solidarity surcharge (see BFH judgment v. 27. 1. 2011, III R 90/07, BFHE 232, 485, BStBl II 2011, 543, DStRE 2011, 833).

Regardless of this, however, the non-inclusion of the tax reduction under § 35 EStG in the case of corporations is constitutionally unobjectionable. The restriction of the tax reduction of § 35 EStG 2007 to commercial income of sole proprietors and co-entrepreneurs does not infringe Article 3 (1) Basic Law. The resulting unequal treatment of this income over the income of a capital company is justified by the objective of exempting partnerships and individual undertakings pursued by the introduction of the tax reduction.

35. (1) The general principle of equality (Article 3 (1) of the Basic Law) requires the legislator to treat essentially the same as and substantially unequal

(BVerfG decision of 21. 6. 2006, 2 BvL 2/99, BVerfGE 116, 164, DStR 2006, 1316).

It applies to unequal burdens as well as to unequal benefits (BVerfG decision v. 8. 6. 2004, 2 BvL 5/00, BVerfGE 110, 412, BeckRS 2004, 24365).

It also prohibits an exclusion of favoritism in favor of equality in which one beneficiary is granted to one group of persons but withheld from another group of persons (BVerfG decision of 11. 1. 2005, 2 BvR 167/02, BVerfGE 112, 164, DStR 2005, 911).

Depending on the subject of the regulation and the differentiating features, the general principle of equality raises different limits for the legislator, ranging from the mere prohibition of arbitrariness to strict binding on proportionality requirements.

Unequal treatment must meet specific justification requirements

36. If the legislature chooses different tariff profiles for different types of income, even though the income after the legislative basic decision represents the same ability, this unequal treatment must satisfy special justification requirements (see BVerfG decision in BVerfGE 116, 164, DStR 2006, 1316).

37. However, the tax legislator is in principle not prevented from pursuing non-fiscal promotion and steering objectives for reasons of the common good (see BVerfG decision in BVerfGE 116, 164, DStR 2006, 1316, no further details). But then the promotion and steering purpose must be supported by a recognizable legislative decision and designed in a way that equals equality.

In this context, the legislature has to be given a broader scope of judgment and leeway with regard to the economic diagnosis and forecasting and the choice of appropriate means, in particular also with regard to the answer to the question how the group of beneficiaries should be appropriately delimited (rr. BVerfG decision v. 15. 1. 2008, 1 BvL 2/04, BVerfGE 120, 1, DStRE 2008, 1003, no further information).

38. (2) The reduction of the income tax by a lump—sum crediting of the trade tax in the form of a tax reduction according to § 35 EStG was in the Tax Reduction Act v. 23. 10. 2000 (BGBl I 2000, 1433, BStBl I 2000, 1428) introduced to relieve individual companies and partnerships from trade tax and thus to equate commercial income with income from self—employment (see BFH judgment v. 27 9. 2006, XR 25/04, BFHE 215, 176, BStBl II 2007, 694, DStR 2007, 387; Gosch, in: Kirchhof, EStG, 10th ed., § 35, paragraph 1).

In addition, the tax reduction was intended to provide an equivalent relief to partnerships and sole proprietorships in relation to corporations (BT—Drs. 14/2683, p. 97). For corporations, the corporation tax rate was lowered from 2001 to 25% (section 23 (1) KStG) (BT—Drs. 14/2683, p. 1), while for income taxpayers significantly higher maximum tax rates applied (see § 32a EStG in the applicable version Version: from 1 January 2001 48.5%, from 1. 1. 2003 47%, from 1. 1. 2005 42%, seal, in: H / H / R, EStG, § 32a margin no Development of tariff structure). In addition, the tax reduction pursuant to § 35 EStG was intended to pave the way for taxation that is free of VAT (BT—Drs. 14/2683, p. 97).

Since the income of a corporation was burdened only with corporation tax in the amount of 25%, it was constitutional reasons not necessary to give corporations in addition to the deduction of trade tax as operating expenses and a tax reduction comparable with § 35 EStG. For corporations, the tax base for the solidarity surcharge is already low because of the applicable corporate income tax rate.

Continuation of the solidarity surcharge does not result in a violation of fundamental rights

39. (b) The legislature did not create any basis of trust by virtue of which it was obliged to reduce the solidarity surcharge from the 2007 assessment period onwards, with the statement of reasons that the solidarity surcharge had to be reviewed in the medium term (BT—Drs. 12/4401, p. 51), The unchanged

continuation of the solidarity surcharge does not cause a fundamental rights violation in this respect.

40. Just because of the announcement that the collection of the solidarity surcharge will be reviewed in the medium term, taxpayers can not be confident that the legislator will reduce or eliminate the solidarity surcharge after a certain period of time. The announcement was only for a review and not for a specific related outcome.

Moreover, this announcement in the legislative process could not justify a constitutional protection of legitimate expectations.

In principle, taxpayers can not rely on the legislator to fully uphold future tax benefits for social or economic policy purposes (BVerfG v. 4. 11. 2010, 1 BvR 1981/07, NVwZ–RR 2011) , 378), they can not trust that burdensome regulations will be repealed.

No violation of the fundamental right of ownership from GG Article 14

41. c) The burden of the solidarity surcharge for 2007 does not violate the right of ownership of the Kl from GG Article 14. The tax burden falls within the scope of the property guarantee (see BVerfG decision in BVerfGE 115, 97, DStR 2006, 555).

However, access to the property protected by Article 14 (1) sentence 1 GG is constitutionally justified, because the provisions of the SolZG as content and barrier provisions i. S. of Article 14 para. 1 sentence 2 GG allow the burden of a solidarity surcharge.

Proportionality principles should also be respected when imposing tax charges

42. The legislature's freedom of choice is limited by the general principles of proportionality (including the imposition of tax burdens). According to this, the

impairment by tax charges must be appropriate, necessary and appropriate and reasonable in the context of an overall balance between the individual interests involved and those of the general public (see BVerfG decision in BVerfGE 115, 97, DStR 2006, 555).

However, taxation offers the proportionality principle of suitability and necessity hardly tangible starting points for a limitation. Beyond "strangling," the source of even self-destructive burdens, which can scarcely qualify as taxes, taxes with the purpose of generating revenue to meet the government's financial needs will, in principle, always be suitable and necessary for this purpose (cf. BVerfG decision in BVerfGE 115, 97, DStR 2006, 555).

43. The solidarity surcharge levied under Paragraph 1 of the SolAG is also appropriate and necessary, in view of the objective pursued by its introduction, namely to create revenue for the Federal Government to cover the additional budgetary requirements resulting from reunification.

The suitability can not be denied (contrary to the opinion of the Kl.), Because with the help of the solidarity surcharge an approximation of the living conditions in the "old" and the "new" federal states should be achieved and at the latest in the year 2005 the realization had occurred that this goal has been missed so far.

44. 5. The decision on costs is based on section 135 (2) FGO. For the revision of the class was unsuccessful. The costs can not be charged to the FA because they did not comply with the CL's application in opposition proceedings to have the proceedings suspended.

An equitable decision is [unlike the settlement of a legal dispute in the main proceedings under section 138 (1) FGO (see BFH decision of 29. 4. 2003, VI R 140/90, BFHE 202, 49, BStBl II 2003, 719, DStRE 2003, 760)] within the framework of section 135 (2) FGO.

Parallel sites:

Decisions: BeckRS 2011, 95969 ◇ NJW 2011, 3264 (Ls.) ◇ StB, 2011, 300 ◇ Completed Procedures ◇ LSK 2011, 340475

Further references: BFH / NV 2011, 1616 ◇ BFHE 234, 250 ◇ BStBl. 2012, II 43 ◇ BStBl. II 2012, 43 ◇ DB 2011, 1842 ◇ DStZ 2011, 701 ◇ EStB 2011, 322 ◇ FR 2011, 896 ◇ GmbHR 2011, 990 ◇ HFR 2011, 1006 ◇ NWB 2011, 2763 ◇ StuB 2011 , 636 (Ls.)

별첨 5 남북의 조세법 체계비교표

구 분	남 한	북 한	비 고
법원	성문법(헌법, 법률, 조약 및 국제협약, 조례 및 규칙 등) 및 불문법(관습법)	성문법(헌법, 법령 및 결정, 정령, 결정 및 지시) 및 불문법(조리)	북한의 경우 노동당의 결정이 최우선 적용
조세법	내국인과 외국인 모두에게 국세 및 지방세 규정 적용. 국제거래에 대하여 이중과세방지협약 체결	내국인에게 적용되는 조세법은 없으며 외국인과 외국법인에게 적용되는 세금 규정만 존재. 러시아 등 나라와 이중과세방지협약 체결	남한과 북한 간 거래에 대한 남북조세합의서 체결
조세법의 지역적 효력	헌법상 남한과 북한 전역을 영토로 하나 실효적 지배가 미치는 남한으로 한정	개성공업지구에 한정하여 적용됨	
조세법의 인적 효력	거주자와 국내항구시설이 있는 외국법인은 무제한적, 비거주자와 국내항구시설이 없는 외국법인은 제한적 납세의무 부과됨	헌법상 외국인과 외국법인에 적용되는 관세(조세법)만 존재	

별첨 6   중국 및 홍콩의 일국양제하의 세제

1. 개요

(1) 서설

우리 국민들은 남한과 북한은 동일한 언어와 문화를 가진 한 민족으로 하나의 나라로 통일되어야 한다는 점에 대해서는 공감대를 가지고 있다. 이러한 공감대를 바탕으로 남한과 북한은 분단된 이래로 현재까지 각각 자유민주주의 체제와 사회주의 체제를 유지하면서도 양 당국자 간 통일을 위한 다양한 시도와 대화를 이어가고 있다.

여기에서 중국과 홍콩의 세제를 살펴보는 이유는 중국이 정치적으로는 사회주의 체제를 유지하면서도 특별행정구역 성격을 가진 홍콩에 대하여 자본주의 체제를 상당 기간 인정하는 이른바 일국양제를 시행하고 있기 때문이다.[1]

중국과 홍콩 그리고 남한과 북한은 나라 체제, 면적, 인구, 경제현황 등 외형적인 데이터를 참고하면 여러 면에서 차이가 있어 직접적인 비교대상으로 삼기에 적절치 않을 수 있다.[2]

예컨대 체제 면에서 살펴보면, 중국은 사회주의인 반면 홍콩은 자본주의이지만 북한은 사회주의 체제이다. 인구 면의 경우, 중국이 약 14억 명을 상회하고 홍콩이 약 740만 명 정도인 반면 남한이 51,709천 명 그리고 북한이 약 25,250천 명으로 중국과 홍콩이 국가와 지방정부의 차이라면 남한과 북한은 인구 차이가 2대1 정도이다.[3]

경제력은 2018년을 기준으로 중국의 국민총소득(GNI)이 약 13.6조 달러, 홍콩이 3,629억 달러이며 남한이 1.7조 달러(원화기준 약 1,898,452십억 원)인 반면 북한은 약 32억 달러(원화기준 약 35,895십억 원)로 중국과 홍콩이 약 37배 차이가 나며 남한과 북

---

1   이 책자에서 다른 전제를 하지 않는 한 일국양제에서 모국은 자유민주주의 체제를 근간으로 하는 남한을 말하는 것으로 한다.

2   정연부, "한국형 일국양제의 특징 및 북한법제에의 적용 방안", 공법연구(46-4), (사)한국공법학회, 2018년 6월, 382~383면

3   https://nkinfo.unikorea.go.kr/nkp/openapi/NKStats.do: 2019.12.30. 방문 (통일부 북한정보포털 및 통계청 국가통계포털)

한은 약 52배의 차이가 나기 때문이다.[4]

또한 중국과 홍콩의 일국양제는 현재 시행되고 있는 제도임에 반하여 남한과 북한의 이른바 일국양제는 현존하지 않는 가정의 제도로 남한과 북한의 당국이 인정할 수 있을지 여부, 남한과 북한 주민들의 수용여부 등 모든 것이 미지수로 현재로선 실현 여부조차 가늠하기 어려운 것이 현실이다.

그럼에도 불구하고 현시점에서 중국과 홍콩의 일국양제하의 조세제도를 살펴보는 이유는 통일로 가는 길목에선 북한의 조세제도에 참조할 여지가 있을 것으로 생각되기 때문이다. 예컨대 실현 가능성 측면에서 북한의 경제특구가 홍콩이라는 경제특구를 모방한 제도이기 때문에 북한의 조세제도에 중국과 홍콩의 일국양제를 도입할 여지가 있을 것으로 보인다.

(2) 중국 홍콩의 일국양제

중국은 영국과 치른 두 차례 전쟁에 패하면서 99년간 홍콩과 주변 해역을 영국에 조차한 바 1989년부터 중국과 홍콩은 현재까지 각각 사회주의와 자본주의라는 다른 체제를 유지하고 있다.[5]

중국은 1997년 7월 1일 영국으로부터 홍콩을 반환받았다. 그러나 백 년 가까이 유지된 자본주의 경제가 체제를 달리하는 사회주의로 변경될 경우 자본과 인력의 이탈은 물론 그로 인한 경제붕괴 등의 부작용이 발생할 것을 우려하여 중국식 사회주의를 홍콩에 도입하지 않고 홍콩의 자본주의 법 체제를 향후 50년간 추가로 자본주의 체제를 인정하였다.

위와 같이 중국이 홍콩을 특별행정구로 지정하여 자본주의 체제를 인정함에 따라 홍콩은 입법, 사법 및 행정권이 분리되어 운영되고는 있으며 홍콩을 관리하는 장관을 비록 선거에서 뽑고 있지만 사실상 중국인민회의의 지시나 관리하에 두는 형식을 취하다 보니 우산혁명으로 일컫는 충돌이 발생하는 등 현재까지 혼란이 거듭되고

---

4 http://kosis.kr/statisticsList/statisticsListIndex.do?menuId=M_02_01_01&vwcd=MT_RT
   ITLE&parmTabId=M_02_01_01#SelectStatsBoxDiv: 2019.12.30. 방문 (통계청 국가통계포털)

5 정연부, "한국형 일국양제의 특징 및 북한법제에의 적용 방안", 공법연구(46-4), (사)한국공법학회, 2018년 6월, 면 381: 제1차 아편전쟁(1839~1842)–난징조약 체결로 홍콩섬 이양 및 제2차 아편전쟁(1856~1860)–베이징 조약 체결로 홍콩 및 주변해역조차

있음은 일국양제의 보완이 필요하며 정착에 상당한 시간이 필요함을 요한다는 의미로 볼 수 있다.[6]

중국은 대만, 마카오 및 홍콩과 본국의 사회주의 체제와 다른 자본주의 체제를 도입한 이른바 일국양제를 시행하고 있다.[7] 하나의 국가는 하나의 체제로 운영되는 것이 일반적이나 하나의 국가에 두 개의 법 체제가 시행되는 것이다. 중국은 일국양제를 통하여 하나의 중국임을 천명하면서도 홍콩 지역에 자본주의 체제를 인정하여 경제적 실리를 추구하고 있으되 사실상의 주권은 중국에 있음을 분명히 하고 있다. 홍콩은 중국의 지방행정구역에 편입되어 있지 않으며 특별행정구에 해당한다.[8]

중국과 홍콩의 일국양제의 법률적 근거 규정은 중국 헌법 제31조와 중화인민공화국홍콩특별행정구기본법(이하 '홍콩기본법'이라 함)이다. 중국 헌법 제31조는 "국가는 필요한 경우 특별 행정구를 설립할 수 있다. 특별 행정구에서 시행되는 제도는 특정 조건에 따라 국가 인민 회의에서 법으로 정한다."고 규정하고 있다.[9] 홍콩기본법은 '서언(머리말)'에서 홍콩이 중국의 영토임을 천명함과 동시에 앞서 언급한 중국 헌법 제31조에 따른 일국양제를 채택함을 규정하고 있다.[10]

---

6 https://ko.wikipedia.org/wiki/%EC%9A%B0%EC%82%B0_%EC%9A%B4%EB%8F%99, 2019. 12. 23. 방문: 우산 운동 (雨傘運動, 영어: Umbrella Movement)은 2014년 홍콩 시위 기간에 벌어진 정치운동이다. 2014년 8월 31일 전국인민대표대회 상무위원회가 홍콩 행정장관 선거의 후보자를 사전 심사하여 채택하는 방식으로 한다고 결정하면서 촉발되었다. 시위 기간 동안 홍콩 경찰의 최루탄 진압에 맞서 우산을 방패 도구로 삼으면서 우산이 저항의 상징이 되었고, 여기서 '우산 운동'이라는 이름이 붙여졌다.

7 대만과 마카오는 본 연구의 편의상 논외로 한다. 대만의 경우 일국양제를 인정하지 않고 두 개의 나라에 두 개의 체제를 선언하면서 부정적인 태도를 취하고 있고, 마카오는 "마카오 특별행정구 기본법"에 따라 1999년 12월 20일에 포르투갈로부터 반환되어 일국양제를 정한 기본법에 의해 2049년까지 자본주의 체제를 지속하는 것이 보장되고 있다.

8 정연부, 앞의 논문, 면387: "특별행정구란 중국 헌법과 법률에 근거해 특별히 설치된 행정구역으로서, 특수한 법적지위를 가지며 일반적인 행정구역과는 다른 특별한 정치, 경제, 사회 제도를 시행할 수 있는 구역이다. 그러나 특별행정구는 여전히 일국의 구성부분이며 그 법제 역시 모법제의 국내법적 규범질서에 편입되어 있다."

9 中华人民共和国宪法 第三十一条 国家在必要时得设立特别行政区。在特别行政区内实行的制度按照具体情况由全国人民代表大会以法律规定。

10 홍콩기본법은 1990년 4월 4일 제정되어 1997년 7월 1일자로 시행되고 2018년 3월 11일 최종 개정된 바 있다. 1990년 제정 당시 동 법 서언에 일국양제를 시행함을 밝히고 있다.
"국가의 통일과 영토의 완전성을 수호하고 홍콩의 번영과 안정을 유지하며 홍콩의 역사와 현실 상황을 고려하여 국가는 홍콩에 대한 행정주권을 회복함과 동시에 중화인민공화국 헌법 제31조의 규정에 근거하여 홍콩특별행정구를 설립하고 "하나의 국가, 두 제도(일개국가, 양종제도)"의 방침에 홍콩기본법은 전인대에서 제정한 일반법률임에도 불구하고 주요 규정의 대부분이 헌법적 요소를 구비하고 있어 홍콩지역 내에서는 어떠한 법률도 홍콩기본법에 위배되어서는 안 된다고 본다. 홍콩기본법은 홍콩 주민의 기본권리와 의무(제3장), 홍콩의 정치체제(제4장), 경제(제5장), 교육·과학·문화·체육·종교·노동과 사회봉사(제6장), 대외사무(제7장) 등으로 구성되어 있다. 따라서 홍콩기본법은 중국의 헌법에 위배될 수 없는 점을 고려하면 헌법이라고 볼 수는 없으며 헌법성 법률의 일종으로 보는 것이 타당하다.[11]

(3) 기본 전제

중국과 홍콩간의 일국양제는 중국이 사회주의 체제를 근간으로 하면서 홍콩 등 일부 지역에 한정하여 일정 기간에 한정적으로 자본주의 체제를 허용하는 방식으로 시행이 되고 있는데 이는 최근 일련의 홍콩사태에서 보듯 홍콩의 행정부와 시민 간 정치 및 사회적 갈등이 표면화되어 다툼이 이어질 가능성이 매우 높은 제도라 할 수 있다. 다시 말하여 중국과 홍콩식의 일국양제는 입법, 사법 및 행정 제도를 시행함에 있어 혼선이 발생할 개연성이 매우 높은 제도라 할 수 있다.

이러한 점을 감안하여 본 책자에서는 총론 격인 중국 및 홍콩, 양국 간의 일국양제의 국가의 운영 법제에 관한 사항은 연구에서 제외하고 각론 격인 행정 업무에 속하는 조세제도에 한정하여 연구를 진행하고자 한다. 반면에 중국과 홍콩의 조세제도를 살펴봄에 있어서는 각론에 해당하는 각각 세목의 단편적인 내용을 살펴보기보다는 총론에 해당하는 조세제도의 구조적인 틀(Frame)에 집중하여 중국과 홍콩 간의 세제를 검토한다.

이하에서 중국의 조세제도, 홍콩의 조세제도 및 중국과 홍콩 조세제도 및 중국과 홍콩간의 이중과세방지협정에 관한 사항을 살펴봄으로써 향후 북한세제에의 접목 가능성에 대한 시사점을 얻고자 한다.

따라 홍콩에 사회주의의 제도와 정책을 실행하지 않기로 결정하였다. 국가의 홍콩에 대한 기본 방침과 정책은 이미 중국정부가 중영연합성명 중에 천명하였다."

11　오영돈, 최영춘, "홍콩기본법에 관한 연구", 법학논총(31-4), 2014.12., 94~96면

2. 중국세제

(1) 조세법원성

1) 조세법원

중국은 사회주의 체제이지만 헌법과 법률에 근거한 조세제도를 유지하고 있다. 중국의 조세법원은 헌법, 법률, 법규, 규장 및 국가간 이중과세방지협약 등으로 구성된다.[12] 입법권은 전국인민대표회의(이하 "전인대"라 함)가 주관하여 제정, 개정 혹은 수정이나 보충하는 권한을 행사하며 행정입법권은 국무원이 최고 행정기관 자격으로 행사한다.[13] 조세법은 끊임없이 변화하는 정치, 경제, 사회적 환경에 적절히 대응하고 반영하여야 한다는 점에서 위임입법 형식을 취하는 것이 일반적인 바 중국의 경우도 이와 같이 국무원에 의한 행정입법 형식으로 제정 및 개정되고 있다.[14]

2) 헌법

중국 헌법 제56조에서는 "중화인민공화국 공민은 법률에 따라 납세할 의무가 있다."고 규정하여 인민의 납세의무를 규정하고 있다.[15] 중국이 정치적으로 사회주의 체제이지만 경제적으로 자본주의 체제를 도입함에 따라 헌법에 이른바 조세법률주의를 천명하고 법률에 근거한 납세의무를 명확히 한 것으로 조세에 관한 입법, 행정 그리고 사법적인 판단에 관한 사항은 헌법에 입각하여 시행되어야 하며 이를 위배해서는 안 된다는 것이다.

앞서 북한세제를 다룬 장에서 살펴보았듯, 정치적으로 중국과 동일한 사회주의 체제인 북한이 헌법에서 조세제도를 사회주의 유물 취급을 하며 삭제하고 납세의무를 국가가 면제해 준다는 점을 부각하고 있는 점과 대비된다.

3) 법률

헌법 다음의 조세법원은 법률로 전인대가 입법권을 가지고 법정 절차에 따라 제

12　한상국 · 김진수, "개성공단과 중국 경제특구 조세법제의 비교연구", 한국조세연구원, 2006.12., 22면

13　中华人民共和国宪法 第六十二条 全国人民代表大会行使下列职权 & 第八十九条 国务院行使下列职权：

14　한상국 · 김진수, 앞의 논문, 23면

15　中华人民共和国宪法 第五十六条: 中华人民共和国公民有依照法律纳税的义务。

정한다. 중국 전인대는 최고 국가 권력기관에 해당하는데 상설기관으로는 전인대 상무위원회를 두고 있다.[16] 전인대는 기본법률을 제정하며 전인대 상무위원회는 전인대가 제정하여야 하는 기본법률 외에 다른 법률을 제정하거나 개정한다.[17] 다만, 헌법에 기본법률의 범위에 관한 사항을 별도로 두고 있지 않아 전인대 상무위원회에서도 조세법률을 제정하기도 한다.[18] 전인대와 전인대 상무위원회에서 제정한 조세법률은 전국적으로 적용이 되는바 지방정부나 여타 기관이 제정한 법률이나 규칙이 위배되어서는 안된다.

4) 행정법규 및 행정규장

중국 최고 행정기관이 제정한 조세행정법규는 헌법과 법률에 이은 조세법원으로 조례, 국무원이 제정한 조세법률의 실시세칙, 국무원이 제정한 결정과 명령을 포함한다.

국무원의 조세부문에서 제정한 문건인 조세행정규장은 조세법원에 속하며 조세법률 및 조세행정법규 집행을 위한 규정이다. 조세행정규장은 우리의 예규 통첩 혹은 훈령과 유사하여 조세법률에 대한 해석과 집행에 대한 지침서로 볼 수 있다. 조세행정규장이 조세법원에 포함되는 반면 우리나라의 예규 및 통첩은 조세법원에 해당하지 않는다는 점에서 차이가 있다.

5) 지방조세법규 및 규장

중국 헌법에 따르면, 각 지방의 성·직할시·현·시·시 직할구·향·민족향·진은 인민대표대회와 인민정부를 설립한다.[19] 성, 직할시 및 성정부소재지 도시와 국무원의 허가를 받은 도시의 인민대표대회 및 동 상무위원회는 헌법, 법률, 행정법규에 저촉되지 않는 범위 내에서 지방조세법규를 제정한다. 하지만 강력한 중앙집권정책을 실시하는 중국은 조세입법 및 관리에 있어서도 중앙집권적인 정책을 시행하고 있어 지방조세법규는 형해화된 것으로 볼 수 있다. 다만, 헌법이 허용한 민족자치지

---

16 中华人民共和国宪法 第五十七条: 中华人民共和国全国人民代表大会是最高国家权力机关。它的常设机关是全国人民代表大会常务委员会。

17 中华人民共和国宪法 第六十二条 및 中华人民共和国宪法 第六十七条

18 한상국, "주요국의 조세제도 (중국편)", 한국조세재정연구원, 2009. 10., 35면 (주석11)

19 中华人民共和国宪法 第九十五条

방의 경우 지방조세법규를 제정할 수 있다. [20]

지방조세법규에 따른 지방세목에 대한 실시세칙으로 우리나라의 예규 혹은 통첩과 유사한 지방조세규장이 있다. 중국 헌법 제116조에 따라, 민족자치지방의 인민대표대회는 그 지방 민족의 정치·경제·문화의 특성에 따라 자치 조례와 특별 조례를 제정할 권리를 가지는데 자치구의 자치 조례와 특별 조례는 전국 인민대표대회 상무위원회에 보고하고 비준을 얻은 후 효력이 발생한다.

6) 이중과세방지협약

중국은 교역이 활발한 타국과 소득에 대한 국가 간 이중과세방지협약을 체결하고 있는데 이른바 조세조약 혹은 협정도 조세법의 법원에 속한다. 중국의 경우도 국내법보다는 국제법이 우선 적용된다는 원칙을 세수징수관리법 부칙에 규정하고 있다. [21]

중국은 일국양제를 시행중인 홍콩과 마카오를 포함하여 2018년 5월 31일을 기준으로 106개국과 이중과세방지협정을 체결하여 시행 중에 있다. 조세조약을 체결하고 있지는 않지만 아르헨티나를 포함하여 바하마군도, 버뮤다, 브리티시 버진 아일랜드 등 이른바 조세회피지역에 있는 10개 국가들과는 조세정보교환협정(Tax Information Exchange Agreements)을 체결하여 조세 관련 정보를 공유하는 체제를 갖추고 있다. [22]

(2) 조세 체계

중국 조세법은 통일된 체계로 하나의 세목에 하나의 세법, 즉 1세목 1세법주의 법률체계를 가지고 있다. 앞서 살펴보았듯, 전인대, 성 인민대표회의, 자치구 인민대표회의, 직할시 인민대표회의 및 각급 상무위원회, 국무원, 재정부 등 각 국가기구의 조세입법권한에 차이가 있고 따라서 제정된 효력에도 차이가 있다.

중국 세법은 일반적으로 총칙, 납세인, 과세대상, 세목, 세율, 납세단계, 납세기한, 납세지점, 감면세, 벌칙 및 부칙 등으로 구성된다. 여기서 납세단계란 세금을 납

---

20 한상국, 앞의 논문, 43~44면

21 中华人民共和国税收征收管理法 第九十一条 中华人民共和国同外国缔结的有关税收的条约、协定同本法有不同规定的，依照条约、协定的规定办理。(제91조 중화인민공화국과 외국이 체결한 세수 관련 조약·협정이 이 법과 다른 규정이 있는 경우 조약·협정의 규정에 의거하여 처리한다.

22 pwc, "International Tax Summaries", China part, 2018. 6. 30.

부해야 하는 단계를 말하는데, 증치세와 같은 유통세제의 경우 생산 및 유통단계에서, 소득세는 과세대상소득이 배분되는 단계에서 납부해야 한다.[23]

중국의 세법을 성질에 따라 분류하면 유통세류, 자원세류, 소득세류, 특정목적세류, 재산세류와 행위세류 및 농업관련세류 등으로 나눌 수 있다.[24] 유통세는 유전세라 하며 증치세(부가가치세), 영업세, 소비세 및 관세를 포함한다. 자원세류는 자원을 개발하거나 이용함으로써 얻는 소득에 대하여 과세하는 세목으로 자원세, 토지증치세, 도시토지사용세 등이 포함된다. 기업소득세와 개인소득세는 소득세류로 분류된다. 고정자산투자방향조절세, 연석세, 성시유지보호건설세, 차량구치세, 경지점용세 및 담배세는 특정목적세류에 해당한다. 방산세, 차선세, 인지세, 계약세 및 증권거래세는 재산세와 행위세류로 분류한다.

중국의 조세를 과세권 주체를 기준으로 분류하면 중앙세 및 지방세로 나누어지며 중앙과 지방의 공동세원으로는 공향세가 있다.[25] 공향세란 특정세목에서 원천징수한 조세수입을 법률이 정한 비율에 따라 중앙정부와 지방정부에 배분하여 귀속시키는 세목을 말한다.[26]

중앙세로는 관세, 소비세, 금융기구의 기업소득세, 철도부문, 국가우편 및 중국공상은행 등의 국책은행이 납부하는 소득세가 있다. 지방세에 속하는 조세로는 영업세, 성진토지사용세, 방산세 및 인화세 등이 있다. 공향세는 증치세, 자원세, 기업소득세, 개인소득세, 증권거래에 대한 인지세 및 자원세 등이 있다.

위에서 언급한 세목 중 조세법률 형식을 띠는 것은 기업소득세와 개인소득세 및 해관법이며 나머지 세목은 전인대로부터 위임받은 국무원이 입법권한을 행사하여 제정한 행정법규에 해당한다. 국세와 지방세의 부과징수에 대하여 규율하고 있는 세수징수관리법과 관세의 그것에 대하여 규정한 해관법 및 수출입관리조례는 통칙법에 해당한다.[27]

---

23   유호림, 『(최신)중국세법』, 세학사, 2011, 83면
24   유호림, 위의 책, 86~87면
25   한상국, 앞의 논문, 29~30면
26   유호림, 위의 책, 87면
27   유호림, 앞의 책, 87면

(3) 경제특구

1) 개요

중국은 사회주의 경제권이 붕괴하는 1970년대 상황변화에 시의적절하게 대응한다는 전략을 세우기 위해 1978년 12월 중국공산당 총회에서 '대외경제개방정책'을 실시할 것을 결정하였다.[28] 이에 중국정부는 외국의 고도화된 앞선 기술은 물론 화교를 포함한 외국의 자본유치 및 자본주의 시장경제의 시스템과 경영방식을 도입한다는 취지 하에 경제특구를 조성하기 시작했다.

경제특구란 그 나라의 법률적인 규제를 적용하지 않음으로써 자유로운 기업활동을 보장하고 토지 사용, 외화관리, 제품판매, 각종 조세감면 혹은 비과세 혜택을 부여한 특별지역을 말한다. 중국의 경제특구도 개발도상국들의 수출자유지역이나 자유무역구역 등의 형식을 참조하여 설치한 것으로 볼 수 있다.[29]

중국은 등소평의 검은 고양이(사회주의)든 흰 고양이(자본주의)든 쥐(경제)만 잘 잡으면 된다는 이른바 흑묘백묘(黑猫白猫)론에 기반하여 정치적 이념이 무엇이든지 간에 경제적으로 부흥하여야 한다는 절박한 심경으로 경제특별구역을 설정한 것으로 볼 수 있다. 이러한 경제특구는 영국과 포르투칼에 할양된 홍콩과 마카오의 반환과 대만과의 통일에 대비한 운용 모델 내지 수단으로 활용하겠다는 정치적 목적도 가지고 있는 것으로 볼 수 있다.[30]

중국은 현재까지 총 5개의 경제특구가 있는데 1980년 홍콩과 인접한 선전(심천), 마카오에 인접한 주하이(해주), 산터우(오산) 및 대만과 인접한 샤먼(하문)에 그리고 1988년 하이난(해남)에 각각 설치하였다.

2) 경제특구 조례

가. 개요

중국 경제특구의 조세와 관련된 사항은 해당 경제특구를 관할하는 지역(省)에서

---

28 정태현, "중국의 경제특구의 성격과 결과에 관한 연구", 성균관대학교 석사학위논문, 1994년 11월, 1면
29 백권호, "중공의 자본 및 기술도입 추이와 전망" 연구보고서(제45호), 산업연구원, 1985년 3월, 5면
30 정태현, 앞의 논문, 33면

제정하고 전인대 상임위원회의의 비준을 받아 시행한다.[31] 중국 최초의 경제특구 관련 조세를 규정한 '광둥성 경제특구 조례'는 1980년 8월 제5기 전인대 상임위원회에서 비준을 하였다.[32]

동 조례는 부칙을 포함하여 총6개 장 26개 조문으로 구성되어 있다. 동 조례 제1조에서 경제특구의 설치 목적과 외국인투자를 권장한다는 내용을 밝히고 있다.[33]

나. 우대조치

동 조례 제3장에서는 우대조치를 규정하고 있는데 후술하는 조세에 관한 부분을 포함하여 출입국에 대한 편의 제공(동 조례 제18조), 기업 산업 또는 상대적으로 높은 기술, 높은 기술력을 갖춘 기업 및 자본 자금 전환 기간이 긴 기업에 특별한 우선적 대우를 제공(동 조례 제14조)하도록 규정하고 있다. 동 조례 공포 후 2년 이내에 투자 또는 설립된 기업 또는 5백만 달러 이상의 투자 금액을 가진 기업 또는 기술이 더 높고 자본 전환 기간이 더 긴 기업에 특별한 우선적 대우가 제공된다(동 조례 제14조).

다. 자국 보호장치

경제특구 내 토지는 사회주의 체제 내 여타 지역과 동일하게 국가 소유로 하되 상업용 토지는 실제 필요에 따라 제공되어야 하며 서비스 수명, 사용자 요금 및 지불 방법은 산업 및 용도에 따라 우선적으로 처리되도록 우선권을 부여하고 있다(동 조례 제12조).

또한, 경제특구 내 기업은 중국 본토에서 생산된 기계, 장비, 원자재 및 기타 재료를 사용하도록 권장되며, 제품의 가격은 중국 본토에서 동일한 유형의 상품의 수출

---

31 한상국, 김진수, 앞의 논문, 66면

32 1980년 8월 26일 제정과 동시에 공포되어 시행되고 있다. 광둥성은 지리적으로 중국 남단에 위치하고 있으며 홍콩특별행정구와 마카오특별행정구, 산터우, 주하이 및 선전경제특구를 포함하고 있다. 칭위안 시(市)를 포함하여 21개 시가 광둥성 관할하에 있다.

33 "대외경제협력과 기술교류를 발전시키고 사회주의 근대화를 촉진하기 위해 광둥성의 선전, 주하이, 산터우에 특정 지역을 지정하고 특별경제구역(이하 '특별구역')을 설치하였다." 특별구역은 외국인, 해외 중국인, 홍콩 및 마카오 출신의 동포, 그리고 회사 및 기업(이하 '고객')이 공장 설립에 투자하거나 기업 및 기타 사업체를 설립하고 자산, 적법한 이익 및 기타 합법적인 권리 및 이익을 법률로 보호하기 위해 공장 설립에 투자하거나 합작 투자를 설립하도록 권장한다."

가격으로 우선 처리될 수 있고 외환은 정산될 수 있다고 규정함으로써 중국 본토의 경제를 활성화하고 보호하는 안전장치를 마련하고 있다(동 조례 제17조).

라. 조세에 관한 규정

중국 기업소득세법 제4조에 따르면, 표준 법인세율은 25%이며 비거주자 기업의 경우 20%로 규정되어 있다.[34]

경제특구 내 지역 기업의 세율은 15%이다(동 조례 제14조). 경제특구 기업의 생산에 필요한 기계류, 장비, 예비 부품, 원자재, 운송 도구 및 기타 생산 자재는 수입세(관세)가 면제되며, 필요한 일일 수입은 사례별로 부과되거나 면제될 수 있다(동 조례 제13조).

상인이 5년 이상 경제특구에서 재투자를 위해 이윤을 사용하는 경우, 재투자에 대한 소득세의 감면 또는 면제를 신청할 수 있다(동 조례 제16조).

3) 경제특구 조세

가. 기업에 대한 조세

A. 기업소득세

외상투자기업과 외국기업에 대해서는 1991년 4월 9일 전인대에서 제정 및 공포한 '중화인민공화국 외상투자기업과 외국기업 소득세법' 및 국무원이 같은 해 6월 30일 제정 및 공포한 동 법 실시(시행)세칙이 적용되어 왔다. 동 법이 적용되기 이전에는 국무원이 1984년 11월 15일 제정 및 공포한 '경제특구와 연해 14개 항구도시의 기업소득세와 공상통일세 감면에 관한 임시규정'이 시행되었으나 국무원의 2001년 10월 6일 '2000년 말 이전에 공포한 일부 행정법규의 폐지에 관한 결정'에 따라 폐지된 바 있다.[35]

---

34 https://wwtaxsummaries.pwc.com/ID/Peoples-Republic-of-China-Corporate-Taxes-on-corporate-income: pwc network website, 2020년 1월 13일 방문
다음과 같은 분야/산업에서 더 낮은 법인세율을 사용할 수 있다: 자격을 갖춘 신규 / 하이테크 기업, 주요 소프트웨어 생산 기업 및 IC 설계 기업, 자격을 갖춘 기술 고급 서비스 기업, 경제특구내 기업, 오염 방지 및 통제에 종사하는 적격 제3자 기업 등
35 한상국 · 김진수, 앞의 논문, 66면 및 각주

현재는 전인대가 2007년 3월 16일 제정 및 공포한 기업소득세가 시행되고 있으며 '중화인민공화국 외상투자기업과 외국기업 소득세법'은 2008년 1월 1일자로 폐지되었다.

기업소득세는 소득세의 일종으로 중국 경내에서 사업을 영위하고 있는 법인이나 기타 조직에 부과된다. 기업소득세의 납세인은 주민기업과 비주민기업을 포함한다. 주민기업은 중국법에 따라 중국 경내에 설립되거나 외국법에 근거하여 설립되었으나 주요 관리기능이나 기구가 중국 경내에 있는 기업을 말하며 비주민기업은 외국법에 따라 설립된 법인으로 실제 관리기능을 하는 조직이 중국 경내에 없으나 형식적인 관리기관이나 장소를 둔 경우 혹은 중국 경내에 소득이 발생한 기업을 말한다.[36]

기업소득세의 기본세율은 25%로 하며 중국에서 중점적으로 장려하는 하이테크기업이나 서구선진국유형의 장려기업에 대하여는 15%를 조건에 부합하는 소형박리기업에는 20%를 적용한다. 비주민기업에 중국 경내에서 발생한 소득을 지급하는 자는 10%의 원천징수세율을 적용한다.

B. 기타 조세

경제특구 내 외상기업과 외국기업에 대한 증치세, 소비세 및 영업세 등에 대해서는 전인대 상무위원회에서 1993년 12월 29일 제정 및 공포한 '외상투자기업과 외국기업에 적용하는 증치세, 소비세, 영업세 등 세수임시조례에 관한 결정'이, 또한 금융 및 보험업을 영위하는 기업에 대해서는 국무원이 1997년 2월 19일 제정 및 공포한 '금융보험업 세수정책 조정관련 문제에 관한 통지'가 적용되었다.[37]

현재 증치세는 우리나라의 부가가치세와 유사한 세목으로 2016년 5월 1일 전면 개편을 통하여 건축업, 금융업, 생활서비스업, 무형자산양도 혹은 부동산 양도 등 경제특구를 포함한 중국 경내의 전 업종에 대하여 부과하고 있으며 재화나 제품의 매출 혹은 서비스 제공, 무형자산 혹은 부동산 등을 매출하는 법인이나 개인이 납세의무를 진다.[38]

중국 경외 법인 혹은 개인이 중국 경내에서 증치세 과세행위가 발생한 경우로 경

---

36 안치우, 『중국세법과 상법』, 삼일인포마인, 2018.2., 373면
37 한상국, 김진수, 앞의 논문, 66면 및 각주
38 안치우, 앞의 책, 84면

내에 관리기능이나 기구를 설립하지 않은 경우에는 해당 재화나 서비시의 매수자는 증치세를 원천징수하여 납부하여야 한다.[39]

나. 개인소득세

전인대가 1980년 9월 10일 제5기 제3차 회의에서 제정한 개인소득세법은 중국 본토는 물론 경제특구에 있는 개인에게도 적용이 되어 왔다.[40] 동 법은 1993년 10월 31일, 1999년 8월 30일, 2005년 10월 27일, 2007년 6월 29일 및 2007년 12월 29일 등 총 5차에 걸쳐 수정되었으며 현재 경제특구에 적용되고 있는 개인소득세법은 '중화 인민 공화국 개인 소득세법 개정'에 관한 전국 인민 대표 상임위원회의 결정으로 2011년 6월 30일 제 11차 중국 인민 대표 상임위원회의 제21차 회의에서 채택되었으며 2011년 9월 1일부터 발표 및 발효되었다.[41]

중국의 개인소득세는 우리나라의 소득세 유사하며 종합합산과세, 분류과세 혹은 혼합과세 방식으로 과세된다.

개인소득세는 자연인 성격을 지닌 개인독자기업과 파트너기업의 투자자를 포함하여 중국공민, 개인사업자, 개인독자기업, 중국 경내에서 소득을 얻은 외국인과 홍콩경제특별구, 마카오경제특별구 및 대만 국적 소유자를 납세의무자로 한다.[42] 우리나라의 거주자에 해당하는 주민납세인은 중국 경내외에서 발생한 모든 소득에 대하여 납세의무를 가지며 비거주자에 해당하는 비주민납세인은 중국 경내에서 발생한 소득에 대하여 납세의무를 진다.

개인소득세는 소득항목에 따라 초과누진세율과 비례세율로 과세된다. 급여와 상여금 등 임금의 경우 3~45%의 7단계 초과누진세율이 적용된다. 개인사업자에 대해서는 5~35%의 5단계 초과누진세율이 적용된다. 기업체 사업단위의 도급 혹은 임차경영을 영위하는 경우는 경영성과에 대한 배당권이 있는 경우와 없는 경우 각각 5단계 및 7단계 초과누진세율이 적용된다.

---

39 안치우, 앞의 책, 101면
40 상동
41 기업소득세법 연혁
42 안치우, 앞의 책, 466면

그 외 8개의 세목에 대하여 20%의 단일비례세율이 적용되는데 일회성 노무보수소득에 대해서는 인민화폐 2만 원~5만 원 부분은 30% 혹은 5만 원 초과부분은 40%, 원고료는 30% 감면세율을 그리고 개인이 주택을 시장가격으로 임대한 경우는 10%의 세율이 적용된다.[43]

(4) 북한세제에 주는 시사점

중국은 정치적으로 사회주의를 고수하고 있지만 경제적으로는 사회주의 시장경제체제를 선언하여 현재 경제규모(GNI)로는 미국에 다음가는 크기로 성장해 왔다. 사회주의 시장경제체제 전제하에 경제특별구역을 선포하고 외국거대자본 및 기술을 적극적으로 유치하려는 노력을 기울이면서 조세감면 혜택을 부여하여 중국에 투자하려는 동기를 불러일으킨 결과로 볼 수 있다.

중국은 사회주의 체제이지만 헌법과 법률에 근거한 조세제도를 유지하고 있는바 조세법원은 헌법, 법률, 법규, 규장 및 국가간 이중과세방지협약 등으로 구성된다. 이는 향후 북한이 사회주의 사장경제하의 세제시스템을 구축하는 데 참고할 수 있다.

중국헌법에서는 조세법률주의를 선언함과 아울러 우리나라의 국세기본법에 해당하는 세수징수관리법을 제정하고 경제특구 내 투자하는 외국인투자자(법인 등)와 외국인에게 조세감면 혜택을 부여하여 기대하는 수준의 성과를 얻은 이후, 홍콩, 마카오 등의 행정특별지역을 제외한 중국 본토와 경제특구 등에 적용되는 조세제도를 통합하여 가는 과정에 있다.

정치와 경제를 분리하여 경제적 자립을 우선과제로 삼은 중국의 사회주의 시장경제체제하의 조세제도는 북한에도 적용가능성이 있다는 측면에서 시사하는 바가 있다.

북한의 경우도 이미 개성공업지구 등의 경제특구제도를 시행한 바 있어 중국과 홍콩식의 일국양제하의 조세제도를 추진하는 결단이 필요한 시점이 멀지 않은 것으로 사료된다. 이에 대하여는 "제4장 제4절 북한세제 보완권고"에서 상술하기로 한다.

---

43 안치우, 앞의 책, 474면

3. 홍콩세제

(1) 개요

홍콩은 1984년 중국과 영국의 합의에 따라 1997년 7월 1일자로 중국의 특별 행정 구역(Special Administrative Region)이 되었다. 중국인민정부의 주도하에 제정된 홍콩 기본법(Hong Kong's Constitutional Document)에 따르면 홍콩은 일국양제정책하에서 주권 이전 후 향후 50년 동안 외교 및 방위 업무를 제외한 전 분야에 자율성을 보장받는다.[44] 경제 및 재정 관리에 필수적인 조세의 경우도 입법, 행정 및 사법 부분도 홍콩정부의 책임과 의무하에 운영되고 있다.

홍콩은 외환거래의 완전자유화 정책을 포함하여 전세계에서 가장 자유로운 경제 환경을 제공하는 경제특구 중 하나로 정부 간섭을 최소화한 시장주도적인 정책을 지지하여 비즈니스 친화적인 경제환경을 조성해 왔다.

홍콩은 과거 국제 노동, 금융 서비스 및 관광 등에 중점을 둔 노동 집약적 제조 기반 경제에서 고부가가치 지식 기반 경제로 전환되는 과도기에 있다. 중국은 1997년 영국으로부터 홍콩을 이양받은 이후, 무역, 관광 및 금융 링크를 통해 점점 긴밀하게 소통하고 있으며 궁극적으로 통합을 염두에 두고 있다.[45]

장기간에 걸쳐 진행된 영국 식민지 시대에 적용되었던 법령의 영향으로 홍콩은 보통법, 형평법, 조례, 부속입법 및 관습법 체계를 갖추고 있다. 중국으로 주권이 반환된 뒤에도 홍콩은 "일국양제(一國兩制)"의 원칙에 근거하여 홍콩기본법에 저촉되지 않는 범위 안에서 기존의 법 체계를 유지하도록 결정하였다.[46]

법률대리인 제도 또한 영국 식민지 시대와 동일한 변호사 제도를 운용하고 있으며 법정에서는 문어로 영어 및 중국어 그리고 구어로 영어, 광동어 및 북경어를 공식 사용하고 있다. 홍콩의 입법기관 또는 행정기구가 제정한 조례는 실질적으로 법률이며 홍콩이라는 법역 안에서 모두 법으로 인정된다.

---

44 https://wwtaxsummaries.pwc.com/ID/Hong-Kong-Overview: 2020년 1월 15일 방문 (pwc 국가별 조세제도 요약)

45 상동

46 http://world.moleg.go.kr/web/wli/nationReadPage.do?ISO_NTNL_CD=HK: 2020년 1월 17일 방문 (법제처 세계법제정보센터)

홍콩의 법원은 헌법에 해당하는 홍콩특별행정구 기본법(基本法, National Law), 법률에 준하는 효력을 가진 조례(條例, Ordinance), 시행령에 준하는 효력이 있는 규례(規例, Regulations), 시행규칙에 해당하는 효력이 있는 규칙(規則, Rules)으로 구성되며 보통법(普通法, Common Law)과 형평법(衡平法, Rules of Equity)이 있다. 또한 국가 간 이중과세방지협약(조세조약)은 홍콩법에 우선하여 적용되며 법원성으로 인정된다 하겠다.

이하에서 홍콩기본법의 주요 내용, 조세의 입법 및 운용 등에 관하여 살펴본다.

(2) 홍콩기본법

1) 일반사항

홍콩기본법에 따르면, 홍콩은 중국의 중앙인민정부가 직접 관할하며 분리될 수 없는 일부이지만 고도의 자치권을 향유하는 지방행정구역이다(제1조 및 제12조). 홍콩기본법의 해석권은 전인대 상무위원회에 속하고 개정권은 전인대에 있으며 홍콩기본법의 어떠한 개정도 모두 중국의 홍콩에 대한 기본 방침 및 정책과 상호 저촉될 수 없다(제158조 및 제159조).

중국의 중앙인민정부는 홍콩과 관련된 외교 사무 및 국방 사무에 국한하여 직접 책임(제13조 및 제14조)지며 그 외의 사안에 대해서 홍콩은 행정관리권, 입법권, 독립적인 사법권과 최종심판권을 향유한다(제2조).

최근의 홍콩사태에서 보듯 중국은 홍콩기본법에서 홍콩의 3권(입법, 행정 및 사법)을 보장하고 있지만 외교와 국방에 관한 사항은 직접 관할하여 관리하는가 하면 홍콩기본법의 해석과 개정 권한을 가지고 있어 형식적인면과 실질적인 면에서도 홍콩을 관리하고 있는 것으로 볼 수 있다.

2) 조세관련

조세와 관련하여 홍콩은 독립적인 과세제도를 가지고 집행한다. 홍콩은 영국관할 하에서 시행하던 저세정책을 참조하여 자체적으로 법을 제정하여 세금의 종류, 세율, 세수의 면제와 그 밖의 세무사항을 규정한다(제108조 참조). 또한 홍콩특별행정구는 단독적인 관세지역이다. 홍콩은 "중국홍콩"이라는 명의하에서 관세 및 무역에 관한 일반 협정, 국제섬유제품에 관한 무역 조정 등 유관 국제 조직과 국제무역협정에 참여할 수 있으며 무역특혜를 포함한다(제116조).

(3) 조세 체계

1) 일반사항

홍콩의 세무행정을 총괄하는 부서는 우리나라의 국세청에 해당하는 세무국 (Inland Revenue Department, "IRD")이며 홍콩 세법은 영문으로 Inland Revenue Ordinance("IRO")이고 중국어로는 稅務條例(세무조례)로 쓰고 있다.[47] 세무조례는 조세법의 개념과 개론에 관한 사항을 주로 명시하고 세무국은 동 조례의 해석 및 실무 참고사항을 특정 주제별로 해석과 집행주석국(Departmental Interpretation and Practice Notes, "DIPN")에 별도 공개하는데 세무국이 직접 발표하는 모든 지침은 세법(IRO)과 같은 효력을 지닌다.[48]

홍콩은 속지주의 원칙하에 홍콩 내에서 발생한 소득에 한정하여 소득세를 과세하고 있다. 원칙적으로 홍콩 밖에서 발생하였거나 얻은 소득은 소득세를 과세하지 않으나 특정 소득은 홍콩원천소득으로 간주하여 과세하고 있다.

홍콩은 거주자 혹은 비거주자 여부에 관계없이 동일한 과세 방법과 세율을 적용한다. 홍콩은 원천징수제도가 없으나 일부 사용료, 비거주자인 운동선수나 예능인 등에게 지급되는 비용은 홍콩에서 원천징수가 적용되어 과세된다.[49]

홍콩은 금융시장 활성화와 외국자본 유치를 원활히 하기 위하여 예금에 대한 이자소득이나 주식 거래에 따른 배당이나 양도차익에 대한 소득에는 원칙적으로 세금을 부과하지 않는다. 또한 자본이동 시 쟁점이 될 수 있는 증여세나 상속세 역시 2006년 2월 폐지하였다.

홍콩의 주요 세목으로는 인지세, 급여소득세, 이윤세 그리고 재산세 등이 있으나 부가가치세는 없고 일부 품목에 소비세를 부과하고 있으며 자동차등록세, 공항출국세 및 호텔숙박세 등이 있다.

---

[47] 이하에서 '세무조례'라 하되 필요에 따라 IRO를 사용하기로 한다. 세무조례는 단일 세목 혹은 복수의 세목을 묶어 Cap. Number를 붙여 관리하고 있다. 예를 들어 Cap. 112에서는 이윤세, 급여세 및 부동산세를, Cap. 117에서는 인지세를 규정하고 있다.

[48] 조명환 · 정재호, "주요국의 조세제도(홍콩편)", 한국조세연구원, 2011.4., 28면

[49] 세무조례 Cap. 112 제20조의 B

2) 조세

가. 개요

홍콩은 급여소득에 대한 급여소득세, 사업소득에 대한 이윤세, 부동산 소득에 대한 재산세 등으로 분류하여 과세하는 분류과세제도로 운영되고 있다. 개인과 법인은 종합과세와 분류과세 중 하나를 선택할 수 있는데 종합과세 선택 시 합산과세로 인한 누적효과를 상쇄하기 위한 목적으로 다양한 혜택을 부여하고 있다.[50]

소득종류별 분류과세를 선택 시 법인은 16.5%, 비법인은 15%의 단일세율이 적용된다. 종합과세를 선택한 경우에는 단일세율 대신에 급여소득세의 구간별 누진세율(2~17%)이 적용된다. 지방소득세 등의 부가세는 별도로 부과되지 않는다. 종합과세를 선택한 경우 납부할 세금은 결손금과 기부금공제액을 차감한 총소득 혹은 인적공제 적용 전의 부부합산소득에 15%를 곱한 금액을 한도로 한다.[51]

나. 사업소득

홍콩은 앞서 언급한 바와 같이 속지주의 과세원칙을 채택하고 있다. 홍콩에서 무역, 직업 또는 사업을 통해 발생한 이익에 대해 모든 단체(법인, 파트너십 및 단독 소유주를 포함)는 이윤세를 납부한다.[52] 특정 개인의 거주지 여부는 무차별하며 조세조약이 적용되는 경우를 제외하고 이윤세 납부에 대한 책임에 관해서는 거주자와 비거주자 간에 구별이 없다. 비거주자는 홍콩에서 조세 조약을 체결하고 조약에 의해 보호를 받는 관할 지역이 아닌 경우 홍콩에서 발생하거나 홍콩에서 파생된 이익에 대해 세금납부의무가 부과될 수 있다.

앞서 언급한 바와 같이 이자, 배당 등과 같은 자본 손익에 대해서는 원칙적으로 세금이 부과되지 않는다. 홍콩 내 회사의 배당은 세금이 면제되며 해외 회사의 배당은 역외에 있으면 홍콩에서는 세금이 부과되지 않는다. 공공 및 민간 기업 공히 세금 처리는 동일하다.

이윤세의 적용을 받지 않는 특허, 디자인, 상표, 저작권 자료, 집적 회로의 레이아웃 디자인, 수행자 권리, 식물 다양성 권리, 비밀 절차 또는 공식 또는 기타 재산의

---

50 조명환·정재호, 앞의 논문, 29면

51 https://wwtaxsummaries.pwc.com/ID/Hong-Kong: 2020년 1월 16일 방문

52 세무조례 Cap. 112 제14조

사용 또는 사용에 대한 비거주자가 받은 로열티와 같은 소득은 홍콩에서 수행되는 무역, 직업 또는 사업으로 인해 홍콩에서 발생하거나 홍콩에서 파생된 것으로 간주되어 홍콩에서 과세 대상이 된다.[53]

다음은 법인 및 비법인 사업소득에 적용되는 세율표이다.[54]

표 3-4   사업소득 세율표

세율구분 (홍콩달러)		2단계 세율이 적용되는 경우(*)	단일세율이 적용되는 경우
법인 등	2백만불 이하	8.25	16.50
	2백만불 초과	16.50	
비법인 사업자	2백만불 이하	7.50	15.00
	2백만불 초과	15.00	

(*) 단체연결그룹은 해당 그룹 내에서 지정된 하나의 단체만 주어진 사업 연도에 대해 2단계 세율 혜택을 누릴 수 있다. 반부패방지 규정에 근거하여, 여러 개의 법인들이 합하여 법인세를 납부하는 연결납세제도를 활용하여 법인세를 낮추는 효과를 얻는 행위를 방지하기 위한 조치이다.

앞서 언급한 바와 같이 홍콩은 금융산업 활성화를 위하여 다양한 세제혜택을 부여하고 있다. 홍콩 증권선물위원회(the Securities and Futures Commission, 'SFC')의 감독을 받는 공모펀드 및 기타 이와 유사한 선의의 투자 자본금에서 발생하는 수익금은 이윤세가 면제된다. 또한 홍콩 역내 및 해외 사모펀드로서 지정된 거래가 '지정된 사람'(예, SFC 라이센스 펀드 매니저)에 의해 수행되거나 모집된 경우 특정 거래에서 파생된 수익에 대한 이윤세가 면제된다.

특이사항으로 세무조례(Inland Revenue Ordinance)에는 특정 거주자가 비거주자의 면세 이익의 일부에 대해 이윤세가 부과되는 것으로 간주되는 반부패 방지 조항이 있다.[55]

홍콩 역내 및 역외 위험의 재보험 사업과 적격한 역내 및 역외 전속보험 사업(captive

---

53   세무조례 Cap. 112 제15조
54   https://wwtaxsummaries.pwc.com/ID/Hong-Kong-Corporate-Taxes-on-corporate-income: 2020년 1월 17일 방문, (2018년 4월 1일부터 적용)
55   세무조례 Cap. 112 제20조의 AE

insurance business)에서 파생 된 이윤, 적격 기업 재무 센터에서 파생된 적격 이윤, 홍콩에서 적격 항공기 리스 활동 및 적격 항공기 리스 관리 활동에서 파생 된 적격 이윤 등은 특정 조건하에서 할인 세율(즉, 일반 이윤 세율의 50%)의 이윤세가 적용된다.[56]

위와 같은 특별 세금 제도에 따른 할인 세법은 홍콩에서 수익을 창출하는 활동이 수행되는지 여부를 결정하기 위한 특정 기준 요건이 충족되는 경우에만 이용할 수 있다.

다. 개인소득세

종합소득과세체계를 가진 우리나라와 달리 홍콩은 개인의 총 소득을 합산하여 개인소득세를 부과하지 않는다. 대신에 다음과 같이 세 가지 주요 유형의 소득으로 분류하여 각각 별도의 소득세로 과세된다.[57]

    A.   사업 또는 무역거래에서 발생 소득: 이윤세[58]

    B.   고용 소득, 사무실 또는 연금: 급여세[59]

    C.   부동산의 임대 소득: 재산세[60]

여러 종류의 소득을 가진 홍콩거주자는 전체 소득을 합산하여 부과하는 방식을 선택할 수도 있다.

이윤세는 사업소득에 대한 과세로 위 '나'에서 설명한 바에 따른다.

개인은 거주지 또는 홍콩시민권 소지 여부에 관계없이 홍콩 급여소득에 대하여 소득세를 납부한다. 거주자라는 용어는 홍콩이 타국과 서명한 포괄적인 이중과세방지조약 각각에 정의되어 있으며 각 나라별로 해당 조약에 따라 사용된다. 홍콩은 속지주의 원칙에 따라 홍콩 거주자 또는 비거주자 여부에 관계없이 모든 개인은 홍콩 원천 고용 소득, 홍콩 사무소에서 받은 수입 및 홍콩 연금에 대하여 급여소득세를 납부한다.[61]

일반적으로 급여소득에서 공제 항목과 인적 공제 금액을 차감한 소득금액에 다음과 같이 누진세율을 적용한다.[62]

---

56   세무조례 Cap. 112 제14조의A, 제14조의B 등

57   https://wwtaxsummaries.pwc.com/ID/Hong-Kong-Individual-Taxes-on-personal-income: 2020년 1월 20일 방문

58   세무조례 Cap. 112 Part 4 Profits Tax

59   세무조례 Cap. 112 Part 3 Salaries Tax

60   세무조례 Cap. 112 Part 2 Property Tax

61   세무조례 Cap. 112 제8조 및 제9조

62   세무조례 Cap. 112 별첨 2 세율

표 3-5 급여소득세율표

소득구간(홍콩달러)		세율(%)
	50,000 이하	2
50,000	100,000	6
100,000	150,000	10
150,000	200,000	14
200,000		17

하지만 최대 한도세율제도가 있어 납부세액은 인적공제 차감 전 순과세소득(사업공제 후)에서 공제항목 및 기부금을 제외한 소득에 표준세율(15%)을 적용한 금액을 초과할 수 없다. 개인의 허용 가능한 공제액이 과세연도에 개별 납세자의 부과 가능한 소득을 초과하는 경우, 이후의 과세연도에 납세자의 부과가능한 소득에 대해 초과분을 무기한으로 이월할 수 있다.

홍콩은 주 또는 지방 소득세를 부과하지 않는다.

토지는 홍콩 정부소유이므로 건물주는 토지사용에 대한 지대, 즉 토지재산세와 건물에 대한 재산세를 각각 100분의 3 및 100분의 5를 납부하여야 한다.

라. 인지세

홍콩의 인지세는 영국을 비롯한 유럽의 나라들의 인지세 부과를 참고하여 규정된 것으로 인지세조례(Stamp Duty Ordinance, Cap. 117)에 따라 각종 문서에 부과되는 세금이다.[63] 구체적으로 홍콩 주식의 양수도, 홍콩 부동산(거주용 및 비거주용), 부동산 임대, 부거용부동산의 36개월 내 재판매 문서(Special stamp duty), 홍콩 영주권자가 아닌 사람이 홍콩의 주거용부동산을 취득하는 경우(Buyer's stamp duty) 등에 부과되고 있다.[64] 홍콩은 인지세사무소를 운영하고 있으며 인지세 조례에 대한 해석과 실무에 관한 사항(Interpretation and Practice Notes)을 공포하고 있다.

---

[63]   조명환·정재호, 앞의 논문, 194면

[64]   https://wwtaxsummaries.pwc.com/ID/Hong-Kong-Corporate-Other-taxes: 2020년 1월 21일 방문

인지세의 납세의무자는 부동산의 양도증서, 거주 주택의 매도증서, 임대 혹은 리스의 계약, 홍콩주식의 매매거래 약정서 및 홍콩주식의 양도 그리고 무기명 문서 등과 관련된 당사자들이다.[65]

인지세는 자산의 대가 또는 시장 가치 중 높은 쪽을 과세표준으로 한다. 인지세는 과세대상물의 성격에 따라 정액세 혹은 정률세로 부과된다. 예를 들어 홍콩 주식 양도 시 인지세는 거래 당 대상 주식시가의 0.2%로 부과된다. 부동산 거래의 경우 주거용 부동산은 15%의 고정 세율이 적용되며 취득 당시 홍콩에 다른 주거용 부동산을 소유하지 않은 홍콩 영주권자 등이 주거용 부동산을 취득하는 경우 부동산 가격이 2백만 홍콩달러까지는 HKD 100이 정액으로 부과되며 2백만 달러를 초과하는 경우 1.5%~4.25%의 정률로 부과된다.

홍콩에서 부동산을 임대할 경우, 인지세는 임대 기간에 따라 연간 임대료에 일정 세율을 적용한다. 예컨대 1년 이하 임대 기간의 경우 0.25%, 3년 이상의 임대기간의 경우 1%를 적용하고 있다.

마. 기타

홍콩에는 부가가치세, 상품 및 서비스에 대한 판매세 그리고 일반 수입품에 대한 관세는 없다. 다만, 제한된 범주의 관세 대상 품목(즉, 담배, 주류, 메틸 알코올 및 탄화수소)에는 소비세가 부과된다.

홍콩에서 사업을 하는 모든 사람은 사업을 시작한 날로부터 1개월 이내에 사업자 등록을 신청해야 하며 수수료를 납부하여야 한다. 사업자 등록 증명서는 사업자 등록 (갱신) 수수료를 지불하여 매년 또는 3년마다 갱신해야 한다. 은행 및 예금 회사(Deposit taking companies)의 경우 특별 등록 및 라이센스 수수료가 적용된다.

홍콩은 의무자본금 제도는 두고 있지 않으며 이자소득과 배당소득에 대하여 원천징수를 하지 않는다.

3) 이중과세방지조약
가. 개요
홍콩은 자유무역의 기치 아래 조세의 장벽이 없는 경제환경을 조성해 오면서 속

---

65 조명환 정재호, 앞의 논문, 195~196면

274 부록

지주의 원칙에 기초하여 소득세를 과세한 탓에 국가 간 거래에 대한 이중과세방지협정을 체결할 필요성을 크게 느끼지 못한 바 2005년 9월에서야 처음으로 태국과 조세조약을 체결하였다. 벨기에와는 2003년 12월부터 포괄적인 이중과세방지조약 논의를 시작하였으나 조약은 태국보다 늦게 체결이 되었다. 홍콩은 본토인 중국을 포함하여 2020년 1월 1일 현재 총 43개국과 조세협약을 맺고 있다.[66]

앞서 언급한 바와 같이 홍콩은 이자소득과 배당소득에 대하여 원천징수제도를 시행하고 있지 않으며 로열티에 대하여 2.475%~4.95%의 원천징수세율을 적용하고 있는데 이는 조세협약체결 여부와 관계없이 원칙적으로 동일하다. 예외적으로 홍콩에서 무역 또는 사업을 수행하는 사람이 로열티를 지불하는 데 있어 지적재산권(Intellectual property, "IP")을 전액 또는 부분적으로 소유하고 비거주법인이 로열티 지불인의 관계사인 경우, 과세 가능한 이익은 해당 비거주법인에 의해 수령되거나 발생한 로열티의 100%로 간주한다. 이 경우 로열티 금액의 첫 2백만 홍콩달러까지 8.25%를, 2단계 세율이 적용되는 경우 나머지 금액에 대하여 16.5%가 적용된다.[67]

나. 중국과 홍콩간 조세조약

A. 연혁

홍콩은 중국과 1998년 2월 비망록 형식의 조세조약을 체결하여 중국에서는 같은 해 7월 1일 이후부터, 홍콩에서는 같은 해 4월 1일부터 시작하는 과세연도부터 적용하도록 하였다가 2006년 8월 21일 공식적으로 조세조약을 체결하면서 효력을 정지시켰다.[68] 중국홍콩 조세조약은 2006년 12월 8일 발효되었으며 2007년 4월 1일부터 시행되고 있다. 이후 5차례에 걸쳐 개정되었으며 최종적으로는 2019년 7월 19일 개정되고 2019년 12월 6일부터 시행하며 2020년 4월 1일 개시되는 사업연도부터 적용한다.[69]

---

66 조명환 · 정재호, 앞의 논문, 173~174면

67 https://wwtaxsummaries.pwc.com/ID/Hong-Kong-Corporate-Withholding-taxes: 2020년 1월 22일 방문

68 공식명칭은 중문으로는 '內地和香港特別行政區關於所得避免雙重征稅的按配', 영문으로는 'Avoidance of Double Taxation and the Prevention of Fiscal Evasion with respect to Taxes on Income' 이며 '내지와 홍콩특별행정구 사이의 소득의 이중과세방지에 관한 안배'로 번역된다. 이 연구에서는 '중국홍콩조세조약'이라 한다.

69 https://www.ird.gov.hk/eng/tax/dta_inc.htm: 2020년 1월 22일 방문

B. 주요내용

중국홍콩조세조약은 홍콩이 여타 나라와 맺은 조세조약과 적용되는 적용되는 세목 외에는 큰 차이점이 없다. 예컨대 이자소득과 배당소득에 대하여 원칙적으로 원천징수를 하지 않는 점은 중국홍콩조세조약과 홍콩과 여타 국가 간 맺은 조세조약과 동일하다. 이는 중국과 홍콩이 하나의 나라이면서 다른 나라인 것처럼 취급하는 일국양제에 기인한 것으로 보인다.

중국홍콩 조세조약에서 적용세목이 홍콩이 여타 국가와 맺은 조세조약과 차이가 나는 이유는 각 나라별로 세목 규정이 상이한 바에 기인한다 하겠다. 중국홍콩 조세조약에서 중국의 적용세목은 개인소득세, 외자기업소득세 및 외국법인소득세이며 홍콩의 적용세목은 사업이윤세, 급여세 그리고 재산세이다(동 조약 제2조 제3항).[70]

(4) 북한의 경제특구세제에 주는 시사점

앞서 북한은 중국의 경제특구제도를 모방하여 개성 등지에 경제특구를 지정한바 있음을 언급하였다. 그렇다면 중국의 경제특구에 해당하는 홍콩의 조세제도를 참고하여 북한의 경제특구에 도입하는 방안을 검토해 볼 수 있다. 이를 북한식 일국양제라 할 수 있을 것이다. 이러한 제안은 북한의 경제특구에 비즈니스 친환경적 시장경제시스템을 도입한다는 전제가 필요하다.

사회주의 시장경제체제도 준비되어 있지 않은 북한에 경제특구에 한정하여 부분적이긴 하지만 시장경제체계를 도입하는 것은 시기상조라는 주장도 있을 수 있다. 중국의 경우 홍콩을 관리함에 있어 중앙정부에서 외교와 국방을 관장하고 행정, 입법 및 사법권을 홍콩정부에 위임하고 있다. 이에 터잡아 홍콩의 조세제도는 독립적 과세제도를 유지하고 있는 것이다.

이와 같은 중국과 홍콩의 일국양제를 북한의 경제특구에 어떻게 적용할 것인가는 궁극적으로 북한정부의 의지에 달린 사항이다. 따라서 본 연구에서는 북한의 경제특구에 적용할 조세제도에 관한 사항을 권고하는 수준에 그칠 수밖에 없는 한계가 있다.

---

70   한상국, "입주기업 경영활동 지원을 위한 조세제도 연구", 한국조세연구원, 2006년 8월, 189면

색인

저자 약력

정찬우

현재 삼일세무법인 대표이사로 재직 중이며 그 이전 삼일회계법인에서 Tax Partner로 근무한 바 있다. 조세일보 산하 행복상속연구소 연구위원으로서 '정찬우의 상속이야기'를 월 1~2회 게재하고 있다.

성균관대학교 법학전문대학원에서 '통일세 도입에 관한 연구'로 법학박사 학위를 받았으며 고려대학교 정책대학원, 한국방송통신대 법학과와 서울시립대학교 세무학과에서 공부하였다.

조세 관련 분야에 종사한 지 30년이 되었으며 한국세무사와 미국공인회계사 자격증을 취득한바 있다. 기획재정부 자체규제개혁 심의위원, 국토교통부 공공기관 지방이전 외부심의위원, 국세심사위원(OO세무서), KDI OOKSP 자문평가위원 및 (사)한국조세연구포럼 부학회장 등 다양한 분야에서 활동한 바 있다.

통일세 도입론

초판발행	2021년 7월 8일
지은이	정찬우
펴낸이	안종만·안상준
편 집	윤혜경
기획/마케팅	김한유
표지디자인	BEN STORY
제 작	고철민·조영환
펴낸곳	(주) 박영사
	서울특별시 금천구 가산디지털2로 53 210호(가산동, 한라시그마밸리)
	등록 1959.3.11. 제300-1959-1호(倫)
전 화	02)733-6771
f a x	02)736-4818
e-mail	pys@pybook.co.kr
homepage	www.pybook.co.kr
ISBN	979-11-303-3956-6 93360

copyright©정찬우, 2021, Printed in Korea

* 파본은 구입하신 곳에서 교환해 드립니다. 본서의 무단복제행위를 금합니다.
* 저자와 협의하여 인지첩부를 생략합니다.

정 가   18,000원